글로벌 플랫폼 시대의 K드라마

글로벌 플랫폼 시대의 K드라마

컬처룩 미디어 총서 040

이미나
심두보
박소정
전 승
홍종윤
이희주
이헌율
송 진
고흥석
지음

culture look

컬처룩 미디어 총서 040
글로벌 플랫폼 시대의 K드라마

지은이 이미나 심두보 박소정 전승 홍종윤 이희주 이헌율 송진 고홍석
펴낸이 이리라

책임편집 이여진
편집 하이픈
표지 디자인 엄혜리

2025년 9월 1일 1판 1쇄 펴냄

펴낸곳 컬처룩
등록 번호 제2011 – 000149
주소 03993 서울시 마포구 동교로 27길 12 씨티빌딩 302호
전화 02.322.7019 | 팩스 070.8257.7019 | culturelook@daum.net
www.culturelook.net

ISBN 979 – 11 – 92090 – 65 – 8 94300
ISBN 979 – 11 – 85521 – 06 – 0 (세트)

* 이 책의 저술은 2024년도 한국방송학회 – GS리테일 방송/영상 분야 저술 지원을 통해 수행되었습니다.

culturelook

차례

머리말 9

1부 글로벌 플랫폼 시대의 K드라마: 수용과 소비

1장 K드라마 시청에 관한 질문들 17
이미나

K드라마, 어떻게 보고 있을까 | K드라마 시청 배경과 시청 경험: 어떻게 변화해 왔을까 | K드라마는 왜 인기가 있을까 | K드라마를 왜 시청하는가 | K드라마 중 가장 좋아하는 작품은 무엇인가? | 즐거운 시청을 위해 필요한 것과 방해되는 것

2장 K콘텐츠의 글로벌 지형도: K드라마 팬덤의 형성과 확산 39
심두보

K드라마 팬덤은 어떻게 시작되었는가 | K드라마의 성장과 해외 팬덤의 진화 | K드라마 팬덤, 세계를 연결하다

3장 글로벌 플랫폼 시대, K드라마의 정체성 65
박소정

K드라마란 무엇일까 | K드라마의 보편성: 국경을 넘어서는 힘 | K드라마의 특수성: '한국적인 것'의 매력 | K드라마의 다양성: 새로운 변화와 과제 | K드라마의 과제: 문화적 협상과 플랫폼 논리 사이에서

4장 'K로맨스'의 기원: 한류 초기 드라마 스타와 장르 경향성 99
전승

K드라마 불가분의 요건, 스토리와 배우 | 스타, 관객, 산업의 관계 | 한류 드라마 스타의 탄생 | '무해한 로맨스' 서사의 전조 | 출연료와 장르 고착 사이의 역학

2부 글로벌 플랫폼 시대의 K드라마: 콘텐츠 생산과 유통

5장 글로벌 시장과 K드라마 생산 구조의 변동 133
홍종윤

글로컬 드라마 생산 시장 | K드라마 제작 생태계 변화 | 한국형 스튜디오 시스템: 외주 제작 체제의 탈피 | 드라마 비즈니스의 재편: IP 생태계 | 지속 가능한 K드라마 생태계 모색

6장 글로벌 미디어 전쟁의 시대: K콘텐츠 산업의 기회와 위기 157
이희주

미국: 글로벌 OTT의 탄생과 성장 | 한국: 미디어 주권 상실의 위기 | 글로벌 미디어 전쟁과 K콘텐츠 산업 | 미디어는 산업이기 이전에 문화 | 미디어 주권의 수호: 콘텐츠 산업 발전의 기본

7장 K콘텐츠 유통의 이해: OTT 등장과 콘텐츠 유통의 의미 187
이헌율

드라마 콘텐츠와 유통을 연결해서 본다면? | 콘텐츠 유통 방향은 어떤 규칙성을 보일까? | OTT 서비스와 K콘텐츠의 유통 | 유통의 관점에서 본 OTT 서비스 | OTT 시대에 한국 콘텐츠의 세계적 인기는 좋기만 한 것일까

8장 산업적 관점에서 본 K드라마의 글로벌 확산 221

송진

글로벌 영상 시장의 흐름 | K드라마, 숫자로 보는 성장 | 권역별 시장 변화 | 해외 시청자의 K콘텐츠 이용 | 글로벌 시장의 K드라마 이용자는 어떤 사람들인가 | K드라마의 산업적 파급력

9장 콘텐츠 – 플랫폼 진화와 정책 패러다임 재편 243

고흥석

글로벌 콘텐츠 생태계의 기술 혁신과 패러다임 변화 | 글로벌 콘텐츠 – 플랫폼 생태계 규제 | 글로벌 규제 이슈와 디지털 서비스 정책 | 글로벌 콘텐츠 – 플랫폼의 다변화와 미디어 정책

좌담 '그냥 좋아하는 것'에서 '깊이 이해하는 것'으로 275

참고 문헌 297

찾아보기 309

일러두기

- 한글 전용을 원칙으로 하되, 필요한 경우 원어나 한자를 병기하였다.
- 한글 맞춤법은 '한글 맞춤법' 및 '표준어 규정'(1988), '표준어 모음'(1990)을 적용하였다.
- 외국의 인명, 지명 등은 국립국어원의 외래어 표기법을 따랐으며, 관례로 굳어진 경우는 예외를 두었다.
- 사용된 기호는 다음과 같다.

  신문 및 잡지 등 정기 간행물, 영화, 드라마 등: 〈 〉

  책(단행본): 《 》

머리말

K드라마에 관한 책을 쓰는 일은 2025년 지금, 그리 어렵지 않은 작업일 수도 있다. 언급할 수 있는 흥미진진한 사례들이 충분하기 때문이다. 글로벌 동영상 플랫폼 넷플릭스를 타고 전 세계로 휘몰아친 〈오징어 게임〉의 흥행 돌풍은 두말할 필요 없는 대표 사례다. 〈오징어 게임〉 흥행 이전에도 이미 2019년 영화 〈기생충〉이 한국 영화 최초로 칸영화제 황금종려상을 수상하고 이듬해 아카데미 시상식에서는 4관왕을 거머쥔 바 있으며, 2020년 BTS의 "다이너마이트"가 빌보드 싱글 1위를 장기간 유지하면서, K콘텐츠에 대해 이야기하는 것이 더 이상 낯설지 않은 상황이다. 이러한 선례들이 어느 때보다 넘쳐나기 때문에, 지금이 K드라마, 더 넓게는 K콘텐츠에 관한 글을 쓰기에 최적인 시점일지 모른다.

때맞춰 책을 함께 쓸 좋은 연구자들도 많아졌다. 1990년대 한류 등장 이후 우리나라 드라마의 해외 수용 과정 연구들이 태동했고, K드라마가 더 넓은 범위의 전 세계 수용자들을 만나면서부터는 관련 연구자도 많아졌다. 해외의 어떤 시청자들에게 K드라마가 인기 있는가, K드라마 인기 요인은 무엇인가, K드라마가 전 세계 시청자들을 만나게 된 산업적 맥락은 무엇인가, K드라마의 발전을 위한 정책 방향은 무엇인가 등과 같은 짚어야 할 주제도 다양해졌다.

이는 K드라마의 글로벌 확장을 배경으로 이 책을 기획하고 엮어낼 수 있었던 이유다. 기획 과정이 쉽지만은 않았는데, 다룰 수 있는 주제가 많을 뿐만 아니라 논의의 수준과 분석의 깊이를 정하는 것 역시 필요했기 때문이다. 심사숙고 끝에 저자들은 다음과 같은 내용을 이 책에서 다룬다.

우선 이 책은 총 9장으로 구성됐다. 1장부터 4장까지는 K드라마의 시청과 수용 양상을 고찰한다. 5장부터 8장까지는 산업적 차원에서 K드라마의 제작과 유통 분야를 살펴본다. 마지막으로 9장은 K드라마 발전의 기술과 정책 분야의 이슈를 다룬다.

1장 "K드라마 시청에 관한 질문들"은 이미나가 쓴 이 책의 시작 부분이다. K드라마를 시청하는 다양한 시청 상황에서 시작해 K드라마의 시청 배경과 시청 경험, K드라마의 인기 요인과 시청 동기 등을 검토한다. K드라마는 진보된 기술 서비스를 통해 개인이 시간과 장소, 장르를 선택하는 상황에서 확산되며 이 과정에서 드라마를 시청 경험이 어떻게 설명될 수 있는지에 대해 설명한다. 이 장에서는 K드라마에 관심 있는 독자들이 스스로 K드라마를 어떻게 즐기는지 생각해 보기를 권하고 있으며 이를 위해 끊임없이 독자들에게 질문을 던진다. K드라마의 시청이 확산한 데는 문화적이고 기술적이고 산업적인 요인들이 있을 수 있다. 그럼에도 불구하고 결국 K드라마 시청은 개인 시청자의 '즐거움'을 위한 선택 행동이다. 독자들이 K드라마 시청에 대해 자신의 즐거운 경험을 이해하게 하는 것이 1장의 목적이다.

2장 "K콘텐츠의 글로벌 지형도: K드라마 팬덤의 형성과 확산"은 K콘텐츠를 오랜 시간 연구해 온 심두보가 쓴 것으로, K콘텐츠의 세계적 확산이라는 맥락 속에서 K드라마 팬덤의 의미를 조망한다. 1990년대 후반 아시아 지역을 중심으로 등장한 K드라마 팬덤은 중년 여성 시청자층의 문화적 공감과 정서적 연대를 기반으로 형성되었으며, 이후 장르의 다변화, 디지털 기술의 진보, 글로벌 플랫폼의 확산 등에 힘입어 세대와 지역을 초월하는 형태로 진화해 왔다. 이 장에서는 〈겨울연가〉와 같은 구체적 사례를 통해 한국 드라마가 각 지역의 문화적 맥락에 맞게 수용된 방식을 살펴보며, 팬덤의 성장 배경에 놓인 제도적, 산업적 요인과 함께 문화적 근접성 이론에 대한 비판적 논의도 병행한다. 이를 통해 K드라마 팬덤이 단순한 콘텐츠 소비자를 넘어 한국 대중문화의 세계화를 주도하는 핵심 주체임을 밝히고자 한다.

3장은 "글로벌 플랫폼 시대, K드라마의 정체성"에 대한 통찰을 담고 있으며, 박소정이 썼다. K드라마는 '한국 드라마'를 넘어, 글로벌 유통과 수용 과정을 통해 새롭게 구성된 문화적 개념이라고 소개하며 K드라마의 정체성을 보편성, 특수성, 다양성이라는 세 가지 틀을 중심으로 분석했다. 박소정에 따르면, K드라마가 국가의 경계를 넘어 해외에서 수용되고, 점차 더 넓은 글로벌 시청층을 확보하게 된 현상은 K드라마의 보편성을 보여 주며 K드라마만의 고유한 소재, 장르적 특성, 감성적 요소 등은 'K드라마스러움'을 설명하는 특수성으로 이해된다. 보편성과 특수성 사이의 균형을 조율하는 일이 K드라마 산업의 중요한 과제이며 다양성은 글로벌 시청자들과의 의미 있는 소통을 가능하게 하는 또 하나의 핵심 가치다. 박소정은 K드라마가 글로벌 보편성, 로컬 특수성, 문화적 다양성이 교차하고 협상되는 지점에 위치하고 있음을 지적하며 K드라마를 하나의 고정된 장르나 형식이 아닌, 끊임없이 재구성되고 진화하는 역동적 문화 현상으로 이해할 수 있는 시각을 제시하고 있다.

4장 "K로맨스의 기원: 한류 초기 드라마 스타와 장르 경향성"은 전승이 썼다. 글로벌 수용자를 매혹하는 K드라마의 여러 요인 중 배우와 장르에 주목하고, 소수의 스타 배우로 구현하는 한국식 로맨스의 기원을 조망했다. 국내 엔터테인먼트 산업의 운영 체제와 제작 경향은 1990년대 후반 한류를 기점으로 해외 수용자를 염두에 두면서 전격적으로 변화했다. 전승은 2000년대를 풍미한 스타 이미지와 장르 사이클을 면밀히 살펴보면서 'K로맨스'의 근간을 찾는 한편, 스타 파워에 의존하는 K드라마 산업의 경제적, 문화적 원인을 탐색한다.

5장은 홍종윤이 "K드라마 생산 구조의 변동"에 대해 다룬다. 글로벌 동영상 플랫폼의 국내 방송 시장 진입에 따른 드라마 제작 방식의 구조적 재편 양상을 추적한다. 국내 드라마 제작사들이 사실상 글로벌 시장으로 편입되는 상황에서 전문 스튜디오 체제로 전환하고, 단순 외주 제작을 넘어선 IP 비즈니스 모델로 진화하는 과정들을 고찰한다.

6장은 국내 K드라마 산업 현장의 한가운데 있는 이희주가 "글로벌 미디어 전쟁의 시대: K콘텐츠 산업의 기회와 위기"를 주제로 현재 K드라마 산업은 글로벌 미디어 전쟁으로 이제껏 겪어 보지 못한 미디어 환경 속에 놓이게 되었다고 진단한다. 이희주는 넷플릭스, 유튜브 등 글로벌 OTT는 한국을 포함한 세계 각국의 미디어 플랫폼들을 초토화시키고 있으며 한국 미디어 플랫폼의 쇠약은 콘텐츠 산업의 건강한 발전에도 제동을 걸고 있으며 한국 콘텐츠의 글로벌 OTT 하청화와 함께 한국의 미디어 주권과 문화 주권은 위협받고 있다고 경고한다. 글로벌 미디어 전쟁의 실태를 설명하고 이를 극복하기 위한 나름의 방향을 제시하고자 했다.

7장에서 이헌율은 "K콘텐츠 유통의 이해: OTT 등장과 콘텐츠 유통의 의미"란 주제를 다루는데, OTT 서비스 등장을 중심으로 변화하는 전 세계적인 콘텐츠 유통 질서를 살펴본다. 국가 간 영상 미디어 콘텐츠 거래는 방송의 시작과 함께 계속해서 발전해 왔는데 이에 따른 조건과 관행을 이해하기 위해 미디어 제국주의 이론과 다원주의적 시각, 문화 이론 등을 설명하고 있다. 이 장의 마지막은 OTT 플랫폼의 특성과 콘텐츠의 유통에 미치는 영향을 한국 콘텐츠 유통을 중심으로 정리하였다. 이를 통해 OTT 서비스 등장으로 변화하고 있는 한국 콘텐츠 유통 변화를 이론적, 역사적으로, 산업적 관행을 중심으로 이해할 수 있을 것이다.

8장은 "산업적 관점에서 본 K드라마의 글로벌 확산"에 대해 송진이 썼다. K드라마의 수출 규모, 지역, 플랫폼, 이용자 성향 등을 분석하며, 전통 방송에서 OTT 기반 글로벌 유통으로의 전환, 주요 수출 권역의 다변화, 그리고 글로벌 소비자들의 취향과 한국 콘텐츠에 대한 인식이 K드라마 확산의 핵심 요인임을 제시한다. 특히 스토리, 캐릭터 중심의 경쟁력이 부각되면서, 한국 문화에 대한 관심을 넘어 콘텐츠 자체의 매력으로 글로벌 시장에서 입지를 넓혀 가고 있다는 점을 통해 K드라마의 향후 가능성을 짚고 있다. 또한 이러한 흐름이 콘텐츠 IP 확장, 팬덤 중심 소비, 연관 산업과의 결합으로 이어지며 K콘텐츠 전체의 산업적 파급력을 강화하는 데 중요하게 작동할 수 있음을 제시하고 있다.

9장은 고흥석이 "콘텐츠–플랫폼 진화와 정책 패러다임 재편"에 대해 쓴 것으로, AI 기술 혁신에 따른 콘텐츠 생태계의 변화와 미디어 콘텐츠의 생산과 유통, 소비 패러다임 변화를 다룬다. 또한 글로벌 차원에서 미디어 콘텐츠-플랫폼에 대한 규제 이슈와 사례를 분석하고, EU 시청각 미디어 서비스 지침과 VSPS, 디지털 서비스법(DSA), 디지털 시장법(DMA) 등 최근의 규제 체계 변화 내용을 탐색했다. 고흥석은 이와 함께 규제의 세계화가 지닌 의미와 쟁점을 논의하며 글로벌 콘텐츠-플랫폼의 다변화에 따른 미디어 정책 내용도 짚어 본다.

마지막으로, 결론에 갈음해, 저자들의 K드라마 방담을 요약 정리해 실었다. 드라마의 궁극적 목표는 즐거움이다. 이 책에서 다룬 주제들은 진지한 것들이지만, 그 이면을 관통하는 즐거움에 대해 가볍게 이야기할 필요성도 있었기에, 다소 결이 달라도 생각을 함께 나누는 차원에서 이 장을 추가했다. '추천하고 싶은 K드라마는 무엇인가'에서부터 '이 책의 사용법에 이르기까지 전체 책을 아우르는 질문과 답을 확인할 수 있다. K드라마에 대해 관심 있는 학생이나 일반인에게 읽어 보기를 권하는 일종의 초대장이다.

저자들은 K드라마를 좋아하는 사람들로, 좋은 K드라마를 더 많이 오래도록 시청하기를 원하며 K드라마의 발전에 도움이 되기를 바라는 마음에서 이 책을 썼다. 이 책의 출간은 전적으로 한국방송학회의 지원 덕분이다. 출간될 수 있도록 지원해 준 한국방송학회와 GS리테일에 감사의 말을 전한다.

1부

글로벌 플랫폼 시대의 K드라마

수용과 소비

1장

K드라마 시청에 관한 질문들

이미나

이미나

숙명여자대학교 미디어학부 교수로, 미디어와 이용자에 대해 연구하고 있다. 미디어심리학 전공으로, 미국 앨라배마대학교에서 커뮤니케이션 박사 학위를 받았으며 같은 대학에서 심리학 석박사 통합 과정을 수료했다. 미디어로 인한 효과와 영향을 인간 심리의 관점에서 접근하며 K콘텐츠를 수용하는 엔터테인먼트 경험에 대해 설명하고자 했다. 책으로는 《뉴미디어 뉴커뮤니케이션》(공저), 《솔루션 저널리즘》(공저) 등이 있다.

K드라마, 어떻게 보고 있을까

K드라마를 시청하는 상황을 생각해 보자. 우리는 지하철로 이동하면서 넷플릭스 앱을 통해 집에서 봤던 드라마를 이어서 볼 수 있다. 유튜브에서 드라마의 요약본을 제공하는 리뷰 콘텐츠를 볼 수도 있고 1.5배 혹은 2배의 빨리 감기 속도로 훑어보듯 시청할 수도 있을 것이다. 편성된 시간에 맞춰 텔레비전으로 드라마를 볼 수도 있지만, 시간을 놓쳤다면 해당 방송사의 웹사이트에서 유료 혹은 무료로 해당 회차의 VOD 서비스를 이용할 수도 있다. 방송사 웹사이트가 아니더라도 네이버 포털 서비스에서 드라마를 다운받아 볼 수도 있다.

K드라마 시청을 이해하기 위해서는 드라마를 어떻게 시청하고 있는지 살펴보는 것이 중요하다. 이를 위해 시청을 가능하게 하는 시청 상황과 시청하는 행동과 관련된 경험을 구분할 필요가 있다. 드라마가 제공되는 시청 환경은 시청자들에게 다양한 유·무료 플랫폼을 통해 K드라마가 제공된다는 상황과 관련된다. 이때 주요 질문은

누가 어떤 경로로 왜 드라마를 제공하는가로 요약된다. 드라마를 보는 시청 경험은 특정한 시간과 공간에서 개인이 선택한 드라마를 보면서 느끼는 엔터테인먼트 경험에 관한 것이다. 가장 좋아하는 K드라마는 무엇인지, 왜 그 드라마를 좋아하는지 등의 질문을 던질 수 있다.

주목할 점은 K드라마 시청자가 국내뿐 아니라 전 세계에 흩어져 있다는 데 있다. 앞서 K드라마를 시청하는 여러 상황은 해외 시청자들에게도 적용된다. TV로 모바일로, 유·무료 앱을 통해, 즉 자신이 원하는 방식으로 K드라마를 시청한다는 것인데 이에 따라 새로운 질문을 던질 수 있다. 해외 시청자의 K드라마 시청 경험은 국내 시청자의 시청 경험과 같은가? 왜 해외 시청자는 K드라마를 시청하는 것일까?

이 장에서는 이와 같은 질문에 대해 답하면서 K드라마 시청에 대해 살펴본다. K드라마를 즐기는 경험을 만들어 내는 환경의 변화와 이에 따른 '즐김' 경험의 변화는 무엇인지 검토해 본다. 이 과정에서 왜 K드라마를 시청하는지, 어떻게 시청하는지에 대해 검토한다. 이를 위해 K드라마 시청의 변화 과정을 먼저 살펴보기로 하자.

K드라마 시청 배경과 시청 경험: 어떻게 변화해 왔을까

K드라마는 한류 시작과 발전의 역사와 함께해 왔다. 한류의 발전 시기에 관해 연구자들은 3기 혹은 4기로 구분한다. 진달용 등의 연구자들(Jin, 2024)은 1990년대 초반부터 2007년까지를 1기, 2008년부터 2017년까지를 2기, 2017년부터 현재까지 3기로 구분하는 3시기 구분

그림 1　K드라마 발전과 한류의 시기 구분

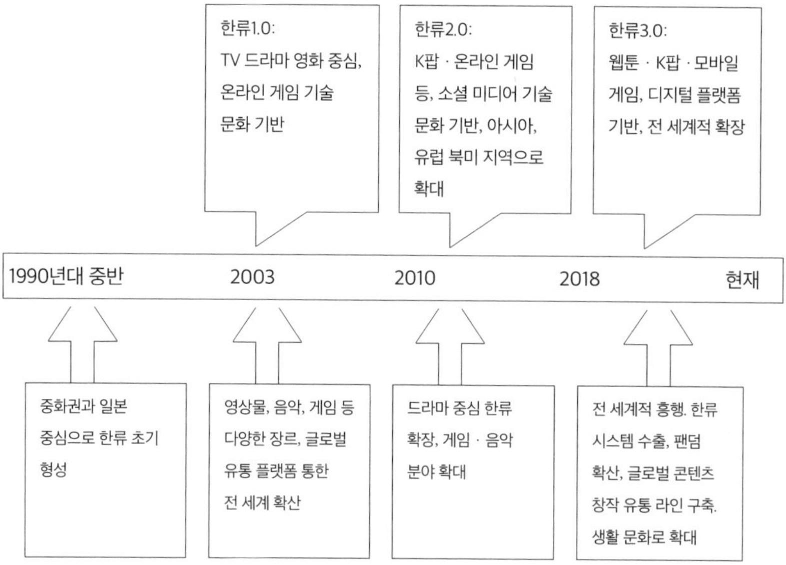

을 제시하고 있다. 이에 비해 한국콘텐츠진흥원은 한류4.0까지 4시기의 발전 역사로 소개한다(한국콘텐츠진흥원, 2022). 이들 주장에 근거해 보면 그림 1처럼 한류 발전의 역사를 요약할 수 있다.

한류 발전을 이해하기 위해서 주요 작품을 중심으로 시기를 구분해 보자. 먼저 '한류Korean Wave'라는 용어는 1997년 대만 신문에서 처음 사용된 것으로 알려져 있다. 당시 1990년대 대만에서는 한국 드라마와 방송이 본격적으로 유입됐으며, 대만 언론은 이 현상을 '한류'로 표현했다. 그러나 본격적으로 지금 우리가 사용하는 한류의 의미로 '한류'라는 용어가 사용된 것은 1999년 중국 신문에서부터다. 중국은 1997년 중국중앙TV(CCTV)에서 한국 드라마 〈사랑이 뭐길래〉가 방송된 후 큰 인기를 얻게 됐고(《조선일보》, 1997. 12. 14), 이후 방송에서 한국 드라마가 자주 전파를 탔다.

〈사랑이 뭐길래〉는 한류라는 용어를 처음 만들게 된 셈인데 국내에서 먼저 큰 인기를 얻었으며 평균 시청률은 59.6%였다(전영선, 2007. 3. 24). 이 드라마는 MBC에서 1991년 11월~1992년 5월 31일에 방영됐고 주말 드라마 55부작으로 꽤 긴 시간을 시청자와 함께했다.

두 번째 시기의 주요 작품은 〈겨울연가〉(2002), 〈대장금〉(2003) 등이다. 이 드라마들은 2000년대 초반 일본을 비롯해 동아시아에서 큰 인기를 끌었다. 〈겨울연가〉는 KBS에서 2002년 1월에 20부작으로 방송된 월화 드라마로 한국에서도 인기가 많았지만, 2004년 일본 공중파에서 방송된 이후 일본에서 화제가 됐다. 일본 NHK에서 방송되었고 방송 기간 최고 시청률은 마지막 회 방송으로 시청률이 20%를 넘는 것으로 알려졌다. 〈겨울연가〉는 〈이산〉, 〈대장금〉, 〈아이리스〉 등 일본의 인기 있는 한국 드라마 계보를 만들어 내는 시초가 됐다는 점에서도 의의가 있다. 또한 〈겨울연가〉는 일본 이외의 아시아 지역에서도 큰 인기를 얻었는데 우즈베키스탄의 경우, 시청률 60%를 기록한 것으로 보도되었다(한종호, 2005. 5. 11).

〈사랑이 뭐길래〉에서 시작된 한류는 2000년대 초중반, 아시아의 다른 지역으로 확대됐는데 이 시기 K드라마 시청 환경은 K드라마 방송이 해당 국가의 방송 수입에 기여한다는 것이 특징적이다. 인기 작품들이 일본에서 방송된 데는 직접 제작하기보다 한국 드라마를 수입해 방송하는 것이 수입 면에서 더 유리하다는 방송사의 계산 때문이다. 일본 자체 제작 드라마보다 한국 드라마가 재방송 저작권 확보도 쉬웠고, 한국 제작사 측이 DVD나 사진집 등 기획 단계에서부터 맞춤형으로 제작한 부대 상품도 수입에 기여함에 따라 일본 방송사에게 한국 드라마는 이익이 되는 방송 상품이었다. 물론 우리나라 드라마가 이익이 되는 방송 프로그램으로 선호된 데에는 시청자들에게 인기가 많다는 조건이 전제되어 있다.

이 시기 K드라마 시청 배경은 국내에서 인기 있는 드라마를 K드라마 선호도가 높은 국가에 수출하는 흐름으로 요약된다. 당시 드라마는 국가 간 경계에 따라 구분되었으며 제작사와 유통사는 방송사 중심으로 이뤄진다는 특징이 있었다. 〈사랑이 뭐길래〉 등의 프로그램은 MBC, KBS 등 방송사 중심으로 제작됐고 국가 간 경계에 의해 구분되는, 국가 간 유통되는 상품이었다. 프로그램을 시청하는 해당 국가의 시청자들은 한국의 드라마로 이해했으며 한국 드라마를 시청했고 드라마를 통해 한국의 모습과 문화에 접촉할 수 있었다. 그런데 이후 주요 이벤트들은 이러한 시청 환경의 특징과는 매우 다른 모습으로 변화한다.

세 번째는 〈킹덤〉(2019)과 〈오징어 게임〉(2021)을 대표적으로 들 수 있다. 2010년대 후반을 기점으로 K드라마는 시청 환경의 측면에서 극적으로 변화된 양상을 보여 준다. K드라마를 즐기는 경험을 만들어 내는 시청 환경에 관한 핵심 질문은 여전히 동일하지만, 누가 왜 어떤 경로로 드라마를 제공하는지에 대한 답은 매우 달라졌다.

대표적으로 〈오징어 게임〉을 살펴보자. 〈오징어 게임〉은 넷플릭스라는 새로운 유통 경로를 통해 전달됐으며 제작사는 '(주)싸이런픽쳐스'였다. 이 시기부터 '시청자'라는 방송 영역의 용어는 더 이상 적절하지 않게 됐으며 방송사 중심의 제작 관행도 허물어졌다.

〈오징어 게임〉은 시즌제로 제작되었는데, 시즌 1은 2021년 9월에 넷플릭스에서 공개됐다. 시즌 1의 엄청난 인기에 힘입어 시즌 2와 시즌 3가 제작되었는데, 시즌 2는 2024년 12월, 시즌 3는 2025년 6월에 넷플릭스에서 공개됐다. 넷플릭스의 통계에 따르면 〈오징어 게임〉은

2025년 2월 기준, '글로벌, 비영어권 쇼 카테고리'에서 가장 인기 있는 작품이다. 동일한 검색 기준으로 '글로벌, 비영어권 쇼 카테고리 2위는 놀랍게도 〈오징어 게임〉 시즌 2다. 전 세계적으로 많은 이용자가 〈오징어 게임〉을 시청했으며 〈오징어 게임〉은 넷플릭스가 한국 작품이 인기를 얻는 주요 플랫폼으로 활용되어 인기몰이에 기여한 것이다. 넷플릭스 자체 분석에 따르면 2024년에는 52주 내내 매주 최소 한 편 이상의 한국 작품이 넷플릭스 글로벌 TOP 10에 올랐다(변인호, 2025. 2. 4).

〈오징어 게임〉으로 대표되는 넷플릭스를 통한 K드라마의 전 세계적 확장은 K드라마 시청 환경이라는 기준에서 보면 앞선 시기와 극적 차이를 만들어 냈다. K드라마 시청 환경은 '누가 어떤 경로로 왜 드라마를 제공하는가'에 대한 질문인데 이에 비춰 보면 넷플릭스로 K드라마를 시청하는 시청 환경의 특징은 방송사 이외에 콘텐츠 제작사가 다양해졌다는 것, 글로벌 유통 경로를 통해 K드라마가 제공된다는 것, 그리고 이를 통해 수익을 달성하는 시스템의 변화라고 답할 수 있다. 전 세계에서 본격적으로 K드라마에 주목하게 된 시기이기도 하다.

이와 같은 배경에서 K드라마를 정의할 수 있다. K드라마의 발전은 제작-기술-시청 공동체가 함께 융합하면서 독특하고 특징적인 지역에 기반한 문화산업이 전 세계적인 대중성을 획득하고 증가시키는 사례(Jin, 2024)라고 할 수 있다. K드라마의 시청 환경 변화 측면에서, 제작자의 다변화, 온라인 시청, 시청의 전 지구적 확대가 현재 K드라마를 설명하는 키워드들이다.

자연스럽게 이어지는 질문은 시청자들이 왜 K드라마를 선택하는가다. K드라마 선택에 관한 통계 자료를 검토하면 이에 관한 단서

시청자와 이용자

'시청자'라는 용어는 방송 미디어와 어울리는 개념이다. 시청자는 방송이 만들어지면서 정의된 가상의 공동체로 봐야 한다. 시청자는 방송을 보고 들을 수 있는 환경이 갖춰지면서 방송을 시청하는 기능을 부여받은 주체라고 할 수 있다. 시청자의 시청 행동은 시청률로 집계되면서 방송 광고의 기초 자료로 활용되며 이를 통해 방송사가 운영되는 주요 재원으로써 전체 방송 산업 시스템을 완성하는 데에 기여한다.

시청자 역할을 하던 개인은 넷플릭스 등이 등장하면서 넷플릭스를 이용하는 이용자 혹은 구독자로서 역할이 바뀌게 된다. 넷플릭스에 맞춘 '넷플릭스-이용자(구독자)'라는 새로운 기능적 쌍을 완성시키게 된 것이다.

K드라마 시청과 관련된 모든 논의에서 가장 핵심적인 개념은 시청자 혹은 시청 주체로서 미디어 이용자다. 우리는 변화하는 환경에 따라 다른 역할로 미디어 시스템에 참여해 온 것이다.

를 얻을 수 있다. 넷플릭스에서는 이용자들이 좋아하는 'TOP 10 콘텐츠'를 검색할 수 있는 사이트를 운영하고 있다(다음 사이트를 참조하라. https://www.netflix.com/tudum/top10/most-popular). 검색을 위해서는 지역과 장르 및 언어를 지정하는 것이 필요한데 지역은 글로벌 혹은 개별 국가 중 하나를 선택할 수 있다. 개별 국가는 넷플릭스 서비스가 제공되는 국가들 중 한 국가를 선택하는 것인데 해당 리스트는 말하자면 넷플릭스가 진출한 국가 리스트다. 장르 및 언어는 네 가지 옵션이 제공되고 그중 하나를 선택해야 한다. 네 가지 옵션은 'Movies | English,' 'Movies | Non-English,' 'Shows | English,' 'Shows | Non-English' 등이다. 영화Movies와 시리즈Series로 콘텐츠 장르를 크게 두 가지로 나눴고 해당 콘텐츠에 사용하는 언어를 영어와 비영어, 두 가

지로 구분하고 있다.

옵션을 사용해 가장 인기 있는 콘텐츠를 검색해 보는 것도 좋고 다양한 기준을 통해 TOP 10을 구성해 결과를 비교해 보면 왜 해당 콘텐츠가 많은 사람들에게 인기 있는지에 대한 단서를 얻을 수 있다. 가령, 왜 영화와 시리즈로 구분했는지, 해당 구분은 어떤 의미를 가지고 있는지, 왜 언어는 콘텐츠 선택에서 중요한 기준으로 활용됐는지 등 K드라마를 선택하는 이유를 추론해 볼 수 있는 좋은 질문이 될 것이다.

K드라마는 왜 인기가 있을까

K드라마는 왜 인기가 있는지에 답하기 위해서는 먼저 '인기'라는 속성을 이해할 필요가 있다. '인기 있는'이라는 말은 해당 작품이 자주 많이 선택된다는 것을 의미한다. 제작과 유통과 이용의 시스템적 시청 환경에서 '인기 있다'는 말은, 제작된 상품 중에 다른 상품보다 많이 선호된다는 것을 뜻한다.

산업적 관점에서 K드라마는 문화 상품으로 이해된다. 법적으로 정의하면, 문화산업진흥기본법에 따라 문화 상품은 '예술성·창의성·오락성·여가성·대중성(이하 '문화적 요소'라 한다)이 체화體化되어 경제적 부가 가치를 창출하는 유형·무형의 재화'로 정의되며 문화 콘텐츠, 디지털 문화 콘텐츠 및 멀티미디어 문화 콘텐츠를 포함한다. 이때 문화산업은 "문화 상품의 기획·개발·제작·생산·유통·소비 등과 이에 관련된 서비스를 하는 산업"을 뜻하며 영화·비디오물, 음악·게임, 출판·인쇄·정기간행물, 방송영상물, 대중문화예술산업 등을 포함한다.

문화산업과 문화 상품의 기준에서 K드라마를 이해하면 K드라마 산업 주체와 산업 운영 원리에 주목하면 된다. K드라마를 기획·개발·제작·생산·유통·소비하는 일련의 과정에 참여하는 산업 주체와 산업 운영의 원리를 분석하는 것이다. 무엇보다 이때 산업 운영 원리는 경제적 부가 가치를 창출하는 것으로 누가 어떤 K드라마를 왜 제작하는가의 질문은 그래서 단순해진다. 제작과 유통 등 가치 창출의 과정을 중심으로 K드라마 인기를 분석하면 될 것이다.

그러나 K드라마를 제작해 판매하고 유통을 통해 경제적 가치를 증가시킨다는 산업적 관점은 K드라마를 왜 시청하는지를 충분하게 설명하지는 못한다. 왜 K드라마가 인기 있는지에 대한 두 번째 요소는 프로그램이 제공되는 지역의 시청자들과 관련된다. 왜 해당 지역에서 K드라마는 인기가 있는가?

이를 설명하는 적절한 개념은 문화적 근접성cultural proximity과 문화적 할인cultural discount이다. 문화적 근접성과 문화적 할인 개념은 미디어 콘텐츠의 문화 간 수용 방식과 관련하여 중요한 개념으로 활용돼 왔다. 문화적 근접성은 특정 지역의 문화적 전통, 신념 체계, 종교, 언어 등의 요소가 콘텐츠가 생산된 국가의 문화와 얼마나 유사한지를 의미하며(Straubhaar, 1991, 2003), 문화적 근접성이 높을수록 외국 콘텐츠에 대한 거부감이 줄어들고 수용이 자연스럽게 이루어진다. 문화적 유사성은 의복 스타일, 인종적 특징, 신체 언어, 유머 감각, 이야기 전개의 속도, 음악적 전통, 종교적 특성 등 다양한 요소에서 나타날 수 있으며(Dupagne & Waterman, 1998; Straubhaar, 2003), 이러한 유사성이 클수록 해당 콘텐츠가 수용될 가능성이 높아진다.

예를 들어, 중국과 일본 등 아시아 지역에서 2000년대 초반까지 한국 TV 드라마의 소비가 이뤄졌으며 2000년대 중후반 이후 다양한 장르의 한국 대중문화가 적극적으로 소비됐는데 이를 문화적 근접성과 관련된 현상으로 볼 수 있다. 수용자들은 자신들의 문화적 기준을 바탕으로 외국 콘텐츠를 소비하며, 일본과 중국과 같이 공통의 문화적 가치, 생활 양식, 유교적 전통을 공유하는 국가에서는 특정 콘텐츠가 보다 쉽게 수용될 가능성이 높기 때문이라는 설명이 가능하다(이미나 · 오원환, 2013).

반면, 문화적 할인은 특정 문화권에서 제작된 콘텐츠가 다른 문화권에서 소비될 때 문화적 차이로 인해 원래 의도된 효과가 감소하는 현상을 의미한다. 이는 콘텐츠의 특정 요소가 수용자의 문화적 배경과 상충될 경우 그 가치가 낮게 평가될 수 있음을 시사한다. 공통된 가치관, 정체성, 언어 등은 외국 콘텐츠의 소비 여부를 결정짓는 중요한 요인으로 작용하며, 문화적 차이가 클수록 수용자들은 콘텐츠에 대한 몰입도가 낮아질 가능성이 크다.

문화적 근접성 이론은 문화 간의 유사성을 강조하는 반면, 문화적 할인 개념은 이질성이 미디어 콘텐츠 소비에 미치는 영향에 주목한다. 두 개념 모두 특정 지역의 수용자들이 외국 콘텐츠를 소비할 때, 해당 지역의 문화적 배경이 중요한 역할을 한다는 점을 공통적으로 지적하고 있다.

그런데 문화적 근접성이나 문화적 할인 개념은 K드라마를 좋아하는 직접적인 유인 요인을 밝히는 데에는 미흡한 점이 있다. 문화적 할인이 낮고 문화적으로 근접하기 때문에 특정 문화권의 프로그램이 다른 지역에서 더 선호될 수는 있겠지만, 왜 '그' 프로그램이 인기 있는지에 대해서는 설명하기 어렵다. 한국 드라마가 다른 국가의 드라마보다 선호되는 이유를 설명할 수는 있지만 왜 K드라마를 즐겨

문화산업과 문화상품, 문화콘텐츠에 대한 법적 정의, 문화산업진흥기본법

제1장 총칙

제2조(정의)

1. "문화산업"이란 문화상품의 기획·개발·제작·생산·유통·소비 등과 이에 관련된 서비스를 하는 산업을 말하며, 다음 각 목의 어느 하나에 해당하는 것을 포함한다.

가. 영화·비디오물과 관련된 산업

나. 음악·게임과 관련된 산업

다. 출판·인쇄·정기간행물과 관련된 산업

라. 방송영상물과 관련된 산업

마. 「국가유산기본법」 제3조에 따른 국가유산과 관련된 산업

바. 만화·캐릭터·애니메이션·에듀테인먼트·모바일문화콘텐츠·디자인(산업디자인은 제외한다)·광고·공연·미술품·공예품과 관련된 산업

사. 디지털문화콘텐츠, 사용자제작문화콘텐츠 및 멀티미디어문화콘텐츠의 수집·가공·개발·제작·생산·저장·검색·유통 등과 이에 관련된 서비스를 하는 산업

아. 대중문화예술산업

자. 전통적인 소재와 기법을 활용하여 상품의 생산과 유통이 이루어지는 산업으로서 의상, 조형물, 장식용품, 소품 및 생활용품 등과 관련된 산업

차. 문화상품을 대상으로 하는 전시회·박람회·견본시장 및 축제 등과 관련된 산업. 다만, 「전시산업발전법」 제2조제2호의 전시회·박람회·견본시장과 관련된 산업은 제외한다.

카. 가목부터 차목까지의 규정에 해당하는 각 문화산업 중 둘 이상이 혼합된 산업

2. "문화상품"이란 예술성·창의성·오락성·여가성·대중성(이하 "문화적 요소"라 한다)이 내재되어 경제적 부가 가치를 창출하는 유형·무형의 재화(문화콘텐츠, 디지털문화콘텐츠 및 멀티미디어문화콘텐츠를 포함한다)와 그 서비스 및 이들의 복합체를 말한다.

3. "콘텐츠"란 부호·문자·도형·색채·음성·음향·이미지 및 영상 등(이들의 복합체를 포함한다)의 자료 또는 정보를 말한다.

4. "문화콘텐츠"란 문화적 요소가 내재된 콘텐츠를 말한다.

시청하는지, 시청 동기를 밝히기는 쉽지 않다. 왜 K드라마를 시청하는가라는 질문은 개인의 시청 경험에 대한 고찰이 필요하다. 이에 대해 살펴보자.

K드라마를 왜 시청하는가

왜 K드라마를 시청하는지에 대한 질문은 K드라마 시청 동기에 관한 것이다. 왜 K드라마를 시청하는가? 무엇보다 K드라마는 재미있기 때문이다. 드라마를 보면서 '즐거움을 느끼기 위해서'라고 할 수 있다. 드라마 시청의 '즐김 경험'은 두 가지 접근으로 구분해 볼 수 있다. 첫째는 즐거움이라는 정서 경험에 집중하는 엔터테인먼트 이론이고 둘째는 정서를 해석과 연결시켜 설명하는 문화주의적 접근이다.

엔터테인먼트 이론은 쾌락 경험에 주목한다. 가령 영화와 드라마 등을 보면서 수용자들의 흥미, 재미, 즐거움 등의 반응을 분석하면서 왜 해당 콘텐츠를 소비하는지를 분석하는 것이다. 드라마를 시청하는 동기가 재미를 찾기 위해, 즐길 수 있기 위해, 행복하고 긍정적인 느낌을 가지기 위해 시청하는 즐거움을 좇는 경험으로 드라마 시청 행위를 이해한다.

엔터테인먼트 이론에서는 또한 미디어 콘텐츠 이용 경험의 즐거움을 비쾌락적 측면에서 조명하는 연구도 최근의 흐름이다. '비쾌락적nonhedomic'이라는 말은 쾌락적hedomic인 추구하라기보다는 행복, 만족, 충만의 즐거움을 의미한다. 유다이모닉eudaimonic은 아리스토텔레스에 기원하는 것으로 진정한 행복과 즐거움은 쾌락에 있는 것이 아니라 인간의 잠재력과 가치를 실현하는 것에서 찾아진다는 것이다

(Wirth et al, 2012). 쾌락을 좇는 것 이외에 좀 더 깊은 수준의, 의미를 발견했다는 인식이 있어야 한다는 것으로, 단순한 자극 추구라기보다는 감동받았다는 느낌, 생각이나 느낌이 고양되고자 하는 동기 등이 재미있는 미디어를 찾는 즐거움의 동기라는 것이다.

가령, 허구적 인물에 느끼는 동감, 그리고 지고지순한 헌신이나 사랑, 위대한 희생에 대한 경외감 등 행동이나 주제에 대한 평가와 같은 인지적 반응이 즐김의 경험에 포함된다(Raney, 2002). 이런 측면에서 메타이모션metaemotions 개념을 살펴보자. 메타이모션은 미디어 콘텐츠를 경험하면서 느끼는 즐거움으로 자신이 느낀 감정을 평가하면서 느끼는 2차적 감정이라고 할 수 있다(Bartsch, Vorderer, Mangold, & Viehoff, 2008). 가령 슬픈 영화를 보면서 슬퍼지는 것은 1차적 감정이지만 이러한 직접적인 감정에 대해 평가하고 인식하는 2차적 감정이 슬픈 영화를 즐길 수 있게 한다(Oliver, 1993). 이러한 2차적 즐거움의 요소들은 여러 가지로 구분될 수 있다. 관계성(인물과의 관계, 캐릭터와 연결되어 있다는 만족감, 감정적 친밀감을 느끼는 것), 가치 실현(가치에 적합함, 공정함, 충성심, 순결함 등), 능력/개인적 성장(인지적이고 감정적인 어려움을 극복했을 때의 만족감), 삶의 수용/목적 확인(자신의 삶에 대한 가치와 믿음의 확인) 등이 2차적 즐거움의 요소로 단순한 쾌락을 넘어서 엔터테인먼트의 즐김 경험을 이해하는 데 도움이 된다(Oliver, & Bartsch, 2010; Tamborini, 2011).

표 1의 설문은 쾌락을 포함해 좀 더 다양한 즐거움과 만족의 시청 느낌을 측정한다. 쾌락 이외에도 자기 삶의 확인, 자율성, 개인 능력과 개인적 성장, 관계성, 주요 가치 인식 등을 세부 요소로 제시하는데 각 세부 요소를 설명하는 질문을 통해 해당 요소가 의미하는 바를 알 수 있다. 우리는 즐거움을 추구하기 위해 드라마를 시청하지만 우리가 드라마 시청을 통해 느끼는 즐거움과 만족감은 재미나 흥

표 1 만족과 즐거움의 엔터테인먼트 척도(EES)

자기 삶의 확인	- 내 삶에 만족할 수 있다는 것을 보여 줘서 좋았다. - 내 삶이 충만하고 의미 있다는 것을 느끼게 해 주어 기분이 좋았다. - 나의 현재와 내 삶에 만족할 수 있도록 해서 좋았다.
자율성	- 내가 내 삶에 책임진다는 것을 느낄 수 있어 좋다. - 내 삶이 드라마에 나오는 비극이나 드라마의 주인공처럼 비극적이지 않다는 것을 알아서 좋았다. - 내 삶이 나의 의해 좌우된다는 것을 인식하게 되어 좋았다.
개인 능력/ 개인적 성장	- 긍정적인 자극을 받아 기분이 좋았다. - 주제를 음미할 수 있어 좋았다. - 나 자신과 내 삶에 대해 생각할 수 있어 좋았다.
관계성	- 주인공과 사건에 흠뻑 빠질 수 있어 좋았다. - 주인공에 공감할 수 있어 좋았다. - 주인공에 동정을 느끼고 연민을 느낀 점이 좋았다.
주요 가치 인식	- 비통함 속에서 삶의 중요한 가치를 확인시켜 주어서 좋았다. - 주인공의 책임 있는 삶의 방식이 좋았다. - 어려움을 극복하는 주인공의 모습을 보는 것이 좋았다.
쾌락	- 전반적으로 드라마를 보는 동안 즐거웠다. - 드라마는 재미있었다. - 즐거움을 주었다.

출처: Wirth, Hofer, & Schramm, 2012. 설문 내용은 드라마에 맞춰 일부 수정.

미 등의 쾌락적 요인으로만 설명되지 않는다는 것을 알게 될 것이다.

단순히 쾌락적인 것을 좇지 않고 여러 모순적 경험을 한다는 주장은 두 번째 접근법인 문화연구자들의 주장에서도 발견된다. 이엔 앙Ien Ang은 대중문화 소비가 단순히 쾌락적이지만은 않으며, 여러 모순적 경험을 수반한다고 주장한다. 특히 '즐거움과 모순pleasure and contradiction' 개념을 통해 시청자들은 텔레비전 드라마를 시청하면서 복합적인 감정과 해석을 수행한다고 주장한다(Ang, 1985).

즐거움과 모순은 시청자들이 프로그램에서 반감을 느끼는 요소(예를 들면 가부장적 분위기의 가족에서 억압받는 여성 캐릭터)가 있지만 프로그램을 시청하는 모순적인 상황을 설명한다. 양가적인 감정, 좋아하기도 하지만 동시에 비판하거나, 옳지 못하다고 지적하지만 욕망하는 것 등은 드라마를 시청하는 과정에서 여러 차원에서 관찰된다. 드라마에서 즐거움을 찾지만, 동시에 조롱하거나 비판하기도 하며 여성 캐릭터들이 겪는 갈등과 불행을 함께 느끼며 캐릭터를 통해 불평등한 상황에 대해 비판적으로 인식하기도 한다.

드라마 시청 경험은 즐거움을 토대로 하고 있지만 감정적 자극과 쾌락에 의해서만 이끌어지지는 않는다. 이 점은 앞서 엔터테인먼트 이론에서 주장하는 2차적 감정, 비쾌락적 즐김 개념과 닿아 있다. 전통적인 문화연구의 주장은 엔터테인먼트 이론이 개인의 즐김 경험에 배경을 두고 있지만 사회적, 문화적 맥락에서 복합적 감정을 느낀다는 점을 지적하고 있다는 데에 차이가 있다.

문화주의적 전통에서 시청 경험은 문화라는 맥락에서 드라마가 해석된다는 점을 강조한다. 같은 드라마라고 해도 시청하는 사람에 따라 드라마의 해석은 달라지는데 이러한 차이를 만들어 내는 것은 드라마가 시청자의 해석에 따라 다르게 이해되기 때문이며, 이때 서로 다른 해석을 만들어 내는 근거는 문화가 된다.

문화에 따라 드라마의 의미가 재구성되며 서로 다른 문화는 다양한 의미와 해석 가능성을 만들어 내게 된다. 문화로 경험된다는 말은 첫째, 예술성, 창의성, 오락성, 여가성, 대중성 등의 문화적 요소를 내재한 유형 무형의 상품('K드라마')을 이용한다는 것이며 둘째, K드라마 이용을 통해 의미의 생산과 해석 활동이 동반되고 셋째, 이용자의 정체성과 연관되는 방식으로 K드라마 소비가 진행된다는 것을 두루 포함한다.

문화가 작동하는 방식은 스튜어트 홀Stuart Hall의 문화 회로Circuit of Culture 개념을 통해 좀 더 살펴볼 수 있다. 문화 회로는 5가지의 주요 요소들이 상호 작용하며 문화가 형성되고 문화적 실천이 진행된다고 주장한다. 5가지 요소는 재현Representation, 정체성Identity, 생산Production, 소비Consumption, 규제Regulation다. 재현은 특정한 의미나 아이디어가 어떻게 표현되고 전달되는지를 의미하며 정체성은 특정 문화적 대상(예: 상품, 인물, 운동)이 사람들의 정체성과 어떤 관계를 맺는지를 의미한다. 생산은 문화적 의미가 만들어지는 과정으로, 누가, 어떻게, 왜 특정한 문화적 메시지를 생산하는지에 대한 분석이며 소비는 사람들이 특정 문화적 요소(예: 영화, 음악, 패션 등)를 소비하는 방식과 그 의미를 어떻게 해석하는지를 분석하는 것으로 동일한 콘텐츠라도 소비하는 사람에 따라 다르게 해석될 수 있음을 의미한다. 규제는 법, 규범, 사회적 규칙 등이 문화적 의미의 형성과 유통에 미치는 영향을 뜻한다(du Gay, Hall, Madsen, & Negus, 2013).

문화 회로 개념을 K드라마에 적용하면 K드라마를 시청하는 행위가 다양한 측면에 영향을 미치고 있음을 알 수 있게 된다. K드라마는 엔터테인먼트 이론에서처럼 즐거움과 감동을 느끼게 하는 시청 경험을 제공하지만 이와 동시에 삶과 일상의 경험에서, 수용되는 문화 영역의 공동체에 의해 다르게 이해되고 해석되며 표현된다. K드라마가 해외 시청자들에게 선택되는 과정은 그러므로 즐거움을 경험하는 과정인 동시에 해당 국가 문화 공동체의 수용성에 의해서도 다른 방식으로 그들의 삶과 연결되고 해석된다는 것이다.

K드라마 중 가장 좋아하는 작품은 무엇인가?

이제까지 왜 드라마를 시청하는지, 그리고 드라마를 시청하게 되는 상황적, 동기적 요인을 설명하고 드라마 시청 경험 자체에 대해서도 살펴봤다. 마지막 질문은 드라마 시청 경험 자체에 대해 좀 더 깊이 고민해 볼 만한 질문이다. 가장 좋아하는 드라마는 무엇인가? 좋아하는 드라마를 떠올려 보고 그 드라마에 대해 생각해 보자. 드라마의 줄거리가 기억나는가? 주인공들이 겪는 다양한 사건을 순서대로 이야기할 수 있는가? 인지적 과정을 이해하기 위해 필요한 질문이다.

드라마를 이해하는 과정은 당연하게도 다양한 수준의 인지적 과정을 통해 진행된다. 말을 알아듣는 것부터 상황에 대한 사전 지식이 동원되는 것 등 여러 인지적 과정이 진행되면서 우리는 자연스럽게 주어진 내용을 해석하고 기억하고 추론하게 된다. 드라마 시청의 인지적 과정은 '장르' 개념에서도 확인된다.

장르는 TV 프로그램에서 반복되는 관습이나 요소로 정의되며 시간이 흐름에 따라 장르는 사회적으로 진화된다. 시청자들은 다양한 프로그램을 시청하면서 반복되는 요소들을 익히게 된다. 가령, 멜로드라마 장르의 경우 시청자들은 통상적으로 멜로드라마적인 요소들을 이미 알고 있으며 이러한 요소들이 충족되기를 기대하면서 드라마를 시청하게 된다. 장르는 제작 측면에서도 효과적으로 사용되는데 제작자들은 산업적 수익을 보장받기 위해 시청자들의 기대를 깨지 않는 수준에서 프로그램에 이미 알고 있는 익숙한 요소들을 활용한다. 멜로, 스릴러, 코미디 등 시청자들은 개별 장르의 속성을 이미 알고 있고 이를 활용해 드라마를 시청한다.

스릴러 장르를 중심으로 인지적 과정에 대해 좀 더 생각해 보자.

스릴러 장르에서 느껴지는 즐거움은 어떻게 가능한가? 보는 사람들이 긴장감을 느끼기 위해서는 특정한 상황이 만들어져야 한다. 영상을 지켜보는 사람은 알고 있지만 영상 속의 인물들은 다가오는 위험이 닥치는 상황을 알지 못하는 그런 상황이 필요한 것이다. 예를 들어, 테이블 아래 시한 폭탄이 설치되어 있는데, 테이블에서 카드 게임을 하는 사람들은 모르고 있다고 하자. 시한폭탄의 시계가 예정된 폭발 시간에 가까워지면서 이를 영상으로 지켜보는 이들은 테이블에 앉아 있는 사람들이 앞으로 다가올 상황을 모르고 있다는 것에 안타까워하며 어떻게 될지 긴장감을 느낀다는 것이다.

드라마를 즐기기 위해서는 이러한 인지적 추론이 반드시 필요하다. 드라마에서 전개되는 다양한 정보들을 통합해 드라마에서 전달하는 이야기에 관한 심적 모델을 구성해야 한다. 이벤트 인덱스 모델Event-Indexing model(혹은 상황 모델 Situation Model)은 이야기에 관한 심적 모델이 구축되는 과정을 설명하는 이론이다. 이 이론에 따르면 이야기에 관한 심적 모델은 5가지의 인덱스로 구성되어 있으며 드라마의 정보는 인덱스와의 관련성에 따라 구분돼 통합된다. 이야기가 전개되면서 새로운 정보들이 유입되는데 이 정보들은 관련 인덱스로 통합되고 이를 통해 심적 모델은 업데이트된다(Zwaan, Langston, & Graesser, 1995).

5개 인덱스는 시간, 장소, 인과관계, 인물(대상), 동기 등이다. 시간 인덱스는 시간과 관련된 정보를 통합되고 장소 인덱스는 장소와 관련된 정보들이 융합되는 데에 사용된다. 인과관계는 사건의 원인과 결과에 관한 것으로 해당 인물이나 주인공의 행동이 가져오게 되는 결과, 인물이나 주인공의 행동 원인을 이해하는 것과 관련된다. 인물(대상) 인덱스는 드라마의 주요 인물들에 관한 정보의 묶음이고 동기는 행동의 목적과 관련된다. 드라마를 보면서 사람들은 그 드라마가 전달하는 이야기의 심적 모델을 구축해야 하며 이러한 심적 모델에 근거해 드라마를 즐길 수 있다. 즐거움, 만족감, 행복감, 고양되는 느낌 등의 엔터테인먼트 경험은 심적 모델의 토대에서 만들어질 수 있으며 문화적 해석 역시 이야기에 대한 심적 모델을 기반으로 가능해진다.

즐거운 시청을 위해 필요한 것과 방해되는 것

K드라마를 시청하는 구체적 미디어 이용 경험이 있기 위해서는, K드라마를 만들고 제공하는 상황이 있어야 할 것이다. 〈사랑이 뭐길래〉를 시작으로 〈겨울연가〉와 〈대장금〉으로 이어지는 초창기 K드라마가 제공되는 환경은 방송사 중심이었다. MBC 등 지상파가 프로그램을 제작하고 해외 국가에 '수출'하는 것이었다. 이때 국가 간 경계는 뚜렷했으며 한국을 중심으로 중국, 일본, 동아시아 지역 등 지리적 확장도 특징으로 볼 수 있다. 방송 중심으로 이루어진 K드라마의 국가 간 거래는 〈오징어 게임〉으로 대표되는 최근의 K드라마 시청방식과 뚜렷하게 구분된다. 〈오징어 게임〉은 제작은 한국(연출, 촬영, 출연진 등), 유통은 넷플릭스가 맡았다. 〈오징어 게임〉이 서비스되는 지역도 앞서 살펴본 것처럼 글로벌한 수준으로 국가 간의 경계는 무의미하다.

시청 경험도 변화했다. 미디어 산업의 발전을 통해 유통 경로와 미디어 서비스가 다양해지면서 드라마를 숏폼으로 보거나 건너뛰어 보는 것도 가능하다. 국내 시청자뿐 아니라 해외 시청자들도 비슷한 방식으로 K드라마를 시청하고 있다. 이러한 시청 경험의 다양화는

'글로벌'한 현상이다. 글로벌 시청 경험은 문화적 할인과 문화적 접근성 개념으로 이해할 수 있고 엔터테인먼트 경험과 문화주의적 접근을 글로벌 시청의 엔터테인먼트 경험을 풍부화할 수 있다.

마지막으로 이 장에서는 즐김의 인지적 과정에 관한 인덱스 모델을 설명했다. 가장 좋아하는 드라마라면 내용을 잘 기억하고 있을 것이며 그만큼 드라마에 몰입하고 감동했을 것이다. 몰입과 감동은 심적 모델 구축에 도움이 된다. 심적 모델이 잘 구축되지 못한 경우, 우리는 사건의 인과관계 등 중요한 내용이지만 잘 기억하지 못하게 된다. 정보가 잘 융합되지 못해 심적 모델을 제대로 구성하기 힘들 때, 우리는 드라마를 잘 기억하지 못하게 되는 것이다. 기억에 남기 위해서는 몰입해서 그 드라마에 집중해야 한다.

그런데 우리가 드라마를 시청하는 방식은 온전히 드라마에 몰입하기 힘들게 한다. 짧은 틈을 이용해 드라마를 잘라서 시청하게 되면 그 드라마가 만들어 내는 이야기의 시공간에 빠져들기 어렵다. 2배속으로 드라마를 시청할 때는 복잡한 이야기 정보를 처리하고 감정적으로 몰입하기 힘들어지게 된다.

즐거운 시청을 위해 필요한 것과 방해되는 것이 무엇인지 이해하기 위해서는 영상의 영역을 넘어서 미디어 전체의 변화에서 읽어야 할 것이다. K드라마의 확장은 미디어의 기술적, 산업적 환경 변화에 힘입은 바 크기 때문이다. K드라마가 확장하는 데 핵심 요소인 K드라마를 즐기는 경험 역시 그 과정에서 변화하고 있다. 개인이 드라마에 몰입하는 방식과 즐김의 경험이 달라지고 있다. K드라마와 관련된 다양한 변화를 이 책의 모든 장에서 확인할 수 있을 것이다.

2장

K콘텐츠의 글로벌 지형도

K드라마 팬덤의 형성과 확산

심두보

심두보

성신여자대학교 미디어커뮤니케이션학과 교수로, 대중문화와 한류 현상을 연구하고 있다. 미국 위스콘신(매디슨)대학교에서 박사 학위를 받았으며, 싱가포르국립대학교(NUS)에서 조교수로 근무했다. 책으로는 《한류가 뭐길래》, 《Pop Culture Formations across East Asia》 등이 있으며, 옮긴 책으로는 《케이팝은 흑인음악이다》, 《미디어의 이해》 등이 있다.

K드라마 팬덤은 어떻게 시작되었는가

K드라마 팬덤의 형성과 확산은 1990년대에 본격적으로 시작된 K콘텐츠 수출에서 비롯된다. 한국을 포함해 중국, 대만, 베트남 등 아시아 각국은 미국의 통상 압력과 우루과이라운드 협상 타결 그리고 WTO(World Trade Organization) 체제 개막에 대응해 영화와 방송 시장을 개방했다. 각국은 자국 미디어의 산업적 발달을 도모하는 차원에서 방송사 신설 및 방송 채널의 확대를 실행했다. 문화의 산업화와 시장 개방은 1980년대까지 방송 프로그램 수입국에 머물렀던 한국으로 하여금 텔레비전 프로그램을 수출하도록 이끌었다. KBS와 MBC는 1991년에 각각 KBS영상사업단과 MBC프로덕션을 설립해 자사 프로그램의 해외 판매를 모색했으며, 신생 SBS 방송사도 곧 뒤를 이었다.

• 이 장의 일부는 심두보, 2025(《한류문화사전》, 국립민속박물관) 내 표제어 항목을 토대로 수정·보완한 것이다.

1992년에 MBC프로덕션은 드라마 〈사랑이 뭐길래〉를 홍콩 케이블 방송에, 〈여명의 눈동자〉를 튀르키예에 판매했다. 1993년에는 〈여자의 방〉, 〈아들과 딸〉, 〈질투〉를 중국 하얼빈 TV에 수출했다. MBC프로덕션은 1994년에 〈마지막 승부〉, 〈폭풍의 계절〉을 대만 등지에 수출했으며, 중국 CCTV에 〈사랑이 뭐길래〉를 판매했다(박재복, 2001).

1997~1998년경, 중국과 대만에서 한국의 드라마와 대중 가요가 인기를 얻고 현지의 유행을 이끌기 시작하며 한류라는 문화 현상이 시작되었다는 소식이 국내에 전해지기 시작했다. 하지만 대부분 사람은 이에 반신반의했는데, 이러한 태도는 한동안 계속되었다. 국내에서 그 가치와 작품성이 폄하되던 드라마가 해외에서 인기를 얻은 것을 믿기 어려워했던 것이다. 한편 해외에서는 문화 수출 경험이 미약한 한국의 대중문화 생산 능력에 의구심을 표하며 한류가 이내 시들 것으로 내다보았다. 이렇듯 한류는 누구도 예상하지 못했던 현상이었다.

하지만 주지하다시피 한류 현상의 범위와 그 규모 및 팬덤의 깊이는 계속 성장했다. 그 과정에 유튜브와 소셜 미디어, 그리고 넷플릭스 등 신기술의 도움과 팬덤의 열성적 지원이 있었다. 한류는 음악, 영화, 드라마와 같은 대중문화 수용으로부터 시작했지만, 그 연관 산업인 화장품, 음식, 관광을 추동했고, 한국어, 한국학 등 한국 문화와 한국의 모든 것에 대한 애호를 가리키는 말이 되었다. 그중 K드라마 팬덤은 한류가 시작된 순간부터 지금까지 여전히 한류 현상의 중심이라고 해도 과언이 아니다. 이 장은 K드라마 팬덤을 만들어 낸 11개 주요 드라마와 각각의 인기 요인을 살피며 한류의 역사를 짚어 본 후, K드라마 팬덤의 변화 양상을 분석하고 그 함의를 고찰하고자 한다.

K드라마의 성장과 해외 팬덤의 진화

대중은 문화산업이 제조·유통해 시장에 내놓은 상품(드라마, 가요, 영화 등)을 구매해 즐거움을 느끼고 그로부터 의미를 생산한다. 1장에서 지적한 것처럼 미디어 세계화의 흐름 속에서 1990년대 초부터 한국 문화산업이 TV 프로그램 수출을 시작했고, 이를 받아들인 중화권 수용자가 1990년대 후반부터 비로소 한류 현상이라 칭할 만한 폭발적 반응을 보였다.

K드라마 팬덤의 시작을 알린 것은 MBC 드라마 〈사랑이 뭐길래〉였다. 이 작품은 산업화와 서구화를 배경으로 해 전통적 관습과 현대적 가치관이 갈등하고 타협하는 과정을 여러 에피소드를 통해 흥미롭게 재현했다. 1991~1992년 국내 방영 당시 시청자들의 큰 호응을 얻어 평균 시청률 59.6%를 기록했는데, 이는 현재도 역대 한국 드라마 최고 기록이다. 1장에서 언급한 바처럼 〈사랑이 뭐길래〉는 1992년 MBC프로덕션이 수출한 최초의 드라마였다. 하지만 이를 수입한 홍콩 케이블 방송에서의 흥행은 미미했던 것으로 보인다(박재복, 2001; 심두보, 2024).

하지만 1994년에 이 작품을 구매한 중국 국영 방송 CCTV는 한국어에 능통한 조선족 번역가를 동원해 번역의 품질을 높인 후 1997년 6월 15일부터 12월 14일까지 전국에 방영했다. 시청률이 높지 않은 주말 오전 시간대(9~11시)에 편성되었음에도 4.2%의 높은 시청률(외국 드라마 평균 시청률의 두 배가 넘음)을 기록하며 큰 인기를 끌었다. 시청자들의 요청에 따라, CCTV는 1998년 7월 29일부터 10월 13일까지 CCTV 2채널을 통해 저녁 황금시간대에 재방송했으며, 이후 〈사랑이 뭐길래〉는 여러 지방 방송국에 의해 몇 년간 수차례 재방송되었다. 공산주의 혁명 이후 이데올로기의 재편과 가치관 혼란을 경험한 중국 시청자들은 〈사랑이 뭐길래〉가 그려 낸 세대 간 가치관의 갈등과 극복이라는 소재에 공감했으며, 근대화된 한국의 생활상에 깊은 흥미를 느꼈다. 이러한 점에 기반해 한동안 한류는 문화적 근접성cultural proximity에 근거한 동아시아적 현상이라고 평가받았다.

중국 내 〈사랑이 뭐길래〉의 인기는 단발성으로 그치지 않았다. 비슷한 시기에 홍콩과 중국에서 방영된 드라마 〈별은 내 가슴에〉와 H.O.T., NRG, 클론 등 한국 가수들이 인기를 끌며, 한국 대중문화가 점차 중화권에 파고들었다. 초기의 K드라마 팬덤은 성별과 나이에서 뚜렷한 특징을 드러냈다. 바로 중년 여성이 팬덤의 중심에 있었다. 이들은 다른 인구통계학적 그룹보다 더 많이 한국 드라마를 시청했으며, 드라마를 보며 느낀 감정을 주위에 적극적으로 표현하고 나누었다(이은숙, 2002). 이들이 만들어 낸 반응이 새로운 '문화 현상'이라고 규정할 만한 규모에 도달했다고 평가한 현지 언론은 이를 '한류'로 지칭해 보도했다.

중화권에서 먼저 시작된 한류가 몇 년 후 드라마 〈겨울연가〉의 인기와 함께 일본에서 폭발했다. 〈겨울연가〉는 한국 방영 1년 뒤인 2003년 4~9월, 일본 NHK BS2 위성 방송에서 〈겨울 소나타冬のソナタ〉라는 제목으로 오후 10시에 방송되어 입소문을 타기 시작했다. 팬들은 방송을 비디오테이프로 녹화해 같이 보고, 함께 얘기하는 방법으로 팬층을 확대해 나갔다. 이들의 요청에 따라 NHK BS2 위성 방송은 같은 해 12월에 작품을 재방영했다. 그런데 팬들은 지상파에서도 방송해 달라고 더욱 강하게 요구했고, 2004년 4~8월 NHK 종합 채널이 〈겨울연가〉를 방영하게 된다. 방영 시간이 매주 토요일 오후 11시 10분이었는데도, 선풍적인 인기를 끌었다. 이를테면 당시 고이

즈미 준이치로 총리의 북한 방문 관련 프로그램 편성으로 〈겨울연가〉 방영이 1주일 연기되거나, 아테네 올림픽 중계 보도로 인해 평소보다 늦게 방영되었을 때 수천 건의 항의 전화가 들어와 방송국 업무가 마비되었을 정도였다. 결국 〈겨울연가〉의 최종회 시청률은 간토 지역 20.6%, 간사이 지역 23.8%, 나고야 권역 22.5%를 기록했다. NHK의 밤 11시 드라마 시청률 평균이 10%대인 것을 고려하면 놀라운 반응이었다(김윤지, 2023).

일본에서도 중장년 여성층이 K드라마 팬덤의 핵심을 차지했다. 이들은 일본 드라마에서 찾아볼 수 없는 순수한 사랑 이야기와 희생적인 태도를 지닌 부드러운 남성상에 매료되었다고 〈겨울연가〉 팬덤 활동의 변을 밝혔다. 〈겨울연가〉 신드롬 이후 한류 현상을 상품화하려는 일본업계의 한국 드라마 투자 지원이 활발해졌다. 하지만 비슷비슷한 순애보 서사의 재생산은 결국 K드라마 산업의 족쇄가 되었다. 유사한 이야기 구조와 설정의 상투성(부유한 남성과 가난한 여성의 로맨스를 다루는 '신데렐라 스토리,' 불치병과 기억 상실, 가족 관계의 비밀 등), 감상주의, 가부장제 서사의 한계가 주요한 비판 거리였으며, K드라마 팬덤을 구성하는 인구통계학적 한계가 지적되었다. 실제로 드라마 수출이 2006년부터 감소세에 들어서며, 한류의 짧은 역사가 종언을 고할 것이라는 우려가 많아졌다.

이러한 분위기 속에서 등장한 MBC 17부작 드라마 〈커피프린스 1호점〉(2007)이 K드라마 팬덤의 변화를 알렸다. 오랫동안 중화권 TV 드라마는 수백 편에 가까운 에피소드로 구성된 역사극과 가족극 중심이었다. 이에 식상한 젊은 시청자들에게 1990년대 초반 등장해 도시 청년의 동시대적 감수성을 대변하는 일본의 '트렌디' 드라마가 큰 환영을 받았었다. 트렌디 드라마는 내용과 형식 면에서 기존의 가족극과 확연한 차이를 보였다. 근대화된 소비 공간으로서의 도시를 세련된 이미지로 전달하는 것에 더해, 적은 수의 등장인물, 비교적 단순한 서사 전개, 부차적인 가족 이야기, 16~20회 정도의 짧은 에피소드 구성이 그것이다. 이로부터 대만에 일본 대중문화를 추종하는 "하일족哈日族"이 등장했다(이와부치, 2004). 2000년대 들어 경제 성장의 확산과 미디어 환경의 발달로 트렌디 드라마의 영향력이 동남아시아 지역으로 확장했다. 각국의 트렌디 드라마는 주제와 소재 면에서 서로 영향을 주고받았으며, 점차 남장 여자와 BL(Boys' Love, 남성 동성애)을 다루는 서사가 미디어의 주요 소비자인 젊은 여성층의 큰 지지를 받았다. 이들은 중년 여성을 주요 수용층으로 하며 가족극 중심인 한류를 "고리타분하다"라고 여겼다.

한국 드라마 사상 처음으로 남장 여자라는 소재를 사용한 〈커피프린스 1호점〉은 커피숍이라는 공간과 바리스타라는 직업을 전면에 내세워 도시적 감수성을 강조했다.[1] 등장인물들의 세련된 옷차림과 서울의 도회적 풍경은 아시아권 수용자들의 욕망을 불러일으켰다. 이들은 관광객으로 한국을 찾아 드라마 속 배경지를 방문하며 극 중 장면을 현실에서 재현하고자 했다. 이후 〈커피프린스 1호점〉은 한국과 일본에서 뮤지컬로 공연되었으며, 태국, 필리핀, 말레이시아, 중국 등지에서 리메이크되며 꾸준히 사랑받은 콘텐츠로 남았다(김하나, 2013).

〈커피프린스 1호점〉이 해외 K드라마 팬덤을 젊은 층으로 확대하기 시작한 드라마라면, 〈꽃보다 남자〉는 한류 팬덤 전체의 변화를

1 〈커피프린스 1호점〉은 이후 〈바람의 화원〉, 〈미남이시네요〉, 〈성균관 스캔들〉 등 남장 여자를 주인공으로 내세운 드라마의 효시가 되었다.

이끌었다. 2009년 방영된 드라마 〈꽃보다 남자〉는 일본 만화가 카미오 요코神尾葉子의 《꽃보다 남자花より男子》를 원작으로 한 작품이다. 이미 2001년에 〈유성화원流星花園〉이라는 제목의 대만 드라마도 아시아 전역에서 큰 인기를 끈 바 있으며, 〈꽃보다 남자〉도 국내 최종회 시청률 32.7%를 기록하는 등 국내외에서 대성공을 거두었다. 〈꽃보다 남자〉는 재벌 2세와 가난한 여성의 로맨스라는 통속적 서사 구조의 한계를 지니지만, 사실 연애를 통한 신분 상승의 욕망은 자본주의와 전통 윤리가 공존하는 아시아 지역에서 공감받는 주요 드라마 소재이기도 하다. 대신에 이 작품은 가난한 여주인공을 자본주의 사회의 축소판인 상류 사립학교에서 배금주의와 폭력에 저항하는 '정의로운' 캐릭터로 내세움으로써 청소년 시청자의 호응을 이끌었다. 게다가 겉으로는 완벽하고 거만하지만 '내면의 상처'를 지닌 '꽃미남' 캐릭터는 젊은 여성 시청자들의 보호 본능을 자극했다(김정은, 2020).

〈꽃보다 남자〉 인기와 함께 그간 중년 여성의 취향이라는 이미지가 강했던 K드라마가 최신 유행을 이끄는 트렌디한 콘텐츠로 인식되기 시작했다. 드라마에서 'F4'로 불린 네 명의 신인급 연기자는 새로운 한류 스타로 부상했으며, 이 가운데 보이밴드 SS501의 김현중은 연기자로 성공적으로 데뷔하였다. 이러한 사례는 이후 다수의 아이돌이 배우 활동을 겸업하는 흐름으로 이어졌다. K드라마의 변화는 K팝이 해외 청소년 사이에서 인기를 끌기 시작한 현상과 동기화되었다. 즉 2008~2009년경부터 걸그룹 원더걸스가 동남아시아에서, 소녀시대와 카라가 일본에서 한류 현상을 주도하며 젊은 팬심을 자극했다.

〈꽃보다 남자〉의 성공 이후 〈성균관 스캔들〉, 〈미남이시네요〉 등 젊은 감성을 자극하는 로맨틱 코미디 장르의 여러 드라마가 한류의 전면을 차지하기 시작했다. 일본에서는 2010~2012년경에 각 방송이 경쟁적으로 한국 드라마를 방영했다. 특히 10~30대 젊은 층이 드라마 〈미남이시네요〉에서 주연을 맡은 장근석과 K팝의 여러 가수에 열광했다. 당시 일본 언론은 한류 팬덤이 젊게 진화하고 있다고 진단하며 '신한류'라는 신조어를 유행시켰다. 연구자들은 일본 내 신한류가 한일 간 오랜 국민감정을 뛰어넘는 초국적성 혹은 무국적성의 성격을 지녀, 팬덤의 새로운 가능성을 보여 줬다고 평가하기도 했다(Jung, 2011).

젊은 층이 한류 팬덤의 중심을 차지하기 시작했으나, 한류가 순탄하게 발전하기만 한 것은 아니었다. 한류의 성장을 불편해하는 반한류反韓流와 혐한류嫌韓流 정서가 한류를 위협했다. 중화권 일각에서 K드라마가 한중 관계사를 왜곡한다고 비난하는 한편, 일본에서는 《혐한류》라는 4편의 만화가 시리즈로 발간되어 일제 강점기와 한국인에 관한 왜곡된 사실을 주장했다. 이 과정에서 이른바 미디어 내셔널리즘이 극성을 부렸다. 이를테면 2012년 한일 양국의 미디어는 이명박 대통령의 독도 방문과 일본 천왕 사죄 요구 발언 등을 다루며, 상대국에 대한 부정적 여론을 부추기는 보도 행태를 일삼았다. 양국 대중 매체의 혐한 시위와 반일 데모 뉴스는 인터넷 정보와 소셜 미디어 담론과 상호 작용하며, 혐오적 감정을 확대 재생산했다(정수영, 2017). 2012년 세계 각 지역에서 유행했던 가수 싸이의 "강남스타일"이 일본에서는 전혀 영향력을 발휘하지 못할 정도로 한일 관계가 경색 국면에 돌입했으며, 일본의 주요 방송 채널에서 한국 드라마 방영을 제한하기 시작했다.

이렇게 '한류 위기론'이 팽배하고 한류의 미래가 암울한 가운데, 2013년 12월 18일부터 2014년 2월 27일까지 SBS에서 방영된 〈별에서 온 그대〉가 주춤했던 한류 열풍을 되살렸다. 〈별에서 온 그대〉는 로맨틱 코미디에 판타지와 스릴러가 더해진 혼종적 장르에 속한다. 사실 중국 내 '한류 위기론'의 이유 중 하나로 중국 정부의 규제가 큰 역할을 했다. 2005~2006년경 〈대장금〉의 인기를 지켜본 중국 정부는 TV 채널의 외국 드라마 방영 규제를 강화했다. 하지만 2010년대 들어 활성화된 인터넷 스트리밍 사이트를 통해 10~30대의 젊은 층이 외국 드라마를 쉽게 시청할 수 있게 되었다. 이들이 〈별에서 온 그대〉를 집중적으로 시청했으며, 극 중 천송이(전지현)가 사용한 립스틱과 의류를 구매하고, 그의 식습관을 따라 해 중국 내 한국 치킨집 매출과 한국 라면의 판매량이 급증했다. 이러한 '치맥'(치킨+맥주) 열풍은 다른 아시아 국가에서도 발생해, 한국의 다양한 먹거리가 해외에서 인기를 끄는 데 기여했다. 2000년대 초반, 영화 〈엽기적인 그녀〉의 주인공으로서 원조 한류 스타였던 전지현은 이 드라마로 새로운 전성기를 맞이했다. 또한 남자 주인공 김수현도 큰 인기를 얻었다. 드라마 종영 직후 그는 아시아 7개국 9개 도시에서 팬미팅을 개최했으며, 중국의 한 방송국은 예능 프로그램에 그를 출연시키기 위해 전세기를 보내는 공을 들였다.

하지만 한국 드라마가 인기를 끌수록 해외 드라마 방영에 관한 중국 내 규정이 강화되었다. 온라인으로 유통되는 외국 영화와 드라마의 분량을 규제하고, 드라마 내용에 대해 사전심의제를 시행했다. 그런데 드라마 사전심의제가 실시되면 언제 방영 허가를 받게 될지 알 수 없는 상태에서 한국 드라마의 중국 내 불법 유통이 발생하게 되고, 그 경우 해당 드라마의 수출 가격은 떨어지게 된다. 결국 국내 제작사는 드라마를 사전 제작한 후, 중국에서 심의가 통과되고 난 후에 한중 양국에서 동시 방영하는 방법을 택하기로 했다. 이렇게 제작된 드라마가 2016년 2~4월에 KBS2 TV에서 방영된 〈태양의 후예〉였으며, 최종회 시청률 40%대를 기록할 정도로 인기를 끌었다. 중국에서는 OTT(over-the-top) 채널인 아이치이iQIYI가 독점 방영했는데, 〈태양의 후예〉 방영 덕분에 아이치이 유료 가입자 수가 1,000만 명대에서 1,500만 명대로 증가했다고 한다. 이러한 인기에 힘입어 〈태양의 후예〉는 한국 드라마 중 최고가로 미국 시장에 판매되었으며, 대만, 베트남, 태국, 필리핀 등지에서 리메이크 제작으로 이어졌다. 또한 해외 팬들이 극 중 배우들이 사용한 화장품과 액세서리 등을 대거 구매함에 따라, K뷰티 한류 현상이 더욱 활발해졌다(지영호, 2016).

이렇듯 중국은 한류가 시작된 곳이면서 또 한류의 최대 시장으로 기능했다. 사실 중국 정부는 1980년대 개방 이후 받아들인 미국 및 일본 콘텐츠의 '문란한' 풍속에 대해 우려했다. 그런데 1990년대 후반에 진입한 K드라마는 급격하게 변화하는 사회에서 불거지는 가치관의 혼란과 갈등을 잘 다루며 적절한 해법을 제시한다는 점에서 중국 정부와 시청자 모두 환영하는 분위기였다. 중국 정부는 또한 한류가 중국 문화산업의 질적 성장에 도움을 준다고 판단해, '한중 합작'에 우호적인 태도를 보였다. 하지만 중국 내 한류의 영향력이 지나치게 커지자, 상황이 바뀌기 시작했다. 서구 문화 확산을 제어하려는 '문화 안보'의 원칙에 따라 한류를 수용했는데, 그 한류가 중국의 문화 안보를 위협하기에 이르렀다고 판단했다. 중국 정부는 광전총국의 방송 규제를 통해 한류를 통제하기 시작했다. 이러한 분위기 속에서 2016년 여름 한국 정부가 미국의 사드THAAD 미사일을 설치하기로 공표하자, 중국은 이를 빌미로 한류 콘텐츠를 포함해 한국 대중문화의 중국 내 유포를 금지하는 한한령限韓令을 발동한 것이다. 한한령은 공식 문서로 만들어지지 않은 중국 공산당의 지령인데, 대중문화 외에도 한국과의 무역과 인적 교류도 배척하는 방안이다. 중국 정부는 한동안 한국인에 대한 비자 발급을 지연 및 거부했으며, 중국인 관광객들의 한국 여행도 규제했다. 이러한 온갖 보복 조치들이 2025년 현재까지도 계속되고 있으며, 한한령의 여파로 중국의 한국 콘텐츠 표절은 심각한 수준에 이르고 있다.

2000년대부터 2010년대를 거치며 한류가 아시아를 중심으로 일진일퇴하며 성장하는 사이, 미국에서는 넷플릭스가 텔레비전 혁명을 일으켰다. 20세기 중반에 시작된 텔레비전 방송의 역사에서 지상파 방송사가 첫 번째 물결을 일으키고, 케이블 채널이 두 번째 물결을 주도했다면, 넷플릭스로 상징되는 온라인 스트리밍(OTT) 서비스는 세 번째 물결이라고 평가받는다. 넷플릭스가 이끈 엔터테인먼트 산업의 혁신은 '코드커팅Cord-Cutting' 현상이라 일컬어진다. 코드커팅이란 고가의 케이블 TV 이용료를 내던 케이블 채널 이용자들이 구독료가 저렴한 OTT 서비스를 선택하며 케이블 '코드cord를 끊어cutting' 버리는 행위를 가리킨다. 미국 내 온라인 동영상 시장을 정복한 넷플릭스는 아시아 시장 공략을 모색했다. 2016년에 넷플릭스는 아시아에서 영향력을 발휘하는 한류 효과를 거론하며, 한국 콘텐츠 산업에 투자하기 시작했다.

넷플릭스는 봉준호 감독의 영화 〈옥자〉(2017)를 필두로 '넷플릭스 오리지널'(자체 제작 콘텐츠)을 제작하는 한편, 국내 제작사들과의 협력을 추진했다. 이를 통해 2017년부터 '넷플릭스 동시 방영 드라마'(한국 TV 방영 직후 넷플릭스에 공개되는 방식)를 줄지어 송출했다. 2018년 넷플릭스가 총제작비 중 약 70%인 300억 원 정도를 투자한 드라마 〈미스터 션샤인〉이 큰 인기를 얻으며, 넷플릭스의 존재감을 과시했다. 2018년 7월 7일부터 9월 30일까지 케이블 채널 tvN에서 방영된 24부작 드라마 〈미스터 션샤인〉은 그간 한국 드라마에서 주목받지 못하던 구한말 독립운동을 세계사적 사건을 배경으로 해 조명한 대작이다. 극 초반부에는 신미양요(광성보 전투), 운요호 사건, 미국-스페인 전쟁을 비중 있게 다루었으며, 마지막 회에서는 영국 종군 기자 프레드릭 아서 매켄지Frederick Arthur Mckenzie가 찍은 이름 없는 의병 사진을 부각함으로써 드라마의 감동을 극대화했다.

〈미스터 션샤인〉은 근대사의 질곡을 뚫고 독립운동을 선택한 주체적인 여성을 부각함으로써, 허구에 기초한 멜로드라마의 이미지가 강했던 K드라마의 장르적 성격을 다양화했다. 해외 시청자들은 영화적인 영상미와 배우들의 뛰어난 연기뿐 아니라, 아름답게 표현된 한국 전통 가옥과 의상, 정제된 성적 표현을 거론하며 〈미스터 션샤인〉을 호평했다. 〈미스터 션샤인〉의 성공에 힘입어 넷플릭스는 제작 투자뿐 아니라 한국 콘텐츠 공급망을 더욱 강화하게 된다.

2019년 11월 넷플릭스는 CJ ENM 및 스튜디오드래곤과 콘텐츠 제작/유통을 위한 전략적 파트너십 계약을 맺었다(박수현, 2019). 이에 따라, CJ ENM 산하 tvN 채널에서 방영됐던 여러 드라마가 2020년부터 넷플릭스를 통해 전 세계에 서비스되었다. 2020년 당시는 전 세계를 압도한 코로나 팬데믹 시기여서, 타인과의 접촉 제한이 시행되고 재택근무가 확산하던 때였다. 이에 전 세계 시청자의 텔레비전 시청 시간이 증가했고, 놀랍게도 넷플릭스의 추천 시스템에 따라 한국 드라마 '몰아보기binge viewing' 현상이 일어났다. 이를테면 우연히 〈사랑의 불시착〉을 보곤 〈이태원 클라쓰〉로 넘어가고, 이어서 〈미스터 션샤인〉에 빠져드는 식이다. 그래서 일본의 미디어는 〈사랑의 불시착〉을 일본 내 4차 한류를 일으킨 드라마로 꼽았다(정영효, 2020).

2018년 tvN 채널에서 방영 후 2020년 6월 넷플릭스를 통해 전 세계에 서비스된 〈나의 아저씨〉도 한류 팬덤의 진화와 관련해 특기할 만하다. 해외에 잘 알려진 '한류 스타' 배우가 캐스팅되지 않았으며, 평범한 성인들이 서로 상처를 쓰다듬고 관계 맺기를 하는 무거운 일상을 보여 주는 〈나의 아저씨〉가 예상과 달리 전 세계적인 인기를 끌었다. 신자유주의 시대의 노동 불안정 상태에 놓인 전 세계 시청자들이 단기·임시직 노동에 내몰린 드라마 속 여러 군상에 동일시했으며, 특히 전통적으로 드라마로부터 호명받지 못했던 중년 남성들이 오래된 우정 공동체를 통해 유대감을 나누는 남성 캐릭터들에게 공감했기 때문으로 평가된다(김공숙, 2023).

해외의 여러 유명 인사들도 〈나의 아저씨〉 팬이라고 밝혔다. 68개 언어로 번역된 국제적인 소설 〈연금술사〉의 작가 파울루 코엘류는 자신의 트위터에 〈나의 아저씨〉를 다음과 같이 극찬했다.

> 와우! 16화까지 못 볼 줄 알았는데(결국 다 보았다. — 필자 가필) 인간의 심리를 완벽히 묘사한 작품이다. 엄청난 각본, 환상적인 연출, 최고의 출연진에게 찬사를 보낸다. (이호재, 2020)

그의 트위터에는 "최고의 드라마," "인생 드라마," "내가 가장 좋아하는 드라마" 등의 댓글이 줄을 이었다. 또한 일본의 세계적인 작곡가 류이치 사카모토는 자신의 라디오 방송에서 드라마 삽입곡 "어른"을 소개하며 〈나의 아저씨〉의 작품성을 극찬했다. 2022년에 출간된 《나의 아저씨》 대본집에 류이치 사카모토는 "'나의 아저씨'는 어른을 위한 판타지다. 모두가 바라지만 현실에서는 본 적 없는 마음과 따뜻함이 담긴 판타지"라는 추천사를 담았다(박해영, 2022).

〈나의 아저씨〉 이후, 한국의 사회문화적 현실을 담은 휴머니즘

K드라마가 해외에서 계속 사랑받았다. 2022년에 방영된 〈이상한 변호사 우영우〉를 보자. 이 작품은 자폐스펙트럼 장애가 있는 여성을 주인공으로 내세운 드라마다. 드라마는 장애인을 도움이 필요한 존재로 제한하는 대신에, 변호사인 주인공의 문제 해결 방식과 직장인으로서의 성장 과정에 집중함으로써 장애인에 대한 이해를 북돋고 사회적 인식을 높였다는 평가를 받았다. 〈이상한 변호사 우영우〉는 넷플릭스에 작품이 공개된 후 꾸준히 인기를 얻어, 2022년 8월 15일부터 21일까지 전 세계에서 7,743만 시간의 재생 시간을 기록했다. 이는 영어권과 비영어권을 포함해, 해당 주차 전체 1위에 해당하는 순위다. 결국 〈이상한 변호사 우영우〉는 넷플릭스 누적 시청 시간(6억 6,209만 시간) 기준으로, 2025년 1월까지 넷플릭스에서 공개된 모든 한국 드라마 중 4위를 기록했다. 참고로 1, 2, 3위는 〈오징어 게임〉, 〈오징어 게임〉 시즌 2, 〈눈물의 여왕〉이 차지했다(채석원, 2025). 해외 팬들은 주인공 우영우와 친구 동그라미가 나누는 인사법을 패러디하고 챌린지하는 숏폼 영상을 만들어 유통했다. 또 주인공이 좋아하는 김밥은 해외에서 K푸드로 인기를 끌었다. 드라마 팬들은 김밥을 직접 만들거나 한국 식당에서 사 먹는 사진을 자신의 SNS에 대거 올리곤 했다(조용준, 2022).

해외 팬들은 K드라마를 좋아하는 이유로 배우의 연기력과 패션, 아름다운 거리와 자연환경 등과 함께, 무엇보다도 탄탄한 서사와 다양하고 세련된 감정 표현을 가장 중요한 강점으로 꼽는다. 2010년대 초반에 현지 조사차 싱가포르에서 내가 만난 팬들은 다음과 같이 K드라마를 호평했다(Shim, 2013).

타미(32세) "새로운 드라마가 나올 때마다 캐스팅을 바꿔요. 새로운 얼

굴들이지만 연기를 정말 잘해요."

줄리(35세) "한국 드라마의 특별함은 로맨틱한 장면에서 대사가 감정을 매우 절묘하게 표현한다는 점이에요."

K드라마 서사의 매력은 김은희, 김은숙, 박지은 등과 같은 스타 작가의 필력에서만 비롯되는 것이 아니라, 만화, 웹소설, 웹툰과 같은 IP(Intellectual Property, 지식재산권)를 각색하여 서사를 다채롭게 하고 새로운 세대의 감성을 반영한 데 힘입은 것이다. 일본식 영어 표현이긴 하나, 특정 IP를 만화, 웹툰, 드라마, 영화, 소설, 게임, 캐릭터 제품 등 여러 미디어로 출시하는 것을 가리키는 '미디어 믹스media mix'는 21세기 콘텐츠 산업의 주요한 특징이다. 한국에서는 2000년대 들어서면서 만화의 드라마화가 시작되어 〈풀하우스〉와 〈궁〉과 같은 K드라마를 출시했다. 2010년대 스마트폰의 보급은 웹툰의 급성장과 네이버와 카카오 등 웹툰 플랫폼의 해외 서비스를 본격화했다. 웹툰은 연재하는 도중 독자의 반응을 실시간으로 확인하며 스토리를 수정·보완할 수 있는 데다, 공간과 비용의 제약 없이 다양한 장르와 주제를 파고들 수 있는 장점을 지닌다. 2014년 윤태호 작가의 인기 웹툰을 기반으로 한 직장인 드라마 〈미생〉(tvN)은 높은 완성도로 웹툰 원작 드라마 붐을 일으켰다. 이후 〈이태원 클라쓰〉(2020), 〈스위트홈〉(2020), 〈경이로운 소문〉(2020) 등의 성공으로 웹툰 기반 드라마 제작이 본격적으로 확대되었다.

2022년 카카오엔터테인먼트는 자사인 카카오페이지에서 웹소설과 웹툰으로 서비스되어 큰 인기를 얻은 〈사내 맞선〉을 드라마로 제작해, SBS에서 방영하는 동시에 넷플릭스에 제공했다. 재벌 2세 남성과 평사원 여성 간 연애라는 상투적 서사였으나, 웹툰을 읽는 듯한 기분이 드는 컴퓨터 그래픽, 페이드인과 페이드아웃을 활용한 극적 효과, 빠른 시퀀스 전개 등 여러 흥미 요소를 제공해 11.6%라는 높은 국내 시청률을 기록했다. 로맨틱 코미디 장르는 그간 아시아권의 흥행으로 그치곤 했는데, 〈사내 맞선〉은 전 세계적으로 인기를 끌었다. 2022년 3월 30일을 기준으로 넷플릭스에서 서비스되던 38개국 모두에서 톱 10에 들었으며, 캐나다 3위, 호주 4위, 미국 6위 등의 성과를 냈다. 드라마 〈사내 맞선〉이 인기를 끌자, 원작 웹툰도 다시 관심을 얻어 국내뿐 아니라 카카오웹툰이 서비스되는 태국, 대만, 인도네시아, 인도 등 여러 국가에서 '역주행'했다. 〈사내 맞선〉의 주연 배우인 안효섭과 김세정은 '차세대 K로맨틱 코미디' 스타로 불리며, 드라마 종영 뒤 방콕, 타이베이, 자카르타 등지에서 해외 팬미팅을 했다. 드라마 광고주인 CJ 제일제당은 작품 속 회사를 식품회사로 설정해, 만두, 김치, 생선구이 등 자사 제품을 노출하며 K푸드를 알리는 부수 효과를 얻었다. 또한 국내 시청자들은 〈사내 맞선〉과 그 출연 배우에 대한 강한 '드덕력'('드'라마를 열성적으로 좋아하는 '덕'후가 드라마와 관련한 팬덤 행위에 심취해서 참여하는 능'력')을 발휘해 여러 2차 창작물을 만들어 냈으며, 감독판 블루레이를 제작해 드라마를 다시 즐겼다.

2차 창작에 대해 좀 더 알아보자. 팬에 의한 2차 창작은 아날로그 시대에도 물론 있었지만, 21세기 인터넷의 상용화와 소셜 미디어의 대중화를 배경으로 더욱 활발해졌다. 팬들은 블로그와 페이스북, 그리고 온라인 커뮤니티의 드라마 갤러리에 좋아하는 드라마에 대한 비평과 감상을 쓰거나 드라마 속 장면을 핸드폰으로 찍어 편집한 숏폼 영상을 올린다. 드라마 장면을 이용한 '짤'이 기발하고 흥미로워서 인터넷에서 유행하는 밈meme이 되면 팬덤 밖의 사람들에게 영향을 미치고 호응을 얻게 된다. 2차 창작 중 특히 주목할 것은 '감독판 블루레이'의 제작이다. 감독판이란 기존 방송분을 좋은 화질로 재편집하고, 메이킹 영상(제작 과정을 보여 주는 영상)과 NG 영상 등 부가물을 포함한 것으로, 외부 공개 없이 덕후끼리 즐기는 콘텐츠다. 블루레이는 개당 가격이 30만 원 가까이 되는데, 수량이 1,000개는 넘어야 제작을 할 수 있다. 그래서 수요 조사를 통해 약 3억 원 규모의 모금을 해야 한다. 드덕들은 드라마 본방의 중반 회차쯤부터 감독판 블루레이 제작 추진 카페를 개설해서 수요 조사를 하고 제작 주문과 홍보까지 전 과정을 도맡아 한다. 인기 있는 드라마의 경우 팬들이 종방 기념 이벤트와 커피차와 다과 등 서포트 제공도 책임진다(박은해, 2022).

드덕들은 이러한 활동을 통해 최애 드라마의 화제성을 높이고자 한다. 화제성이 시청률보다 드라마의 흥행을 판단하는 지표로서 중요해지고 있다. 4인 가구를 표본으로 하는 시청률 조사는 1인 가구가 증가하고 있는 현실을 반영하지 못한다. 게다가 코로나 시대를 거치며 시청률에 반영되지 않는 OTT가 TV 시청의 중심 플랫폼이 되었다. 한국콘텐츠진흥원이 발간한 〈2023 방송영상산업백서〉에 따르면 지상파와 케이블을 포함한 TV 총가구 시청률은 2013년 34.94%에서 2022년 30.17%로 떨어졌다. 또한 2022년 조사에서 10대, 20대 모두 시청률이 3%대에 머물렀다는 사실은 방송 프로그램의 인기를 측정하는 데 시청률이 과거와 달리 유효하지 않음을 보여 준다(한국콘텐츠진흥원, 2024). 반면에 화제성 조사 기관인 굿데이터코퍼레이션은 TV 채널과 주요 OTT의 드라마, 예능, 교양, 시사 프로그램이 방송된 후 네티즌이 X(트위터), 블로그, 유튜브, 네이버 뉴스 등 여러 디바이스에서 어떤 반응을 보였는지를 조사한다. 이후 이를 빅데이터화해 매주 화요일 공식 플랫폼인 펀덱스(https://www.fundex.co.kr)를 통해 K콘텐츠 화제성 순위를 발표한다. 2차 창작물이 많을수록 화제성이 높아지니, 드덕들의 활동이 활발해지고 그 영향력이 커질 수밖에 없게 된다.

모든 한류 콘텐츠 중 가장 성공한 작품으로 꼽히는 〈오징어 게임〉은 2025년 2월 기준으로 넷플릭스 역사상 가장 흥행한 시리즈다. 2021년 9월 17일 공개 후 28일 동안 누적 시청 시간 16억 5,045시간을 기록해 넷플릭스 역사상 최장 시간 시청 기록을 달성했으며, 넷플릭스가 서비스하는 93개국 모두에서 1위를 달성한 최초의 작품이다. 〈오징어 게임〉은 456명의 참가자가 자신의 목숨을 걸고 상금 456억 원을 목표로 게임을 하는 내용의 드라마다. 작품은 냉혹한 자본주의 체제 아래 비참한 삶을 이어가는 게임 참가자들의 이야기에 초점을 맞춤으로써 인간의 도구화 문제를 부각해, 전 세계 시청자들의 공감을 얻었다. 드라마 속 게임은 '무궁화꽃이 피었습니다,' '구슬치기,' '달고나 뽑기,' '딱지치기' 등 한국의 어린이 민속놀이로 구성돼 있다. 서바이벌 데스 게임 장르답게 각 게임 요소에 기괴하고 강렬한 색채와 스산하고 음침한 음악적 효과를 부여했으나, 놀이 자체의 간단한 규칙은 해외 시청자들이 드라마를 쉽게 이해하도록 이끌었다.

〈오징어 게임〉의 인기는 여러 파급 효과를 가져왔다. 2021년 가을부터 전 세계 SNS에는 '무궁화꽃이 피었습니다'와 '달고나 뽑기'와 같은 게임을 하는 영상이 대거 등장했다. 한국인에게 친숙한 이름인 '영희'는 '무궁화꽃이 피었습니다'의 공포스러운 술래 인형으로 재탄생해 여러 밈의 소재가 되었다. 또 그해 전 세계 핼러윈 축제에는 〈오징어 게임〉 참가자의 초록색 체육복 혹은 관리자가 착용한 분홍색 옷을 입거나, 영희를 코스프레한 사람들이 자주 보였다(정혜인, 2021). 〈오징어 게임〉은 평단과 업계로부터 호평을 얻어 냈다. 2022년 에미상Emmy Awards 시상식에서 비영어권 시리즈 부문 감독상(황동혁)

과 남우주연상(이정재), 게스트상(이유미), 시각효과상, 스턴트 퍼포먼스상, 프로덕션 디자인상을 수상했으며, 2022년 골든글로브 시상식에서 남우조연상(오영수)을 획득했다. 2022년 미국배우조합Screen Actors Guild(SAG)은 제28회 시상식에서 〈오징어 게임〉에 남우주연상(이정재), 여우주연상(정호연), TV 시리즈 최우수 스턴트 앙상블상을 수여했으며, 같은 해 북미 방송·영화 비평가들이 선정하는 크리틱스초이스 시상식(CCA)은 최우수 외국어 시리즈상과 드라마 시리즈 부문 남우주연상(이정재)을 주었다.

〈오징어 게임〉의 흥행과 팬덤 현상은 속편인 〈오징어 게임〉 시즌 2에서도 이어졌다. 공개 하루 뒤인 2024년 12월 27일 넷플릭스가 정식 서비스 중인 전체 93개국 중 뉴질랜드를 제외한 92개국에서 1위를 했으며 다음날에는 뉴질랜드에서도 1위를 함으로써, 넷플릭스 역사상 공개 이틀 만에 93개국 모두에서 1위를 한 최초의 시리즈가 되었다. 시즌 1과 마찬가지로, 시즌 2에서도 '무궁화꽃이 피었습니다'에 더해, '딱지치기,' '비석 치기,' '공기놀이,' '팽이치기,' '제기차기,' 그리고 '짝짓기'의 여섯 가지 민속놀이가 새로이 등장했다. 이 중에 작은 공깃돌 다섯 개를 던지며 즐기는 공기놀이와 "둥글게 둥글게" 노래를 부르며 돌다가 호명된 숫자에 맞춰 짝을 짓는 짝짓기가 특히 해외 팬들의 주목을 받았다. 방영 직후 숏폼 동영상 플랫폼 틱톡TikTok에는 공기놀이를 즐기고 챌린지를 하는 모습을 보여 주는 영상이 가득하며, 유튜브에는 "공기놀이하는 법How To Play Gonggi"과 같은 제목을 단 영상이 인기리에 시청되었다. 이에 따라 아마존을 포함한 여러 해외 온라인 쇼핑몰에서 공기가 절찬리에 판매되고 있다. 짝짓기 놀이의 경우, 놀이를 하면서 부르는 동요 "둥글게 둥글게"가 국제적으로 흥미로운 반응을 만들어 냈다. 해외 청소년 팬들의 놀이로 차용되는 것에 더해, 각 대륙 여러 도시의 댄스 클럽과 행사장에서 참가자의 환호 속에 연주되고 있다.

〈오징어 게임〉 신드롬이 일으킨 한국의 놀이 문화에 대한 전 세계적인 관심은 걸그룹 블랙핑크 멤버 로제와 국제적 팝가수 브루노 마스가 함께 불러 2024년 10월 18일에 출시한 댄스곡 "아파트APT."로 이어졌다. 아파트는 원래 친구들과 둥글게 모여 앉아, "아파트, 아파트"라고 구호를 외치며 손을 쌓아 가는 한국 젊은이들의 게임이다. 이에 영감을 얻은 로제는 브루노 마스를 포함한 여러 명과의 협업을 통해, 세심한 감정을 담은 가사를 흥겨운 멜로디의 곡과 따라 하기 쉬운 안무로 표현해 큰 인기를 얻고 있다. 틱톡에서 역대 최단기간에 20억 조회 수를 기록한 "아파트"는 2025년 2월 1일에 유튜브 조회 수 10억 회를 돌파했다. 이는 유튜브에 업로드된 뮤직비디오 중 다섯 번째로 빠른 기록이다(박용필, 2025. 2. 3). 틱톡과 유튜브에는 전 세계 팬들이 "아파트" 노래를 부르며 댄스 챌린지에 참여하는 모습을 쉽게 찾아볼 수 있다.

K드라마 팬덤, 세계를 연결하다

지금까지 팬덤 논의에 있어 특기할 만한 11개 K드라마를 중심으로 해외의 한류 현상을 살펴보았다. 이를 통해 드라마 팬덤이 한류라는 문화 현상과 어떻게 연결되는지, K드라마의 시청 방식을 견인하고 또 통제한 미디어 기술은 무엇인지, 해외 팬들은 K드라마로부터 어떤 효용을 얻고 어떤 방식으로 호응했는지 논의했다.

한류 현상의 시점을 단정 지어 거론하는 것은 조심스러운 일이다. 하지만 여러 논거를 종합해 볼 때, 1997년 중국에서 〈사랑이 뭐길래〉가 인기를 끌면서 현지 시청자들이 더 많은 한국 드라마 시청을 욕망했고, 한국 드라마 속 스타의 패션과 헤어스타일을 따라 했고, K드라마와 함께 K팝을 함께 즐기면서 한류가 하나의 문화적 현상으로 인식되기 시작했다(심두보, 2024). 그 이후에도 K팝과 함께 한류를 이끈 것은 K드라마다. 자국 드라마의 반복적인 서사 패턴과 배우들의 어설픈 연기에 실망하던 싱가포르와 필리핀의 팬들은 한국 드라마를 시청하며 배우들의 외모와 함께 연기력에 경탄했다. 오랫동안 문화 선진국으로 평가받았던 일본에서도 정형화된 이야기 구조에 염증을 느끼던 중년 여성들이 한국 드라마가 보여 주는 참신하고 로맨틱한 연애담과 부드러운 남성성에 매혹되었다. 이들은 보수 언론으로부터 "오바리언"(아줌마를 뜻하는 '오바상'과 외계인을 뜻하는 '에일리언'의 합성)이라는 멸칭을 들으면서까지 〈겨울연가〉의 촬영지인 서울 거리와 남이섬을 보기 위해 한국으로 향했다.

2019년에서 2020년으로 접어들며 한국 문화산업은 보이밴드 BTS의 맹활약과 영화 〈기생충〉의 미국 아카데미상 수상이라는 놀라운 업적을 바라보며 한류 산업의 비약적인 발전을 꿈꾸었다. 그러다 예상하지 못했던 코로나 팬데믹으로 사람들의 일상생활과 경제활동을 위축되었다. 모두가 한류 성장의 기세가 꺾였다고 우려하던 때, 외부 활동을 못 하게 된 해외 시청자들이 재택근무를 하며 남는 시간을 K드라마 시청에 쏟기 시작했다. 넷플릭스를 포함한 OTT의 드라마 추천 알고리즘은 K드라마 시청자를 대폭 확대시켰다. 이 또한 아무도 예상하지 못했던 일이다. K드라마는 승승장구했으며, 누구나 콘텐츠 크리에이터가 될 수 있는 디지털 시대에 팬들은 좋아하는 K드라마로부터 2차 창작물을 만들어 인터넷의 각종 커뮤니티와 소셜 미디어에 유통시키며 팬덤을 확장시켰다.

이제 한류는 세계 곳곳에서 확인되며, 각 지역 생활 문화의 일부가 되었다. 동아시아뿐 아니라 유럽과 미주에서 K푸드를 쉽게 볼 수 있으며, 새롭고 매력적인 트렌드로 여겨진다. K푸드, K패션, K뷰티, 한국어 학습 및 한국 유학 등의 열기는 K드라마의 인기에 기반한 것이다. 이 장에서 살펴본 바처럼 외국에서는 〈별에서 온 그대〉의 여주인공 천송이가 치킨을 먹으며 맥주를 마시는 모습은 신기하면서 따라 하고 싶은 음식 문화로 여겼다. 이는 곧 중국을 비롯해 아시아 여러 국가에서 한국 치킨 가게의 인기를 높였으며, '치맥'을 새로운 유행으로 이끌었다.

또 한국 드라마 속 썰렁한 아재 개그가 외국에선 새로운 유행어가 되기도 한다. 예를 들어 〈이상한 변호사 우영우〉에 등장한 "바나나 먹으면 나한테 반하나?"라는 대사는 넷플릭스에서 "How do you feel about having banana cake for dessert? Will you find me a-peeling?"으로 번역됐다. "(바나나) 껍질을 벗기다peel"를 이용해 "appeal(반하게 하다)"을 상기시키는 "a-peeling"으로 운율을 맞춰 원 대사의 묘미를 살렸다. 바로 이 K드라마를 자막에 의존하지 않고 즐기기 위해 한국어와 한국 문화를 학습하는 인구가 증가하고 있다(조은아, 2023. 9. 19). 이에 따라 2000년대 초만 해도 존속의 위기에 처했던 해외 유수 대학의 한국학과가 인기 학과로 발돋움하고 있다. 2023년 미국 조지타운대학교 한국학과 교수 빅터 차Victor Cha는 다음과 같이 말한 바 있다.

> 20년 전 처음 한국학 강의를 시작했을 때 수강생은 재미교포 2세 등 대여섯 명에 불과했다. 하지만 지난 학기 수강생이 50여 명까지 늘었는데 아시아계 학생은 거의 없었다.

한류가 아시아만의 현상이 아님을 방증하는 진술이기도 하다(강경석, 2023. 9. 27). 이와 함께 한국어(한국학)를 전공으로 삼고자 하는 외국 대학생의 숫자가 급증했다. 예를 들어 덴마크 코펜하겐대학교의 한국학과(28명 정원) 입학 지원자 수는 2015년 83명에서 2021년 163명 지원으로 두 배 가까이 늘었다(코펜하겐대학교 Wall 교수 인터뷰, 2022년). 인도의 자와할랄 네루대학교 한국어학과의 경우, 2022학년도 입학시험(정원 30명)에 10만 명이 넘는 지원자가 몰려 3,300 대 1의 경쟁률을 기록했다. 결국 대학 측은 다음 해 학생 정원을 40명으로 증원했다(이지안, 2024). 한국어의 인기는 어학 공부 앱으로 유명한 듀오링고Duolingo에서도 드러난다. 2024년 12월 듀오링고 연례 보고서에 따르면 한국어는 전 세계에서 일곱 번째로 인기 있는 학습 언어였다. 2023년 6위에서 한 단계 하락한 순위이긴 하나 중국어보다도 더 많이 학습하고 있다(Duolingo, 2024). 이에 착안해 듀오링고와 넷플릭스는 지난 2024년 11월 〈오징어 게임〉 시즌 2 홍보를 위한 파트너십을 맺었다. 이에 따라 계획적으로 한국어 공부를 하지 않으면 오징어 게임 진행 요원에게 끌려가 벌을 받는다는 영상을 담아 듀오링고 학습자들의 흥미를 돋웠다.

그렇다면 한류를 움직이는 진짜 힘은 무엇일까? 결국 사람이다. 소셜 미디어와 여러 미디어 기술이 K드라마의 국제적 이동에 이바지했지만, 팬의 감정 노동, 그리고 하나의 문화와 다른 문화를 이어준 문화 매개자文化媒介者/cultural intermediary가 한류에 큰 역할을 했다. 1997년 〈사랑이 뭐길래〉의 중국 내 인기는 수준 높은 대사 번역을 만든 조선족이 없었다면 불가능했다. 1990년대 후반 대만의 한류도 한국에서 태어나고 자란 화교로서 양국 문화를 잘 아는 음반 사업자 왕배영의 역할이 컸다. 오늘날에는 인도네시아와 필리핀을 포함한 각국에서 한국 문화를 잘 아는 유튜버가 마치 큐레이터처럼 K드라마를 편집하고 새로운 가치를 부여해 한류를 전파한다.

K드라마 중 어떤 것은 전 세계 모든 국가에서 인기 있지만, 또 다른 것은 특정 국가에서만 선호된다는 점에는 중요한 함의가 있다. 또한 한국국제문화교류진흥원(KOFICE)이 매년 발간하는 〈해외한류실태조사〉를 보면 나라마다 한국 드라마를 좋아하는 이유가 다르다. 중국과 인도, 인도네시아에서는 K드라마 서사의 짜임새에 높은 점수를 준다. 반면 일본과 대만, 태국에서는 배우의 외모를 거론한다. 즉 각국의 시청자들은 자국의 미디어 환경에 따른 결핍과 욕망에 기반해 K드라마의 특정 요소에 주목하며 이를 즐기고, 이로부터 의미를 생산해 일상을 살아가는 데 힘을 얻는다.

지난 수십 년 동안 한국 방송 산업은 미국과 일본, 홍콩의 콘텐츠를 전유하고 토착적 이야기를 솜씨 있게 담아내 독특한 한국 드라마를 만들었다. 전쟁, 식민주의, 독재와 투쟁, 민주화와 산업화 등 그 오랜 과정을 거치며 우리의 삶이 녹아든 서사와 감수성이 인류의 보편적 이야기 구조와 맞닿아 발생한 것이 한류다. 해외 팬들이 한국 드라마에서 '익숙한 개별성' 혹은 '기이한 동질성'을 발견하는 이유가 여기에 있다. 이제 한국 대중문화는 아시아를 포함한 여러 지역에서 콘텐츠 제작과 모방의 모델이 되고 있다. 대만과 태국의 방송은 한국 텔레비전 프로그램과 유사한 콘텐츠를 제작하고 있으며, 일본에서는 한일 합작 드라마가 증가하고 있고, 미국과 튀르키예의 여러 방송사는 한국으로부터 수입한 포맷에 기초해 드라마와 쇼 프로그램을 제작한다(심두보, 2017). 한국 드라마가 앞으로 어떤 행보를 내디디며, 국제적 맥락 속에서 외국 팬덤과 만날지 자못 궁금하다. K드라마의 진화를 지켜보자.

3장

글로벌 플랫폼 시대, K드라마의 정체성

박소정

박소정

한양대학교 문화콘텐츠학과 교수로, 미디어 문화를 통해 관찰되는 정체성과 친밀성의 문제를 연구하고 있다. 서울대학교 언론정보학과에서 박사 학위를 받았다. 책으로는 《미백: 피부색의 문화정치》, 《연애 정경》이 있으며, 옮긴 책으로는 《화이트: 백인 재현의 정치학》이 있다.

K드라마란 무엇일까

한류 현상이 포괄하는 다양한 문화 콘텐츠에 'K'라는 접두어가 붙으면서, '한국 드라마' 또한 'K드라마'라는 명칭으로 자주 대체되고 있다. 그러나 K팝이 '한국 대중음악'과 완전히 같은 개념이 아니듯, K드라마 또한 한국에서 제작되는 모든 드라마를 아우르는 것은 아니다. 'K'라는 기표는 다층적인 의미를 가지며, 이를 둘러싼 담론은 끊임없이 변화하고 있다(박소정, 2022). 하지만 궁극적으로 'K'는 해외에서 수용되고 인정받은 한국 문화에 부여되는 접두어다. 이에 'K드라마'라는 용어는 '한국 드라마'와는 다른 호명의 효과를 지닌다. 어떤 드라마를 'K드라마'로 지칭하는 순간, 해당 드라마는 한국에서 제작된 하나의 작품을 넘어 글로벌 문화 흐름 속에서 의미화된다. 따라서 K드라마는 한국 드라마의 글로벌한 유통과 수용을 중심으로 형성된 담론적 구성체로 이해할 필요가 있다.

그렇다고 해서 K드라마와 한국 드라마를 엄격하게 구분하는 것이 쉬운 일은 아니다. 한류가 성장함에 따라 한국 대중문화가 실시간으로 해외에 유통되면서, 'K드라마'라는 용어가 포함하는 범위 역시 확장되고 있다. 이제는 젊은 한류 스타들이 등장하는 16부작 로맨스 시리즈뿐만 아니라, 지상파 주말 연속극도 여러 국가에서 큰 인기를 끌면서 K드라마의 개념이 더욱 포괄적으로 사용되고 있다. 이러한 유동성 속에서 K드라마의 의미를 명확하게 정의하기는 어렵더라도 적어도 'K드라마스러움'이란 어떤 것인지 그 속성을 따져보는 것은 가능하며, 필요한 작업일 것이다. 해외 시청자들은 무엇을 기대하고 K드라마를 볼까? 사랑과 가족애를 중심으로 한 감동적인 이야기? 한국 사회를 들여다볼 수 있는 독특한 문화적 요소들? K드라마가 어떤 성격을 갖는가를 들여다보는 것은 곧 '해외 시청자들은 왜 K드라마를 보는가?'라는 질문과 맞닿아 있으며, 이를 통해 글로벌 플랫폼 속 K드라마의 현재와 미래를 분석할 수 있다.

K드라마의 해외 수용 방식은 지역과 시대에 따라 다양한 맥락에서 설명되어 왔다. 한류 초기, K드라마가 동아시아를 중심으로 인기를 끌기 시작했을 때는, 유사한 사회·문화·역사적 경험을 공유하는 아시아 국가들에서 K드라마가 공감을 얻을 수 있다는 해석이 주를 이루었다. 이후, K드라마가 북미와 유럽 등 서구권에서도 수용되면서는, K드라마가 영미권 드라마보다 상대적으로 폭력성과 선정성이 완화된 '건전한 콘텐츠'로 인식된다는 점이 강조되기도 했다. 이러한 설명에서 공통적으로 드러나는 인식은 K드라마는 로맨스와 드라마 장르 중심으로 수용되면서 순수한 사랑, 가족애 등과 같은 온건한 가치를 함양하고 있다는 점이다.

그런데 K드라마의 외연이 확장되고 의미가 좀 더 복잡해지기 시작한 것은 지난 10여 년 사이 국내외 드라마 산업이 겪은 변화와 깊은 관련이 있다. 케이블 채널과 종합 편성 채널이 더 다양한 소재와 장르의 드라마를 선보이면서, K드라마는 스토리텔링 측면에서 진화했다. 여기에 넷플릭스 같은 글로벌 플랫폼과 그 오리지널 시리즈가 더해지면서, K드라마의 지형은 크게 바뀌었다. 이러한 일련의 변화 속에서 K드라마의 지평이 넓어졌고, 이를 소비하는 글로벌 시청자층도 한층 다양해졌다.

특히 〈오징어 게임〉이 전례 없는 성공을 거둔 것에 이어 전 세계적인 흥행을 한 넷플릭스 오리지널 작품이 늘어나면서, 국내외에서 'K드라마'란 무엇이고 왜 글로벌 시청자들의 관심을 받는지에 대해 설명하려는 시도가 많이 이루어졌다. 이러한 설명 속에서 단골로 언급되는 요소는 '보편성'과 '특수성'이다. 보편성이란 국지적 조건을 넘어서서 공감을 불러일으킬 수 있다는 점에서, 특수성이란 수용국에서는 낯설게 받아들여지는 새로운 속성이 있다는 점에서 K드라마의 해외 수용과 인기 원인을 설명하는 기본적 프레임워크로 동원된다. 해외 언론에서도 K드라마의 인기를 설명하기 위해 보편성과 특수성을 동시에 거론하는 것을 흔히 볼 수 있다.

> 많은 작품이 한국 문화와 사회에 특화된 이슈를 다루면서도, 국제 시청자들에게 공감을 불러일으키는 보편적 메시지를 담고 있다. (Al Jazeera, "What's the secret behind the K-drama wave – and will it crash?" 2023. 5. 23)

> 미국과 유럽의 시청자들은 현지 콘텐츠나 미국산 콘텐츠와는 다른 K드라마만의 독특한 매력에 이끌리는 것 같다. 동시에, 사랑, 가족, 우정 같은 K드라마의 주제는 보편적인 호소력을 지니고 있다. (BBC, "The other big Korean drama right now" 중 킹스칼리지 런던 이혜경 교수 인터뷰, 2018. 6. 14)

보편성과 특수성은 대립적인 개념처럼 보이기도 하지만, 동시에 서로를 구성하는 요소로 작용하기도 한다. "가장 한국적인 것이 세계적인 것이다"라는 오래된 슬로건은 특정한 한류 콘텐츠가 부상할 때마다 반복적으로 소환되곤 한다. 이를테면 〈오징어 게임〉의 황동혁 감독은 이 작품의 성공 비결을 설명하면서 "가장 한국적인 게임이 세계적 소구력을 갖는다"라고 말한 바 있다. 이 드라마에서 주요 서사를 견인하는 장치로 등장하는 딱지치기, 무궁화꽃이 피었습니다, 구슬치기 등은 한국의 놀이 문화지만, 이러한 놀이가 지닌 단순한 규칙과 극한의 긴장감은 언어적·문화적 번역 없이도 보편적인 호소력을 가질 수 있었다는 의미다. 즉 한국적 소재가 세계적으로 익숙한 데스 게임이라는 장르적 문법과 결합하면서, K드라마의 정체성을 유지하면서도 국제적 호응을 얻을 수 있었던 것이다. 더 나아가, 이 드라마의 등장인물들은 한국 사회의 구조 조정, 실업, 탈북, 이주노동 등 사회경제적 위기 속에서 형성된 인물들이지만, 이들이 생존 경쟁에 내몰리는 서사는 한국적 맥락을 넘어선다. 이는 현대 자본주의 사회 전반에서 나타나는 불평등과 생존주의적 경쟁 구조를 반영하며, 한국적 특수성이 세계적 공감을 불러일으키는 방식으로 작동한 사례라 할 수 있다.

점차 해외 시장에서 성공하는 작품들이 증가하면서, 보편성과 특수성의 균형을 조율하는 것이 K드라마 산업의 주요 과제이자 전략적 고려 사항으로 자리 잡고 있다. K드라마는 이제 특정 장르의 팬덤을 만족시키는 동시에, 다양한 국적과 문화적 배경을 지닌 시청자들에게 효과적으로 어필해야 하는 상황에 놓여 있다(임종수, 2022). 이러한 맥락에서 '다양성'은 K드라마가 글로벌 시청자와 더욱 폭넓고 깊이 있는 소통을 이어가기 위해 주목해야 할 또 하나의 핵심 개념으로 떠오르고 있다. 다양성은 오늘날 글로벌 사회가 지향하는 중요한 가치로 자리매김하고 있으며, 문화산업 전반에서도 이를 반영하려는 움직임이 점차 가시화되고 있다. 특히 K드라마는 영미권 중심의 글로벌 미디어 환경 속에서 새로운 문화적 결을 제시하며, 그 자체로 글로벌 문화 흐름에 기여하고 있다. 동시에 드라마의 서사와 인물 구성 등 내용적 차원에서도 더 진보된 다양성을 구현할 것을 기대받고 있다.

이처럼 미디어 환경이 빠르게 변화하고, K드라마를 둘러싼 담론이 지속적으로 확장하는 가운데, 이 장에서는 K드라마를 보편성, 특수성, 다양성이라는 세 가지 개념적 틀을 통해 분석하고자 한다. 이때 유의해야 할 점은 보편성, 특수성, 다양성이 상호 배타적인 평가 항목이 아니라는 점이다. 즉 보편성이 강조된다고 해서 특수성이 약화되는 것이 아니며, 다양성 역시 별개의 기준이 아니라 글로벌 문화 흐름 속 K드라마의 위치를 규정하는 요소로 함께 작동한다. 따라서 K드라마의 특성을 논의할 때, 이 세 가지 요소가 어떻게 맞물려 의미를 형성하는지에 주목할 필요가 있다.

K드라마의 보편성: 국경을 넘어서는 힘

경계를 넘어 공감을 만드는 K드라마

한 국가의 문화 콘텐츠가 국경을 넘어 타국에서 수용되고 나아가 인기를 얻는다는 것은, 그 콘텐츠가 특정 국가의 문화적 범주를 초월하는 호소력을 지니고 있음을 의미한다. 즉 일정 수준의 보편성을 갖추고 있기 때문이다. 한류 초기에 동아시아 지역을 중심으로 드라마 한류가 형성되었을 때, K드라마의 아시아 내 보편적 호소력을 설명하는 개념으로 '문화적 근접성' 이론이 자주 활용되었다. 문화적 근접성이란, 수용자가 외국 콘텐츠를 소비할 때 자신의 문화와 유사한 속성을 지닌 콘텐츠를 더 선호하는 경향을 설명하는 개념이다. 즉 인종, 언어, 가치관, 종교 등 문화적 요소가 비슷할수록 문화적 할인율이 낮아져서 해당 콘텐츠가 더 친숙하게 받아들여질 수 있다는 것이다.

그러나 문화적 근접성 개념은 문화를 고정적이고 본질적인 것으로 간주하는 한계를 지닌다. 또한, 아시아 내 한류 확산을 문화적 근접성만으로 설명하는 것은 동아시아 지역의 다면적이고 역동적인 측면을 간과할 우려가 있다. 이에 따라 K드라마의 확산을 문화적 근접성 이론에 의존해 설명하는 시도는 자연스레 줄어들었다. 그럼에도 불구하고, K드라마가 아시아 시청자들이 공유하고 공감할 수 있는 특정한 속성을 지니고 있었다는 점은 여전히 유효한 설명으로 남아 있다. 특히 K드라마가 보여 주는 순애보와 가족주의는 동아시아 시청자들에게 익숙하고 공감 가능한 정서로 작용했다. 그 대표적인 예가 바로 일본에서 큰 인기를 끌며 한류 열풍의 시작을 알린 〈겨울연가〉다. 이 드라마는 첫사랑에 대한 순수한 감정과 아련한 향수를 자극하는 이야기로 일본 시청자들의 마음을 사로잡았다(Hayashi, 2005; Mori, 2008). 마찬가지로, 〈대장금〉이 중화권에서 큰 인기를 끌었던 이유 또한 동아시아가 역사적으로 공유하는 문화적 요소와 정서적 공감대가 그 중심에 있었던 것으로 해석된다(홍석경, 2008).

이러한 흐름 속에서 드라마 한류는 동아시아 공동체 혹은 동아시아적 정체성을 어떻게 상상할 것인가에 대한 논의를 촉진하는 계기가 되었다(Ma, 2005; 김수정 · 양은경, 2005). K드라마를 중심으로 확산된 한류가 동아시아를 하나의 문화적 단위로 형상화하는 데 기여했다면, 이를 통해 형성된 동아시아적 문화 연대는 어떠한 형식을 띠어야 하는가에 대한 논의가 촉발되기도 했다(백원담, 2022). 이러한 논의는 K드라마의 영향력이 동아시아를 넘어서 더욱 광범위한 지역으로 확산되면서 다소 흐려진 듯 보이기도 한다. 그러나 K드라마가 국가적 경계를 넘어 다른 국가의 정서에 호소력을 지닐 수 있으며, 나아가 공통의 소통 기반을 형성할 수 있다는 담론 자체는 여전히 중요한 의미를 지닌다.

K드라마의 장르적 진화

K드라마가 지닌 보편적 속성은 장르적 확장을 통해 나타나기도 한다. 오랫동안 해외 시청자들에게 K드라마는 로맨스와 멜로드라마 장르에 집중된 것으로 인식되어 왔으며, 주로 여성 시청자를 대상으로 한 감상적인 서사의 콘텐츠라는 고정관념이 존재하기도 했다. 실제로, 문화 교류가 활발한 일본에서도 2010년대 후반까지 여전히 〈겨울연가〉, 〈미남이시네요〉, 〈꽃보다 남자〉와 같은 2000년대 로맨스 드라마들이 압도적인 인기를 얻고 있었다(한국국제문화교류진흥원, 2020; 박소정 · 장인희 · 홍석경, 2021). 이러한 사례는 K드라마가 글로벌 시장에서 특정한 장르적 이미지로 각인되어 왔음을 보여 준다.

그러나 K드라마 산업은 꾸준히 장르적 발전과 확장을 시도해 왔다. 특히, 2010년대 초중반부터 성장한 케이블 채널과 종합 편성 채널은 K드라마의 스펙트럼을 넓히는 중요한 토대를 제공했다. 지상파 방송에 비해 러닝 타임과 편성의 유연성이 높아지고 비드라마 출신의 창작자들이 유입되면서, K드라마는 새로운 소재와 형식을 취하기 시작했다(양성희, 2016). 그 결과, 단순한 로맨스를 넘어 메디컬 드라마,

추리물, 법정극, 스릴러 등 다양한 장르적 변주가 이루어졌다. 또한, 로맨스 장르에서도 기존의 감성적인 서사에 판타지, 액션, 호러 등의 요소를 결합한 복합 장르가 성장했다. 더 나아가 웹툰 원작을 기반으로 한 드라마가 증가하면서 더 다양한 장르적 확장과 변주가 이루어졌다.

넷플릭스는 K드라마의 장르적 확장을 가속화하는 또 하나의 분기점을 제공했다. 넷플릭스 오리지널로 제작된 K드라마는 기존 국내 드라마 산업에서 쉽게 시도되지 않았거나, 구조적 한계로 인해 제작이 어려웠던 장르적 실험을 시도하는 경우가 많다. 실제로, 2024년까지 넷플릭스 오리지널로 제작된 K드라마의 장르 및 속성 정보를 모아 보면, 가장 많은 비중을 차지하는 장르는 '스릴러,' '범죄,' '액션 & 어드벤처'다. 또한, 드라마의 주요 속성으로 '긴장감 넘치는,' '어두운' 등의 키워드가 부여된 경우가 많다. 이는 한국 지상파 방송에서 흔히 볼 수 있는 장르적 경향과는 확연히 다른 양상을 보인다. 넷플릭스 콘텐츠는 국내 방송사의 심의 기준에서 자유롭기 때문에, 폭력성과 선정성이 높은 다양한 장르적 시도가 가능하다. 또한, 국내 방송사 및 제작사보다 훨씬 큰 규모의 자본이 투입되면서, 액션과 SF를 포함한 더 다양한 장르가 나타나고 있다. 한국 넷플릭스 오리지널의 신호탄이 된 〈킹덤〉 시리즈의 경우 '조선 시대 좀비물'을 성공적으로 선보였고, 〈지금 우리 학교는〉 또한 큰 인기를 끌며 한국이 좀비 장르에서 경쟁력을 가질 수 있음을 증명했다. 또한 〈스위트홈〉은 국내 최초로 VR 프로덕션 기술을 활용하여 크리처 장르를 구현한 사례로 평가되며, 뒤이어 〈경성크리처〉와 〈기생수: 더 그레이〉 같은 크리처 스릴러가 연달아 제작되었다. 이 외에도 〈수리남〉, 〈살인자ㅇ난감〉과 같은 수위 높은 범죄 스릴러가 호평을 받았으며, 〈도적: 칼의

그림 2　2019~2024년 넷플릭스 오리지널로 제작된
K드라마의 장르(위)와 속성(아래) 태그

소리〉는 만주 웨스턴이라는 장르를 내세웠다. 〈고요의 바다〉는 한국 콘텐츠에서 흔히 시도되지 않았던 우주 SF 장르를 개척했다는 점에서 의미가 있다.

이와 같은 장르적 속성은 넷플릭스와 같은 글로벌 플랫폼에서 콘텐츠의 전파를 결정짓는 중요한 요소로 작용한다. 넷플릭스는 이용자의 시청 기록, 콘텐츠 평가 결과, 유사한 취향을 가진 다른 이용자의 선호 작품, 장르, 카테고리, 배우, 제작 연도 등의 정보를 종합적으로 분석하여 추천 시스템을 운영하는 것으로 알려져 있다. 이에 따라, 넷플릭스에서 시청자의 구획은 국가 단위가 아니라 개별적인 취향에 기반하여 이루어진다(이성민, 2022). 즉 한국 넷플릭스 오리지널 작품이 해외 이용자에게 추천되는 과정에서 그 작품이 '한국' 드라마이기 때문이 아니라, 특정한 장르적 속성과 분위기 때문에 추천될 가능성이 높다는 것이다. 예를 들어, 〈킹덤〉이 미국에서 상당한 인기를 끈 배경에는 이 작품이 미국 시청자들에게 익숙한 '좀비물'이라는 장르적 특성을 지녔기 때문이라는 해석이 가능하다. 장르적 속성이 K드라마에 대한 진입 장벽을 낮추는 역할을 하며, 이를 통해 K드라마는 전보다 더 다양한 시청층에게 다다를 가능성을 확보하게 된다.

세계화 공명하는 K드라마의 메시지

K드라마의 보편성을 장르 확장 차원에서만 평가하는 것은 보편화와 서구화를 혼동하는 한계를 지닌다. K드라마가 할리우드가 만들어 낸 장르적 속성을 더욱 많이 취하고 할리우드식 스토리텔링과 유사해짐으로써 보편성을 획득했다고 말하는 것은, 결국 로컬의 특징이 탈각된 상태에서 영미권 문화의 특성과 유사해지는 것을 '보편'으로 정의하는 위험을 내포하고 있다. 이 논의는 일본 대중문화 연구에

서 이와부치(Iwabuchi, 1998)가 제시한 '문화적 무취cultural odorless' 개념을 떠올리게 한다. 이와부치는 일본 대중문화가 글로벌 시장에서 소비될 때, '메이드 인 재팬'의 감각을 지우고 고유의 색채를 드러내지 않음으로써 국제적 소비가 가능했다고 설명한 바 있다. 이와 같은 논리로 일부 K드라마가 글로벌 플랫폼에서 블록버스터형 장르물로 제작·유통되면서 문화적 무취를 띠고 보편성을 획득했다고 해석하는 것은, 완전히 틀린 해석은 아니지만 지나치게 제한적인 이해에 머무른다는 점에서 아쉬움이 있다.

이와 같은 한계를 보완하기 위해 K드라마의 보편성을 설명하는 개념으로 '초국가적 근접성transnational proximity'을 고려할 수 있다. 한류를 분석하는 새로운 프레임워크로 이 개념을 제시한 진달용(Jin, 2022)은 플라비아 몬세리Flavia Monceri(2019)의 연구를 인용하며 보편성 개념을 주의 깊게 이해할 필요가 있다고 주장한다. 그에 따르면 보편성은 단순히 '어디에나 존재한다'거나 '어디에나 일반적으로 적용 가능하다'는 의미가 아니다. 즉 이를 '맥도날드화McDonaldization'와 같은 방식으로 해석하는 것은 매우 협소한 시각이다. 진달용은 초국가적 근접성 개념에서 보편성이란 기존의 로컬 문화를 단순히 보편적 문화 형식으로 재현하는 것이 아니라, 보편적 가치와 실천 방식을 지역적 문화 조건에 맞게 조정하는 과정이라고 설명한다. 다시 말해, 글로벌 문화의 영향을 받아 만들어진 콘텐츠가 보편성을 지닌다고 평가하는 것이 아니라, 한국의 일상적인 사회·문화적 경험과 특성에서 비롯된 콘텐츠가 글로벌 관객에게 공감을 얻는 양상을 통해 보편성을 논해야 한다는 것이다.

대표적인 사례로, 〈오징어 게임〉과 〈기생충〉은 후기 자본주의와 신자유주의 체제의 냉혹한 현실을 그려 냄으로써 국경을 초월한 공감을 얻었다. 불평등과 경쟁이 삶의 가장 깊숙한 곳까지 스며든 시대, 이 작품들은 그러한 잔혹한 구조를 적나라하게 드러냄으로써 전 세계적인 반향을 일으켰다. 〈오징어 게임〉의 주인공 성기훈(이정재)은 자동차 회사에 취업했다가 파업에 동참한 후 구조 조정으로 실직하고, 이후 치킨집을 열었으나 실패하며 빚까지 떠안게 된 인물이다. 〈기생충〉에는 대왕 카스텔라 붐 속에서 가게를 열었다가 몰락한 두 남성이 등장한다. 이러한 서사는 한국 사회에서 흔히 볼 수 있는 서민 및 중산층의 경제적 몰락 사례를 기반으로 하지만, 그 본질적인 메시지는 전 지구적 자본주의 체제와 공명하는 구조를 지닌다.

이처럼 최근 제작된 많은 K드라마는 사회적 이슈를 서사화하며 보편적 공감을 형성하고 있다. 군대 내 폭력을 조명한 〈D.P.〉, 청소년 성범죄 문제를 다룬 〈인간수업〉, 사회적 위계질서를 다룬 〈더 에이트 쇼〉, 소셜 미디어와 인플루언서 문화의 명암을 드러낸 〈셀러브리티〉, 자폐 스펙트럼에 대한 인식을 확장한 〈이상한 변호사 우영우〉, 현대 의료 체계의 병폐를 고발하는 〈중증외상센터〉 등 다양한 드라마들이 한국 사회의 구조적 문제를 소재로 삼고 있다. 그리고 이러한 문제들은 비록 구체적인 발현 양상과 사례는 다를지라도, 한국에만 국한된 것이 아닌 보편적 이슈라는 점에서 해외 시청자들에게도 깊은 공감을 불러일으킨다. 특히, 학교 폭력 문제를 다룬 〈더 글로리〉는 태국에서 '#TheGloryThai' 해시태그 운동으로 이어지며, 현실 속 학교 폭력 문제를 고발하는 사회적 흐름을 촉진하기도 했다. 이처럼 사회와 공명하는 주제 의식을 발굴하는 K드라마 산업의 노력은 대규모 자본과 심의 규제로부터 자유로운 OTT 환경과 결합하며 또 한 차례의 진화를 경험하고 있다. 보다 직설적이고, 폭력적이며, 선정적인 요소들을 포함할 수 있게 되면서 사회적 문제를 더욱 적극적으로 서사로 끌어올 수 있는 것이다. 이러한 변화는 기존의 밝고 낭만적인 로맨스 중심 서사보다 더 폭넓은 현실적 공감을 유발하는 요소로 작용하고 있다.

K드라마의 해외 시청층 또한 확장되었다. 과거 해외에서 K드라마 소비가 팬덤 문화를 중심으로 이루어졌다면, 이제 K드라마는 더 넓은 글로벌 문화 소비 흐름 속에서 선택되는 콘텐츠가 되고 있다 (Park & Hong, 2023). 즉 특정 국가에 대한 특별한 관심이 없어도 자연스럽게 그 나라의 콘텐츠를 소비하는 시대적 흐름 속에서, K드라마 역시 하나의 글로벌 콘텐츠로 자리 잡고 있다. 미국 문화에 대한 특별한 애정이 없어도 미국 드라마를 시청하고, 중국에 대한 배경지식이 없어도 중국 드라마를 즐길 수 있는 것처럼, K드라마 또한 전 세계적인 미디어 환경 속에서 수많은 글로벌 콘텐츠 중 하나로서 자연스럽게 소비되고 향유되는 단계에 도달한 것이다.

K드라마의 특수성: '한국적인 것'의 매력

문화적 특수성의 상품화

K드라마가 내용적·형식적 차원에서 글로벌한 대중성을 확보하는 방향으로 진화하는 가운데, 그렇다면 K드라마를 다른 나라의 드라마와 구분 짓는 특수성은 무엇인지에 대한 질문이 제기될 수 있다. 즉 해외 시청자들에게 K드라마가 '한국산' 드라마로서 제공할 수 있는 즐거움은 무엇인가? 바로 이러한 질문이야말로 'K드라마'의 'K'가 지닌 의미를 설명하는 핵심적인 논점이라 할 수 있다. 가장 대표적인 한류 콘텐츠인 K팝의 경우, 다양한 문화권에서 유래한 음악 장

르와 시각적 기호가 결합된 '혼종성hybridity'이 중요한 특징이다. 또한, 멜로디나 안무와 같은 비언어적 요소가 강조되면서 초국가적 유통이 용이하다는 점도 글로벌 수용 확대의 주요 요인 중 하나다. 반면, 드라마는 음악과 달리 상대적으로 긴 호흡의 서사를 지니며, 제작 국가의 문화적 맥락이 서사에 깊숙이 개입한다. 따라서 K드라마의 한국적 특수성은 해외 시청자들에게 이질감을 불러일으킬 수 있다. 이러한 이질감은 때로는 진입 장벽으로 작용하는 동시에, 역설적으로 K드라마만이 제공할 수 있는 고유한 매력이 되기도 한다.

최근 K드라마에서 나타난 한국의 문화적 요소나 시각적 기호가 해외에서 화제가 된 사례를 보면, 이러한 특수성이 어떻게 작동하는지 확인할 수 있다. 예를 들어, 넷플릭스 오리지널 시리즈 〈킹덤〉의 경우, 해외 시청자들이 '좀비와 모자에 대한 드라마'라고 표현할 정도로, 조선 시대 전통 모자인 갓, 사모, 전립 등이 주목받았다. 아마존에서 갓이 실제로 판매되기도 했다. 〈연모〉, 〈환혼〉 등의 사극에서도 극 중 인물들이 입고 나오는 한복의 아름다움이 해외 시청자들에게 호응을 얻었다. 전통적 요소가 아니더라도, 여러 드라마에서 반복적으로 등장하는 삼겹살을 구워 먹는 문화나 〈별에서 온 그대〉로 유명해진 '치맥'도 한국의 로컬한 라이프스타일이 글로벌 시청자의 흥미를 유발한 사례다.

특히 한국의 놀이 문화와 골목길 문화를 활용한 〈오징어 게임〉은 한국적 특수성이 글로벌 시장에서 성공적으로 소비된 대표적인 사례다. 작품에 등장하는 오징어 게임, 무궁화꽃이 피었습니다, 구슬치기 같은 전통 놀이와 영희 캐릭터, 골목길 세트, 달고나 등은 1980~1990년대 한국의 일상 문화를 반영하고 있다. 이러한 요소는 한편으로는 한국인이 아니면 그 의미나 효과를 즉각적으로 받아들이기 어려운 고맥락적 문화 요소이긴 하나, 〈오징어 게임〉은 이러한 문화 특수성 요소들을 단순한 배경이 아니라 서사를 구성하는 핵심 자원으로 활용함으로써 글로벌 관객에게 이색적인 즐거움을 제공했다(강혜원·이성민, 2022). 더 나아가 한국적 요소들은 단순히 작품 내에서 소비되는 것에 그치지 않고, 글로벌 수용자들에 의해 변형·모방되는 양상으로 확산되었다. 예를 들어, 한국에서 저렴한 길거리 간식이던 달고나는 드라마 속 틴 케이스와 동일한 형태로 여러 국가에서 훨씬 높은 가격에 판매되기도 하고 소셜 미디어에서 달고나를 만들어 보는 '달고나 챌린지'가 유행하기도 했다. 영희 캐릭터 또한 그해 핼러윈을 장식하는 인기 코스튬으로 등장했다.

그러나 이러한 현상을 단순히 한국 문화가 해외에 소개되었다거나 〈오징어 게임〉 IP를 활용한 부가 상품이 생산된다는 차원으로만 해석할 수는 없다. 더 중요한 점은, 한국의 문화적 특수성이 글로벌 관객에게 어떠한 방식으로 소비되는가다. 관련해서 윤선희(Yoon, 2023)가 〈오징어 게임〉의 밈화memefication를 설명하면서 제시하는 서술을 참조할 만하다. 이 글에서는 달고나와 영희 캐릭터를 비롯한 〈오징어 게임〉 속 한국 문화 요소들이 온라인상의 밈으로 재창조, 확산되는 양상을 살펴본다. 수용자들은 〈오징어 게임〉의 요소들을 자신의 일상 경험에 재배치하는 방식으로 다양한 밈을 제작하고 있다. 그중 〈오징어 게임〉의 달고나와 영희 캐릭터의 밈화에 대해서 이렇게 설명한다.

> 글로벌 관객들은 달고나 게임을 즐기면서도 그 사회적 배경에 대해 잘 알지 못한다. 이들에게 이 게임은 단순히 호기심을 불러일으키고, 한국 문화를 이국적으로 보이게 만드는 요소일 뿐이다. 한국의 기성세대에게는

> 달고나 게임이 향수를 불러일으키고 사회적 의미를 담고 있지만, 글로벌 관객들은 이를 인식하지 못한다. 그들에게는 사탕에 모양을 새기는 과정이 그저 한국의 독특한 문화로 받아들여지며, 모양을 뜯어내는 과정에서 벌어지는 재미있는 순간들이 밈으로 소비된다. (Yoon, 2023: 500)

> 〈오징어 게임〉 속 거대 인형 밈은 글로벌 담론에서 동아시아의 전형적인 이미지와 연결된다. 아시아 대중문화와 할리우드 영화에서 장르 영화와 공포 서사는 동아시아를 종종 낙후되고 위험한 공간으로 묘사해 왔다. 일본 공포 영화, 홍콩 액션 영화, 그리고 넷플릭스 오리지널로 제작된 한국 드라마와 같은 미디어를 통해 아시아 대중문화의 세계화가 가속화되었지만, 그 과정에서 괴물이나 악령과 같은 전근대적 요소를 포함한 어두운 이미지와 동아시아의 후진성이 함께 소비되기도 한다. 〈오징어 게임〉 속 거대 인형은 위험하고 불길한 이미지를 보여 줌으로써 이러한 아시아적 고정관념과 맞닿아 있다. 밈은 미디어를 통해 형성된 아시아의 전형적인 이미지를 반복적으로 재현하며, 변형된 형태 속에서도 아시아에 대한 공포와 어두운 이미지를 더욱 증폭시킨다. (Yoon, 2023: 502)

이 내용은 K드라마 속 문화적 특수성이 본래의 맥락과 분리된 채 소비되는 방식을 보여 준다. 밈이 된다는 것은 하나의 이미지가 고정된 의미로 머무르지 않고 다양한 맥락 속에서 의미의 전유가 이루어지는 흥미로운 현상이다. 그 과정에서 밈 생산자가 자신이 위치한 일상과 사회를 반영하여 능동적으로 목소리를 내기도 하지만, 다른 한편으로는 원본의 의미가 왜곡되거나 단순화될 위험도 존재한다. 〈오징어 게임〉의 성공이 반드시 한국 문화에 대한 깊은 이해로 이어져야만 유의미한 것이라고 평가할 수는 없다. 그러나 영희 캐릭터처럼 특정 요소가 해외 관객이 이미 가지고 있던 고정관념과 연결되면서 한국적인 것이 단순한 '이국적 이미지'로 타자화되는 양상은 주시할 필요가 있다. K드라마가 세계적으로 널리 알려지는 과정은 '한국성Koreanness'이 오리엔탈리즘적인 방식으로 소비될 위험을 동반할 수 있기 때문이다.

로맨스와 멜로, 감동과 신파의 힘

K드라마의 특수성이 시각적으로 감별되는 '이색적인 요소'에서만 비롯되는 것은 아니다. K드라마를 다른 국가의 드라마와 구별되게 하는 것은 그 안에 녹아든 독특한 서사적 문법과 감성적인 요소이기도 하다. 이와 관련해 흥미로운 사례가 있다. 2016년 미국의 스트리밍 서비스 비키Viki가 제작한 글로벌 웹드라마 〈드라마월드*Dramaworld*〉는 K드라마 '덕후'들이 인식하는 K드라마의 전형적인 문법을 소재로 삼아 만들어졌다. 극 중 주인공인 클레어는 K드라마의 열성적인 팬인 미국 소녀다. 어느 날, 우연한 사고로 K드라마 속 세계로 들어가게 된 그녀는, 드라마 속 주인공들이 반드시 해피엔딩을 맞이할 수 있도록 도와야 하는 미션을 부여받는다. 이 과정에서 클레어는 "K드라마의 법칙The Laws of K-Drama"이라는 가이드북을 접하는데, 그 내용은 다음과 같다.

> 첫째, 모든 드라마는 진정한 사랑의 키스로 끝난다. 진정한 사랑의 키스란 남녀 주인공이 하는 키스를 말한다.
> 둘째, 남자 주인공은 반드시 다음 네 가지를 갖추고 있다. 자신감과 외모, 약간의 오만함을 갖추되 여자 주인공을 우선시하는 신사로, 언제나 그녀가 1순위여야 한다.

셋째, 남자 주인공의 샤워 신은 필수다.

넷째, 온갖 뒤틀린 플롯이 등장한다. 훼방꾼과 장애물이 많을수록 진정한 사랑이 보장된다.

다섯째, 진정한 사랑이 이뤄지면 드라마가 초기화된다. 캐릭터의 기억은 다음 작품을 위해 깨끗하게 지워지고 두 주인공은 다음 드라마에서 새로운 사랑에 빠지게 된다, 언제나 처음인 것처럼.

여섯째, 마지막 회까지 남녀 주인공이 키스에 성공하지 못해 진정한 사랑에 실패할 경우 드라마 월드는 사라진다.

이처럼 노골적인 클리셰들은 오랫동안 온라인 커뮤니티에서 'K드라마의 법칙'으로 공유된 내용이다. 항목을 읽기만 해도 어떤 장면인지 즉각적으로 떠올릴 수 있을 정도로 익숙하고, 진부하다고 평가받는 요소들이다. 이러한 특성 때문에 K드라마는 오랫동안 소녀 팬들의 취향에만 부합하는 유치한 장르로 인식되기도 했다. 최근 다양한 장르의 웰메이드 드라마들이 등장하고 있음에도 불구하고, K드라마에 익숙한 글로벌 시청자들이나 팬들의 인식 속에서 가장 강하게 자리 잡은 장르는 여전히 로맨스다. 실제로 한국국제문화교류진흥원이 매년 발간하는 〈해외한류실태조사〉를 보면 여러 국가에서 로맨스 드라마와 해당 드라마의 주연 배우들이 높은 인기 순위를 차지하는 것을 쉽게 발견할 수 있다. 그렇다면 K드라마를 다른 국가의 드라마와 구별 짓는 특수성은 결국 로맨스 장르에 있다고도 볼 수 있다. 유치한 클리셰로 치부되는 요소들도 K드라마의 중요한 "데이터베이스"[2](고선희, 2018)를 구성하는 셈이다(고선희, 2015).

2 일본의 비평가 아즈마 히로키東浩紀는 '데이터베이스 소비론'을 통해 현대 대중문화의

관련해서, 국제 학회에서 만난 어느 외국인 한류 팬이 한 말이 떠오른다. "〈오징어 게임〉을 보고는 자기가 K드라마 팬이라고 말하는 사람을 과연 팬이라고 할 수 있을까요?" 해외의 K드라마 시청자와 진행한 인터뷰에서도 비슷한 말을 들었다. "〈오징어 게임〉 때문에 K드라마를 보게 된 사람들은 미국 드라마나 일본 드라마 같은 다른 나라 드라마도 보고 있는 사람들이고, 나중엔 그 나라 콘텐츠로 돌아가는 사람들이에요." 이 말은 K드라마만의 '팬'을 만들어 내는 고유의 속성은 과연 무엇인지를 질문하게 만든다. 단순히 글로벌 차트 상위권에 오른 작품이 아니라, 'K드라마를 보고 싶다'라는 자발적 욕구를 불러일으키는 힘은 어디서 비롯될까?

K드라마는 다양한 소재, 장르, 서사, 메시지를 통해 글로벌 시장에서 시청층을 확장해 왔으며, 글로벌 플랫폼의 확산 또한 이러한 흐름을 더욱 가속화했다. 그러나 그 시청층이 모두 동일한 방식으로 K드라마를 소비하는 것은 아니다. 예를 들어, 글로벌 차트 상위권에 오른 K드라마를 호기심으로 접하는 시청자가 있는 반면, 〈오징어 게임〉이라는 분기점이 생기기 전부터 K드라마를 꾸준히 일상적으로 소비해 온 시청자도 있다. 또한, 한국 대중문화에 대한 열렬한 팬심을 바탕으로 적극적으로 K드라마를 소비하는 팬 시청자도 존재한

소비 구조를 설명한 바 있다. 과거에는 특정한 규범이나 이념이 담긴 거대 서사가 존재하고, 이로부터 개별적인 이야기들이 파생되었다면, 포스트모던 소비 문화 속에서는 '데이터베이스 모델'이 이를 대체한다는 것이다. 즉 개별 작품들이 하나의 원전에 기반하여 이야기의 구조를 만드는 것이 아니라, 데이터베이스에 축적된 이미지 기호, 설정, 스타일, 서사 요소 등을 조합하여 만들어진다. 따라서 수많은 복제본이 다양한 방식으로 변형되어 소비되는 구조를 갖는다. 이러한 개념을 적용해 본다면, 〈드라마월드〉의 가이드북이 보여 주는 것처럼, 한국 로맨스 드라마 역시 특정 클리셰가 여러 작품에서 반복적으로 관찰되며 조금씩 변형되어 나타나는 데이터베이스 모델을 갖고 있다고 해석할 수 있다.

다. 이처럼 〈오징어 게임〉이 양산한 K드라마 시청 집단과 구별되는 K드라마 팬은 지난 30여 년 가까운 시간 동안의 드라마 한류를 지속시킨 동력이다. 따라서 K드라마의 특수성을 논할 때 이들이 K드라마를 택하는 주요한 이유를 살펴볼 필요가 있다.

이와 관련해, 2023년 넷플릭스로 K드라마를 보는 태국인 시청자들과 진행한 인터뷰를 살펴보자.[3] 10~60대 남녀 8명의 태국인 시청자들과 이야기하면서 가장 흥미로웠던 점은, 그들 중 아무도 글로벌 차트의 상위권을 차지한 〈오징어 게임〉, 〈킹덤〉, 〈지금 우리 학교는〉 등의 작품을 언급하지 않았다는 점이다. 좋아하는 K드라마나 인상 깊게 본 작품에 대한 질문에 이 작품들을 언급한 사람은 없었을 뿐만 아니라, 〈오징어 게임〉에 대한 인상을 물었을 때도 대체로 시큰둥한 반응을 보였다. 특히 연령대가 높은 시청자들은 아예 시청하지 않았다고 답했다.

물론 이러한 작품들이 태국에서 인기를 얻지 못했다는 의미는 아니다. 실제로 해당 드라마들은 공개 당시 태국에서도 차트 상위권을 기록했다. 그보다는 인터뷰 참가자들이 K드라마를 이야기하는 상황에서 이 작품들을 굳이 언급할 필요를 느끼지 못했다는 점이 중요하게 해석될 수 있다. 이는 K드라마를 오랫동안 접해 온 시청자들이 K드라마의 매력을 인식하는 방식이 다를 수 있음을 시사한다. 즉 태국의 기성 K드라마 시청자/팬들에게 위와 같은 글로벌 흥행작들

3 이 인터뷰를 바탕으로 한 태국의 K드라마 수용 연구에 대해서는 〈방송과 커뮤니케이션〉 24권 4호에 실린 "넷플릭스가 매개하는 태국의 드라마 한류"를 참조하라. 이는 태국이라는 한 국가의 사례에 한정된 관찰과 분석이기는 하지만, 태국이 2000년대 초중반부터 K드라마를 꾸준히 소비해 온 국가라는 점을 고려하면, 오랜 기간에 걸쳐 형성된 K드라마 시청자/팬의 특성으로 확장해 이해할 수 있다.

은 'K드라마를 본다'고 할 때 우선적으로 선택할 만한 작품으로 인식되지 않는 것이다. 그 이유는 이들 드라마가 영미권 드라마의 분위기를 많이 반영하고 있어 'K드라마만의 정체성'을 느끼기 어렵다는 점에 있다. 다시 말해, 그들은 해당 작품들이 글로벌 흥행작임을 인지하고 있지만, 자신들이 애정하는 'K드라마'의 범주에는 쉽게 포함시키지 않는 것으로 보였다.

반면, 태국 시청자들은 로맨스 및 멜로드라마 장르에 대한 애정을 공통적으로 드러냈다. K드라마를 즐겨보는 이유에 대해서도, 휴식을 취하며 가볍게 볼 수 있는 이야기, 설레는 로맨스, 따뜻한 인간관계, 교훈이 담긴 메시지, 그리고 일상의 커뮤니케이션을 꼽았다. '〈사내맞선〉이야말로 진짜 로맨스다. 로맨스는 유치해야 한다,' '〈펜트하우스〉는 진정한 멜로드라마다'와 같은 평가가 이루어지기도 했다. 이들도 한국 로맨스 드라마의 클리셰가 진부하다는 점을 인식하고 있으며, '막장' 드라마의 통속성과 극단성을 잘 알고 있다. 그러나 흥미로운 점은, 이러한 요소들이 K드라마를 저평가하거나 시청을 포기하는 요인이 되지 않는다는 것이다. 오히려 이런 특징들이야말로 K드라마가 가장 잘하는 부분이며, K드라마만의 '특기'로 받아들여지고 있다.

또한 앞서 해외 언론에서 K드라마의 보편성과 특수성을 이야기할 때 보편성의 요소로 사랑, 가족애, 우정 등을 이야기했는데, 그와 같은 보편적 정서를 그리는 '방식'은 K드라마의 특수성이라고 볼 수도 있다. 즉 K드라마가 다루는 감정선과 관계 자체는 다른 국가의 드라마에서도 존재하는 요소이지만, K드라마의 스토리텔링 속에서 더욱 부각되는 특징이 있다는 것이다. 태국 시청자들은 로맨스나 멜로드라마뿐만 아니라, 추리물이나 메디컬 드라마 같은 장르의 K드라마를 보더라도, 그 안에서 나타나는 정서적 교감과 관계성에 주요하게 반응하는 경향을 보였다.

K드라마는 특정 장르의 틀을 넘어, 인물 간 관계성과 감정선이 중심이 되는 스토리텔링 방식을 지속적으로 유지해 왔고, 이것이 오랜 K드라마 팬들이 K드라마를 '한국적'이라고 인식하는 요소다. 관련해서 윈 위안Yin Yuan(Yuan, 2023)이 K드라마의 특성을 설명하기 위해 제시한 '멜로드라마적 일상성melodramatic mundane'이라는 개념을 주목할 만하다. 이 개념은 일상의 소소한 사건이나 한국의 사회·역사적 맥락이 결합된 개인적 감정이 멜로드라마적으로 전개되고 해소되는 방식을 의미한다. 장르를 불문하고 인물들이 둘러앉거나 마주 앉아 함께 식사하는 장면이 빈번히 등장한다는 것부터, '김치 싸대기'를 날리는 것과 같은 감정적 과잉의 막장 요소까지, K드라마는 일상의 감정적 흐름을 서사의 중요한 추동력으로 삼고 있으면서도 친숙한 현실감을 유지한다.

이러한 특징은 좀비나 크리처가 등장하는 공포물에서도, 피비린내 나는 스릴러 속에서도, 치열한 직업 세계를 다루는 서사 속에서도 유지된다. K드라마의 근저에는 인간관계의 따뜻함과, 때로는 신파적이기까지 한 감성이 흐르고 있다. 바로 이것이 K드라마를 지속적으로 찾게 만드는 힘이다. 예를 들어, 한국형 슈퍼히어로물인 〈무빙〉에서도 시청자들은 강력한 초능력만큼이나 주인공의 부성애와 로맨스에서 깊은 감동을 느낀다. 좀비들이 점령한 학교를 배경으로 한 〈지금 우리 학교는〉 역시 극적인 생존 경쟁뿐만 아니라, 친구들이 함께 모여 노래를 부르며 연대하는 따뜻한 장면이 강한 인상을 남겼다. 이처럼 K드라마 팬들은 갈등 해결 서사를 넘어 감성적인 교훈과 따뜻한 관계망을 경험하며, 이러한 요소들이 반복적으로 K드라마를 찾게 만드는 중요한 요인으로 작용한다. 유치함과 로맨티시즘 사이, 신파와 휴머니즘 사이 어딘가에 자리 잡고 있는 이러한 드라마들은 오랫동안 한류의 중심을 차지해 왔으며, 앞으로도 'K드라마스러움'을 구성하는 핵심 요소로 남을 가능성이 크다.

K드라마의 다양성: 새로운 변화와 과제

넷플릭스 다양성 정책과 K드라마

넷플릭스의 채용 사이트에는 "우리의 세계를 반영하는 이야기Stories That Reflect Our World"라는 제목 아래 포용성inclusion에 관련한 설명이 제시되어 있다.

> 넷플릭스의 가장 큰 영향력은 스토리텔링에 있습니다. 〈더 하더 데이 폴*The Harder They Fall*〉, 〈네버 헤브 아이 에버*Never Have I Ever*〉, 〈러브 온 더 스펙트럼*Love on the Spectrum*〉, 〈야스케*Yasuke*〉, 〈오징어 게임*Squid Game*〉과 같은 이야기는 재현과 공감, 이해의 폭을 넓혀 줍니다. 우리는 이러한 이야기를 만들고 전 세계 사람들과 연결하여 언어, 기기, 능력 또는 연결의 장벽을 제거합니다.

이 설명에서 눈에 띄는 점은, 넷플릭스가 국적과 인종을 비롯한 다양한 정체성을 아우르는 콘텐츠를 제작·배급한다는 맥락에서 〈오징어 게임〉이 언급되었다는 사실이다. 다시 말해, 〈오징어 게임〉은 넷플릭스가 강조하는 다양성과 포용성의 가치에 부합하는 사례로 제시되고 있다. 최근 많은 글로벌 기업이 D&I(Diversity & Inclusion)

또는 DEI(Diversity, Equity, and Inclusion)를 핵심 가치로 내세우며, 넷플릭스 역시 이에 적극적인 행보를 보인다. 특히, 2021년 넷플릭스는 USC 애넌버그 포용정책센터Annenberg Inclusion Initiative와 함께 보고서 〈넷플릭스 오리지널 미국 각본 시리즈 및 영화의 포용성Inclusion in Netflix Original U.S. Scripted Series & Films〉을 발간했다. 이 보고서는 넷플릭스 오리지널 콘텐츠 속 배우, 감독, 주요 제작진의 젠더, 인종, LGBTQ+ 정체성, 장애 여부 등을 포함한 22개 지표를 분석했다. 보고서의 구체적인 결과와 별개로, 넷플릭스가 업계 최초로 포용성 보고서를 공식적으로 발표했다는 점 자체가 중요한 의미를 갖는다. 이는 넷플릭스가 다양성과 포용성을 적극적으로 지지하는 기업이라는 대중적 인식을 형성하는 데 기여했다. 그리고 이러한 가치의 연장선에서 〈오징어 게임〉을 비롯한 K드라마도 다양성을 구축하는 하나의 퍼즐 조각으로 기능하고 있다고 볼 수 있다.

넷플릭스가 〈오징어 게임〉을 다양성의 콘텐츠로 소환하는 방식은 보편성과 특수성에 대한 논의와도 연결된다. 이 작품은 글로벌 문화 흐름의 중심지인 영미권이 아닌, 한국에서 제작되었으며, 한국의 배우와 감독이 참여했다. 또한 극 중에서 중요한 역할을 하는 한국의 전통 놀이, 사회적 격차와 경쟁 문제, 감정적인 서사 전개 방식 등은 한국적 문화와 밀접하게 연결되어 있다. 즉 '한국'이라는 특수성이 넷플릭스라는 글로벌 플랫폼 안에서는 '다양성'이라는 보편적 가치의 일부로 기능하는 것이다.

한편 넷플릭스를 통해 유통되는 K드라마 또한 이러한 다양성과 포용성 정책의 영향을 받고 있다. 넷플릭스 오리지널 한국 콘텐츠의 경우 등장하는 인물이나 서사 차원에서 소수자들을 더 많이 포함하려는 경향이 포착된다. 물론, 이는 반드시 넷플릭스의 직접적인 개입이라기보다는 지난 10~20년 사이 한국 사회의 변화된 의식이 드라마에도 반영된 결과로 볼 수 있다. 넷플릭스가 K드라마 재현의 다양성과 어떻게 상호 작용하는지에 대한 명확한 분석은 부족하지만, 일부 인상적 사례들이 이를 시사한다.

대표적인 예로 〈이태원 클라쓰〉를 들 수 있다. 웹툰 원작을 바탕으로 제작된 이 드라마는 jtbc에서 방영되었으며, 해외에서는 넷플릭스를 통해 오리지널 콘텐츠로 유통되었다. 이 작품은 기존 국내 드라마에서 보기 어려웠던 다양한 정체성을 가진 인물들을 등장시킨다. 예컨대, 트랜스젠더, 전과자, '한흑' 혼혈인, 소시오패스 등 사회적 주류 정체성에서 벗어난 캐릭터들이 이야기의 중요한 축을 담당한다. 〈이태원 클라쓰〉는 이러한 포용적 캐릭터 구성으로 인해 글로벌 시청자들로부터 진보적인 아시아 드라마로 평가받았다(Park & Hong, 2023). 특히 주목할 만한 부분은 아버지가 한국인이고 어머니가 기니인인 한흑 혼혈인 캐릭터 '토니'(크리스 라이언)다. 이 캐릭터는 원작 웹툰에는 존재하지 않았으나, 드라마에서 새롭게 추가된 인물이다. 원작이 인종·종족적 차원에서의 다양성을 고려하지 않았다면, 글로벌 플랫폼을 통해 유통되는 드라마에서는 이를 반영한 것이다.

그 외에 넷플릭스에서 제작한 오리지널 시리즈만 보더라도, K드라마에서 점차 다양한 정체성이 반영되고 있음을 확인할 수 있다. 〈오징어 게임〉 시즌 2에는 MTF 트랜스젠더 캐릭터가 주요 인물로 등장하며, 〈무브 투 헤븐〉의 주인공은 자폐 스펙트럼을 지니고 있다. 〈썸바디〉에서는 레즈비언, 하반신 지체 장애인, 아스퍼거 증후군을 가진 인물이 주요 캐릭터로 설정되었고, 〈정신병동에도 아침이 와요〉는 여러 정신질환을 앓고 사회에서 배제된 인물들의 이야기를 다룬다. 소수자 정체성이 작품의 핵심 서사로 작용한다고 보기는 어렵지만, 〈내일 지구가 망해버렸으면 좋겠어〉와 같이 다양한 인종의 캐릭터가 등장하는 시트콤도 기존 국내 드라마에서는 쉽게 볼 수 없던 새로운 풍경이다.

K드라마는 더 이상 한국인만을 위한 콘텐츠가 아니다. 제작 의도와 관계없이, K드라마는 이미 글로벌 시장에서 국경을 넘어 다양한 정체성을 가진 사람들에게 수용되고 있다. 이 과정에서, 드라마 재현 속 스테레오타입, 문화 도용, 인종 차별, 성차별 문제 등이 해외에서 논란이 되는 경우도 있다. 그러나 이는 K드라마가 점차 다양성과 포용성을 확대하는 방향에서 겪는 성장통이기도 하다. 특정 정체성과 문화적 감수성을 배제한 채 제작되던 드라마들이 이제는 더 폭넓은 시청자층과 공감대를 형성하려고 한다는 점에서 긍정적인 변화로 평가할 만하다.

정량화된 다양성?

여기에서 한 걸음 더 나아가, K드라마가 재현하는 다양성이 과연 진정한 의미에서의 다양성인지에 대해서는 아직 비판적인 시선을 갖고 지켜볼 필요가 있다. 넷플릭스를 연구해 온 마레이케 제너Mareike Jenner(2024)는 넷플릭스의 다양성을 '다양성의 정량화the quantification of diversity' 차원에서 설명한 바 있다. 이는 다양성이 단순하게 수치로 환원되는 현상을 의미한다. 그는 "규범적인 백인, 중산층, 건강한 이성애 시스 남성과 눈에 띄는 '차이'를 지닌 사람들은 화면에 등장하는 시간이나 대사에 따라 계산되는"(Jenner, 2024: 2) 것을 지적하며, 이러한 방식이 단순히 기계적으로 할당된 다양성일 뿐, 실제 사회적 다양성을 촉진하지는 못한다고 주장한다. 그가 예로 드는 작품 중 하나가 〈웬즈데이*Wednesday*〉다. 이 드라마의 주인공은 라틴계 정체성을 지니고 있지만, 그의 문화적 배경이나 정체성의 갈등이 서사 속에서 의미 있게 연결되지 않는다. 그저 '인종적 다양성'이라는 구색을 갖추는 정도에 그친다는 것이다. 이러한 양상은 넷플릭스가 지닌 '초국가주의 문법grammar of transnationalism'이라고도 평가된다(Jenner, 2018). 이는 특정한 역사적, 문화적 맥락을 깊이 알지 않아도 누구나 쉽게 서사를 소비할 수 있도록 만드는 스토리텔링 방식을 의미한다. 이러한 방식은 표면적으로는 다양성의 요소를 포함하는 듯 보이지만, 실제로는 단순한 시각적 효과에 그치는 경우가 많다. 다시 말해, 다양성을 강조하는 듯한 작품들이 결국 다양성에 대한 피상적인 이미지를 구축하는 데 그치는 역설적인 결과를 낳는 것이다(Jenner, 2018).

제너(2024)는 이러한 초국가주의 문법의 사례로 〈오징어 게임〉을 잠시 언급하기도 한다. 이 드라마가 한국의 특수한 사회적 맥락을 깊이 드러내기보다는, '빈곤'이라는 모호한 개념을 활용했기 때문에 초국적으로 공감될 수 있었다는 것이다. 이는 앞서 이야기한 초국가적 근접성과 마치 동전의 양면 같은 관계를 형성한다. K드라마가 보편적인 가치와 문화적 코드를 통해 초국가적 근접성을 형성하는 한편, 글로벌 시장에서 성공하기 위해서는 국가 단위에서 이해될 수 있는 특정한 사회 구조적 맥락을 어느 정도 생략해야 하는 측면도 존재한다. 물론 〈오징어 게임〉이 한국의 사회·역사적 맥락을 완전히 탈각한 것은 아니다. 생존 게임에 참여한 캐릭터들의 절박한 과거 속에는 한국 자본주의 사회가 만들어 낸 구조적 불안과 위기가 반영되어 있다. 그러나 이 작품이 작동하는 기본적인 방식은 자본주의 사회의 불안정성을 초국적 문화 코드로 상품화하는 형태다. 더욱이 이는 국가적 특수성을 글로벌 장르 관습에 '적절히' 녹여 내는 넷플릭스의 현지 분리local opt-out 창작 전략의 일환이기도 하다(강혜원·이성민, 2022).

다시 〈이태원 클라쓰〉로 돌아가 보자. 앞서 말했듯 〈이태원 클라쓰〉는 K드라마로서는 드물게 다양성의 가치를 적극적으로 구현하여 글로벌 시청자들에게 호소력을 지녔던 사례다. 그러나 단순히 소수자 캐릭터가 '얼마나' 등장하는가를 넘어, 그들이 드라마 속에서 '어떻게' 그려지는가를 살펴보면, 이러한 다양성의 한계도 드러난다. 벤저민 한Benjamin Han(2022)은 이 드라마 속 한흑 혼혈인 토니의 존재에 주목한다. 그는 한국인 아버지와 기니 어머니 사이에 태어난 혼혈인으로, 한국인 아버지를 찾기 위해 한국으로 온다. 드라마 초반부는 그가 외국인이고 흑인이라는 이유로 한국 사회에서 차별당하는 모습을 보여 준다. 이후 주인공 박새로이(박서준)가 운영하는 가게에서 직원으로 일하게 되며, 점차 다른 등장인물들과 어울리고 공동체의 구성원으로 인정받는다. 그러나 그가 그토록 찾아 헤매던 아버지는 이미 사망한 상태였고, 결국 친할머니를 만나 가족을 이루는 것으로 그의 이야기는 마무리된다.

한(2022)은 이러한 서사가 한국에서 한흑 혼혈인이 지닌 고유의 역사적 맥락을 생략하는 효과를 낳는다고 말한다. 한국 전쟁 후 미군 주둔이 이루어지면서 흑인 미군과 한국인 여성 사이에서 한흑 혼혈 1세대가 탄생했고, 그중 많은 이들이 아버지가 떠나고 홀어머니와 살거나 사회적인 멸시를 받았다. 더욱이 이 드라마의 배경이 되는 이태원은 미군의 주요 유흥지이기도 하다. 이처럼 이태원과 한흑 혼혈인이라는 기표가 한국 특유의 역사 또는 상흔과 연결될 수 있음에도 불구하고 드라마는 그러한 맥락을 드러내지 않는다. 토니의 배경 설정에서 흑인 아버지를 흑인 어머니로 바꾸고, 그의 출신 국가를 미국이 아닌 한국인에게는 상대적으로 낯선 기니로 설정함으로써, 미군 주둔의 역사와 그 부산물로서의 혼혈 아동 문제를 드라마 서사에서 분리한다. 그리고 그가 다른 등장인물들의 호의에 의해 공동체의 구성원으로 받아들여지는 모습을 통해 역사와 화해하고 다문화 사회로 진입한 한국을 그려 낸다.

어떠한 진보도 한순간의 도약으로 이루어지는 것은 아니다. 변화는 점진적인 과정에서 서서히 축적되며, 때로는 시행착오를 거치기도 한다. 그렇기에 소수자의 가시성을 확보하고, 비록 수치화된 다양성일지라도 이를 충족하려는 노력은 중요한 진일보의 과정이라 할 수 있다. 2005년 유네스코 문화다양성 협약이 체결된 이후, 한국은 2010년 이를 비준했다. 이후 한국에 거주하는 외국인 수가 역대 최다를 기록했다는 뉴스가 주기적으로 보도되고 있으며, 한국에서 생산되는 대중문화는 글로벌 플랫폼을 통해 거의 실시간으로 해외에 유통되는 환경이 조성되었다. 이러한 변화 속에서 K드라마가 더욱 다양한 서사를 품을 수 있는 계기와 흐름은 충분히 마련되어 있다. 이제 K드라마의 다양성은 숫자로 가늠하는 포용이 아니라, 더욱 정교한 서사적 탐구와 문화적 이해를 바탕으로 구현될 필요가 있다. 이를 위해 어떤 방식으로 다양성을 담아낼 것인가에 대한 논의는 앞으로도 지속적으로 이루어져야 할 것이다.

K드라마의 과제: 문화적 협상과 플랫폼 논리 사이에서

K드라마에서 'K'는 단순한 국가적 표식이 아니라, 글로벌 보편성과 로컬 특수성, 그리고 문화적 다양성이 끊임없이 교차하고 협상되는 문화적 지점을 의미한다. 이 글에서는 이러한 K드라마의 다면적인 의미를 보편성, 특수성, 다양성이라는 세 가지 차원에서 정리해 보았

다. 앞서 이야기했듯, 보편성, 특수성, 다양성은 서로 대립하거나 배타적인 개념이 아니다. 각각 K드라마를 설명하는 프레임워크이면서도, 서로 맞물려 작동하는 요소들이다. 따라서 K드라마를 바라보는 관점에 따라 이 세 가지 차원에서의 특성은 때로는 상충하기도 하고, 겹치기도 한다. 무엇보다 K드라마를 이야기할 때 가장 핵심적으로 고려해야 할 것은 해외 수용의 맥락이다. 국가에 따라, 시청자 집단의 특성에 따라 K드라마에 대한 진단과 평가는 달라질 수 있다. 즉 글로벌 문화 속에서 K드라마가 어디에 위치하느냐에 따라 그 의미가 달라진다. K드라마가 영미권이 주도하는 주류 문화 흐름에 편입되는 과정에 있는 것인지, 아니면 그에 맞서 새로운 흐름을 만들어 내고 있는 것인지, 혹은 그 어느 쪽도 아닌 독자적인 방향으로 나아가고 있는지는 우리가 K드라마를 어떤 프레임워크로 바라보느냐에 따라 달라질 수 있다. 그렇기 때문에 'K드라마가 보편적 정서를 담아 해외 시청자들에게 인기가 있다'는 설명도, 'K드라마의 핵심 정체성은 한국 고유의 문화에 있다'는 설명도 완전히 틀린 말은 아니지만, 어느 하나로 단정할 수 있는 문제도 아니다. 그러니 K드라마를 하나의 고정된 개념이 아니라 끊임없이 재구성되는 문화적 구성체로서 바라봐야 한다.

마지막으로 K드라마가 위치한 물적 조건을 언급하고자 한다. 한류 초기, 동아시아에서 K드라마가 인기를 얻은 이유를 설명하며 김수정과 양은경(2005)은 문화적 취향과 물적 기반의 관계를 강조한 바 있다. 그들은 대중문화 소비는 단순히 취향의 문제가 아니라, 그것이 유통되는 구조와도 불가분의 관계를 맺는다고 설명한다. 예를 들어 〈쉬리〉, 〈공동경비구역 JSA〉 같은 영화가 아시아 국가에서 성공을 거둔 이유 중 하나는, 그것이 대규모 제작비를 들인 블록버스터였고,

그래서 할리우드 영화 형식을 오랜 기간 익숙하게 받아들여 온 아시아 대중의 취향에 친근하게 다가갈 수 있었기 때문이다. 한국의 트렌디 드라마가 아시아 국가에서 큰 인기를 끈 것 또한 이미 일본의 트렌디 드라마를 소비하며 형성된 문화적 취향과의 연속성 속에서 이해할 수 있다.

그렇다면 오늘날 K드라마가 글로벌 대중의 문화적 취향에 부합할 수 있는 물적 조건은 무엇일까? K드라마의 보편성, 특수성, 다양성이 글로벌 대중과 접점을 형성할 수 있었던 핵심 요인에는 글로벌 플랫폼의 존재가 있다. 넷플릭스를 비롯한 글로벌 OTT 플랫폼은 구독자의 취향을 세분화하여 맞춤형 추천을 제공한다고 하지만, 동시에 초국가적 문법을 기반으로 한 콘텐츠를 주류 흐름으로 형성하기도 한다. 이는 앞서 제너가 이야기한 바와 같이, 문화적 감수성에 '적당히' 호소하는 콘텐츠를 통해 초국가적 대중성을 확보하는 방식과 연결된다. 최근 우리가 K드라마에서 발견하는 여러 변화는 바로 이러한 플랫폼의 제작·유통 구조 속에서 형성된 흐름과 맞물려 나타난 것이라고 할 수 있지 않을까? 글로벌 플랫폼이 요구하는 방식으로 보편성, 특수성, 다양성의 형태가 조정되고 있는 것이다. 이런 맥락에서 보면, K드라마의 K를 브랜딩하는 것은 그 원산지인 한국만이 아니다. 오히려 K드라마를 글로벌 시장에서 '소비될 수 있는 콘텐츠'로 만드는 것은 소수의 글로벌 플랫폼이 주도하는 문화적 취향과 유통의 논리일지도 모른다. 실제로, 넷플릭스와 K드라마의 긴밀한 공생 관계 속에서 '플랫폼 제국주의platform imperialism'에 대한 논의가 활발하게 이루어지고 있다(Jin, Yoon, & Han, 2023; Park, Kim, & Lee, 2023). 'K드라마스러움'이라는 것은 궁극적으로는 플랫폼 제국주의와의 연계 속에서 고민해야 할 과제가 된다.

이처럼 기회와 위기, 가능성과 한계가 얽혀 있는 K드라마, 또는 K드라마 담론은 끊임없이 변화하고 있으며, 그 속에서 우리는 K드라마가 나아갈 방향을 읽어 내고 제안할 필요가 있다. '가장 한국적인 것이 세계적이다'라는 말이 그저 수사가 아니라, 본질주의나 제국주의의 함정에 빠지지 않는 방식으로 작동하기 위해서는 글로벌과 로컬 사이의 긴장 관계를 어떻게 다루어야 할지 고민해야 한다. 또한, 엔터테인먼트의 목적을 넘어서 글로벌 시청층을 향해 사회적 메시지를 공명시키는 위치에 다다른 K드라마가 어떤 문화적 감수성을 함양해야 하는가도 중요한 문제로 남아 있다. K드라마가 글로벌 미디어 환경에서 유의미한 문화 현상으로 자리 잡은 지금, 그 방향성에 대한 논의는 더욱 깊어질 필요가 있다.

4장

'K로맨스'의 기원

한류 초기 드라마 스타와 장르 경향성

전승

전승

숙명여자대학교, 한국방송통신대학교 등에 출강하며 영화·영상 미디어 및 여러 마이너리티 관련 주제를 탐구하고 있다. 숙명여자대학교 미디어학과에서 박사 학위를 받았다.

K드라마 불가분의 요건, 스토리와 배우

최근 한국 드라마가 전 세계적으로 호감을 받는 가장 중요한 요인으로는 스토리와 배우를 꼽을 수 있다. 한국문화국제교류진흥원은 2012년부터 한류 콘텐츠 수용자를 대상으로 해외 한류 실태 조사를 하고 있는데 2023년 〈해외한류실태조사〉에 따르면 한국 드라마의 짜임새 있고 탄탄한 스토리(26.1%), 매력적인 배우의 외모(22.5%), 순수한 연애 스토리(22.3%) 등을 선호한다는 응답이 많았다(KOFICE, 2024). 권역별로는 아태 지역·유럽의 경우 스토리 짜임새, 미주 지역은 순수한 연애 스토리, 중동·아프리카 권역은 연기력이 뛰어난 배우를 높게 평가했다. 선호하는 배우로는 이민호(6.4%), 현빈(3.4%), 송혜교(2.7%) 등을 선택했다. 특히 이민호는 2023년 아태, 미주, 유럽, 중동, 아프리카 등 전 대륙 선호도 1위(6.4%) 스타이고, 2014년부터 무려 11년에 걸쳐 해당 부문 1위를 점해 왔다. 그 외에도 지난 5년간(2019~2023) 선호도 상위 5위권에 든 배우는 송혜교, 송중기, 공유, 배

수지, 현빈, 이종석 등이었는데, 이들의 이름도 5년간 순위 무관하게 반복해서 나타났다.

서로 다른 대륙과 문화권의 수용자가 서사 완성도나 '멜로·로맨스' 장르를 콕 집어 거론한 점 말고도, 외모가 출중한 소수 배우가 대외적 인지 또는 선호를 오래 독점하는 현상에도 주목할 필요가 있다. 1위에 비해 2~5위권 인물 응답률이 2~3%p대에 머무르는 이유를 조사한 기관은 해외 소비자가 인지하는 한국 배우 수가 전반적으로 적기 때문이라고 분석했다(KOFICE, 2024: 42). 국내에 많은 배우와 이야기들이 있음에도 해외 수용자가 특정 배우와 장르만 장기 기억한다는 지점에서는 몇 가지 의혹이 든다. 첫째, 해외 시청자에게 K드라마를 즉각 연상시키는 어떤 특정한 이미지나 서사가 형성되고 있어 보인다. 둘째, 소수를 제외하면 그다지 인상적인 배우나 서사가 없다는 비판처럼 들리기도 한다. 셋째, 업계에서 입증된 스타나 서사만 플랫폼에 세워 초국가적 소비를 유도하고 있다는 것이다. 특히 글로벌 팬을 보유한 몇몇 배우가 고액의 출연료로 우대받는 경향은 항상 문제시되지만 좀처럼 개선되지도 않는다. 관객이 사랑하는 배우는 분명 산업을 매혹하는 동시에 고심하게 만드는 존재가 틀림없다.

이 장에서는 글로벌 수용자들이 K드라마의 소수 배우와 러브스토리를 오래도록 선호하게 된 원류를 되짚어 본다. 배우와 장르 사이클은 관객의 기호와 변화에 민감하게 생성, 변화, 소멸을 거듭하는 문화 상품이다. 즉 관객의 선호가 오래 유지되는 것은, 특정 배우나 장르가 시대와 무관하게 소구한다는 의미와도 같다. 그러므로 K드라마 배우와 장르 사이클을 이룬 출발점을 살펴본다면 학술적으로는 글로벌 수용자의 보편적 정서를 정탐하고, 현실적으로는 배우라는 변수가 지금의 K콘텐츠 제작 환경에서 누리는 문화적·경제적 권능의 근원을 찾을 수 있다.

먼저 드라마와 같은 문화산업에서 소수 배우, 즉 스타가 탄생하는 원리를 살펴본다. 이어 한국 드라마 산업이 글로벌 시장과 수용자의 요구에 주목하기 시작한 시점을 중심으로, 당시 사랑받은 스타 배우와 이야기, 출연료 경향을 탐색하고, 그러한 스타·장르 쏠림이 최근의 K드라마 시장에는 어떤 영향을 주고받는지 되돌아본다.

스타, 관객, 산업의 관계

관객이 스타를 만든다

한국에서 스타로 칭할 수 있는 직업은 연예, 스포츠, 정치, 지식, 경제 등 다방면에서 주도적이고 대중적인 영향력을 누리는 사람을 총칭한다(김승수, 2013: 122). 즉 명성과 인지도, 성취를 모두 포함한 개념(김정섭, 2023: 32)이라고 볼 수 있다. 이 장에서 '스타'는 엔터테인먼트 산업 중에서도 드라마 시리즈나 영화 같은 영상 산업 분야에서 특정한 성취를 통해 영향력을 미치고 있는 연기자[4] 또는 배우에 한정한다. 인기 배우를 스타라고 부르는 관행은 19세기 초 유럽과 미국을 순회하던 극단을 통해 확산되었다고 알려진다. 한 작품을 장기 공연하면서 경제적 여유가 생기자 극단 측에서 주연 배우들을 배려하기 위해 독방을 배정하고 그 문 앞에 '별표(*, asterisk)'를 붙여 준 것이다(김정섭, 2023: 29).

길거리 캐스팅, 지망생, 연극영화학과, 아이돌 가수, 스포츠 선수, 유튜버 등 수많은 배우가 미디어와 플랫폼을 통해 다양한 방식으로

4 한국에서 드라마에 출연하는 배우는 연기자, 탤런트, 연예인 등으로 불렸다.

연예 산업에 진입하고, 또 만들어진다. 그중에서 스타를 만드는 것도 관객이고, 그에게 권위를 부여하는 것도 관객이다. 스타를 창조하는 힘은 "소비자, 관객, 대중, 그리고 팬"(장규수, 2023: 40)에게서 나온다. 보통 스타는 영화나 드라마에서 연기한 캐릭터나, 라디오, 인터뷰, 가십, 논평 등 매체에 광범위하게 노출되면서 어떤 총체적인 이미지를 창출한다(Dyer, 1979). 대중은 그러한 스타의 일상을 가벼운 얘깃거리로 치부하기도 하지만 한편 자기 삶에 깊게 받아들인다. 크리스틴 글레드힐Christine Gledhill이 엮은 《스타덤: 욕망의 산업*Stardom: Industry of desire*》(1991/1999)과 같은 책에서는 각자의 방식으로 스타를 소비하는 대중의 면면이 드러난다. 예컨대 관객은 스타를 사회적 역할과 유형의 표상으로 삼거나 자신의 욕망을 투영, 동일화하고 모방한다. 때로는 대중이 열광하는 스타의 이미지를 통해서 당대의 가치나 사회상을 읽어 낼 수도 있다.

이러한 관객의 관심과 애정은 특정한 스타에게 문화적·경제적 권력을 부여한다. 그 근거를 스타덤stardom과 대체 불가능성으로 구분할 수 있다. 먼저 스타덤은 스타의 가공되고 제련된 이미지, 그에 따른 지위나 신분을 의미하며, 배우의 시장 내 인지도와 희소성을 담보한다. 관객이 '배우'라는 상품을 반복해서 소비하는 현상은 상당히 흔치 않고 주목을 끄는 현상이다. 문화 상품이란 개인의 효용 가치 없이는 좀처럼 소비하지 않는 사치재이기 때문이다(Breton, 1981: 41). 그러므로 스타덤을 형성할 수 있는 소비층, 즉 팬은 시장 내부에서 안정된 수익을 약속하는 지표로서 한 배우의 시장 가치를 만드는 근거가 된다(장규수, 2013: 41).

같은 맥락에서 대체 불가능성이라는 개념 또한 스타의 경제적 효용과 관련이 있다. '대체 불가'란 의미는 스타의 카리스마 또는 아우라, 개성 등의 개념과도 유사하다. 그 수많은 배우 중에서도 대중에게 선택받은 스타 개인의 매력이나 연예 자본은 상당히 희소하므로 시장에서도 공급자 독점적인 지위를 지닌다(이상길, 2018: 250). 그런데 이때 배우와 같은 예술가들의 실제 소득 차이는 그가 지닌 미적 재능이나 매력의 정도보다 '알려진' 정도에 따라 달라진다. 즉 스타의 몸값은 소비자의 인지도가 오를수록 높아진다. 스타의 인기 근거를 소비경제학적 시각에서 바라본 김윤지(2016)에 따르면, 문화 상품 구매자는 탐색에 드는 비용을 줄일 수 있는 상품부터 선택하는 경향이 있다. 이때 편리한 소비와 생산을 위해 모두가 아는 상품, 즉 인지도가 높은 상품을 선택하고, 이를 다른 저렴한 상품으로 굳이 대체하려 하지 않는다. 그 때문에 스타가 부단히 이미지를 관리하는 행위는 자신의 기능적인 발전보다는 대중의 주목을 끌기 위한 목적과 결부된다. 즉 스타를 탄생시키고 그의 사회적·경제적 영속을 돕는 근간에는 관객과 팬이 있다.

광고주, 방송사, 연예기획사 등 문화 상품을 판매하는 시장에서는 이를 눈치채고 스타를 적극 활용한다. 문화산업은 "높은 불확실성과 위험에 직면한 모험산업"(김호석, 1998: 112)인 동시에 "상징이라는 고유 논리, 이익, 규칙에 따라 움직이는 세계"(이상길, 2018: 250)이기 때문이다. 마찬가지로 드라마 제작·투자 시장도 시장 불확실성을 낮추고 안정성을 확보하기 위해 대중을 최대한 매혹할 수 있는 상징자본인 스타 배우를 반복해 활용한다. 그에 따라서 문화산업 현장에서 스타를 만들고 관리하는 조직적이고 체계적인 작업, 또는 스타를 통해 경제적 이윤을 노리는 일련의 동학이 나타나며 이를 통틀어 스타 시스템이라고 부른다.

스타 시스템과 장르의 관계

스타 시스템이란 크게 두 가지 측면으로 구분된다. 스타를 기용하여 흥행 안정성을 높이는 스타 마케팅 측면, 그리고 산업에서 스타를 만들어 창출하는 연예 매니지먼트 측면으로 나눌 수 있으며(장규수, 2013: 48), 이러한 시스템의 원류는 20세기 미국 할리우드 영화 산업 현장에서 시작한다(McDonald, 2001). 파라마운트Paramount, 메트로 골드윈 메이어MGM, 폭스Fox, 워너브러더스Warner Bros. 등 지금까지도 영화 산업의 핵심을 차지하는 영화사에서는, 다수 창작 인력과 높은 제작 비용을 활용하는 영화 산업의 위험에 대처하고 대중의 오락적 즐거움을 극대화하기 위해 여러 표준 제작 방식을 구축해 왔다. 이때 1930~1940년대 이른바 '고전 할리우드 영화' 시기에 할리우드 스튜디오라고 불리는 대량 생산 조립 공정assembly line 시스템이 스타 또는 장르 같은 시스템과 함께 확립되었다(Bordwell, 1995).

당시 스튜디오 제작자들은 배우를 통해 홍보할 이미지와 서사의 틀을 표준화하였다. 연출의 방향성, 제작 단계의 분업화, 수직 통합을 통한 제작-배급-상영 구조화를 시도했을 뿐만 아니라 배우들을 영화사에서 직접 기용했다. 사내 홍보부서를 통해 일정을 챙기는 것은 물론, 외모나 걸음걸이, 이름을 새로 만들고, 사생활까지 통제하는 등 스타를 양성하는 기법을 개발했다. 또한 영화를 만들 때 그의 상품화된 개성에 맞는 역할에만 자주 반복적으로 투입했기 때문에 영화사에 소속된 배우는 정형화된 이미지를 구축하게 되었다. 대중은 소속 배우들의 이미지 이력으로 영화사의 특성을 파악할 수 있었고, 포스터 속 배우만 보더라도 어떤 캐릭터와 서사를 연기할지 금방 알아챌 수 있었다. 즉 특정 스타의 이미지를 위해 고안된 영화 묶음, 즉 스타 비히클star vehicle은 영화적 시도보다는 스타라는 장치를 우선했다. 그러나 뮤지컬이나 서부극 등 스타 개인의 매력적 이미지에만 기댄 서사 또는 장르는 결국 한계를 드러냈고, 이는 영화의 발전이라는 측면에서 문제시되기도 했다(강현두 등, 1997: 103). 이러한 전례를 통해 스타와 장르(서사) 간의 긴밀한 관계를 살펴볼 수 있다. 또한 스타의 상품성에 깊게 의존한 산업 현장에서 어떠한 결과물이 나타나는지 알 수 있다.

스타 시스템이란 제작할 콘텐츠의 동력을 대표하고, 관객에게는 친숙한 인물을 발견하는 즐거움을 느끼게 하며, 상영업자에게는 전적인 흥행을 보장하는 도구가 된다. 이처럼 스타의 이미지를 관리하거나, 대중 기호를 적극 활용해 작품의 장르를 배치하는 등 할리우드의 옛 방식에서 지금의 국내 매니지먼트 산업과도 일부 닮은 점을 찾을 수 있다.

1990년대 한국의 스타 산업

한국의 연예기획사 또는 매니지먼트 산업은 1950년대 영화를 중심으로 한 대중문화에서 1970~1980년대 방송과 음악 중심 대중문화로 옮겨 가면서 그 규모와 형태를 구체화하기 시작했다(하윤금 · 김영덕, 2003). 다만 당시는 매체 보급 자체가 원활하지 않았고 엔터테인먼트 산업 체계는 미진했으며, 텔레비전 방송사가 배우 관리를 주도하고 있었다. 연예 매니지먼트 산업이 급격히 대형화되고 기업화된 시기는 1990년대 이후다. 방송사는 PD 시스템이라 지칭되는 전속제를 기반으로 스타 육성과 관리 시스템을 결합하여 운영하고 있었다. 이 당시 '탤런트'라고 불리던 '연기자(이후 배우로 통칭)'는 방송사의 등급제에 근거한 회당 출연료를 받았다. 이 등급은 연기 경력, 드라마 종류(일일, 주말, 미니시리즈), 주 · 조연 등 배역 비중, 방송사 기여도 등을 종합 평가한 것으로 방송사가 제작 자원을 관리 가격화한 결과였다(장용호, 1993).

그러나 1990년대 이후 방송 드라마 산업이 확대되면서 스타 배우와 작가, 외주 제작 인력이 방송사 중심의 단일 세력 구도를 재편하였다. 그에 영향을 끼친 주요 모멘텀을 꼽는다면 산업 내적으로는 1991년 시작된 외주 정책의 활성화와 채널 다양성, 산업 외부 요인으로는 1997년을 전후로 구체화된 한류라고 볼 수 있다. 1990년대에는 스타의 시장 내 권력이 확대될 수 있는 모든 조건이 갖춰져 있었다. 리처드 다이어Richard Dyer와 폴 맥도널드Paul McDonald(1998)는 스타덤이 형성될 수 있는 요인으로 (1) 과잉 생산, (2) 매스 커뮤니케이션의 발전, (3) 광범위한 문화적 생산력, (4) 일과 여가의 엄격한 분리, (5) 지역 문화의 쇠퇴와 대중문화의 발전, (6) 영화 산업의 체계화, (7) 상대적인 사회유동성의 증가 등을 들었다. 당시 영상 제작 산업 체계, 자본과 기술, 행위자, 수용 행위, 문화적 영토의 경계 등 모든 요소가 변화하고 확장하던 시기였던 것이다.

배우 출연료는 이 외주 정책[5]이 변화하고 다매체·다채널 체제가 도래하면서 상승하기 시작했다. 노동렬(2015b: 53)은 국내 드라마 제작 산업이 진화해 온 단계를 정책, 경제, 시장 요인별로 각각 구분하여 시기별로 제시하였는데 그에 따르면, 1991~1997년 사이 실시된 외주 정책과 SBS, 케이블 TV 등 신생 방송 사업자의 시장 진입, 대형 연예기획사 출현 등의 요건이 있었다. 1998년부터 2002년 사이에는 전속제 폐지, 연예기획사와 외주 제작사의 급증, 영화 및 드라마에 대한

5 외주 제작 방송 프로그램 편성 비율 제한 제도는 지상파 방송 사업자나 지상파 방송 채널 사용 사업자로 하여금 외주 제작 방송 프로그램을 일정 비율 이상 의무적으로 편성하게 끔 한 제도를 의미한다.

활발한 투자 등이 발생하였다. 즉 방송사 중심 기획, 제작, 유통 구조가 해체되면서 제작사와 연예기획사까지 생산 방식을 다각화하였다.

방송 콘텐츠 공급처가 확대되었다는 점은 콘텐츠 수요를 상쇄할 행위자의 필요성, 그리고 방송사와 시청자를 향한 제작사의 주목 경쟁을 예고하는 것이었다. 독립 외주 제작사는 방송사 편성을 위해 주목받을 만한 작품을 만들어야만 했으며, 더욱 큰 자본 규모를 투자한 작품을 제작할 수밖에 없었다. 또한 채널 간 시청률 경쟁 속에서 방송사는 대중 주목도가 가장 높은 드라마를 주로 편성했는데, 그 과정에서 유명세를 지닌 배우 출연료가 오르기 시작했다. 스타가 지닌 지명도와 화제성은 시청자 주목을 끌기 위한 핵심 생산 요소였기 때문이다. 일례로 1990년대 이후 민영 방송인 SBS, CJ 등 케이블 채널, jtbc 등 종편과 같은 신생 채널은 시장에 안착하기 위해 스타를 활용해 왔다(이상길, 2018). 이에 스타급 제작 인력(배우, 작가)을 보유한 연예기획사의 역할도 더욱 늘어나, 이후에는 콘텐츠 제작·투자에도 직접 참여한다.

다만 1998년까지만 해도 배우의 시장 가격 책정은 방송사로부터 여전히 자유롭지 못했다. 당시 출연료는 등급제 대신 방송사 또는 제작사와 연예기획사(매니지먼트사) 간 협의로 결정되고 있었는데, 1998년 외환 위기가 오자 방송사는 제작비 감축을 이유로 스타 배우와 작가의 가격을 200만 원에 동결한 적도 있다(노동렬, 2015a: 120). 그런데 2000년대에 들어서면 상황이 달라진다. 요금 동결에 대한 보상으로 방송사가 전속제를 폐지하면서 배우가 FA 시장에 출정하게 되었으며, 한편 예상치 못한 외생 변인이 출현한 것이다.

한류 드라마 스타의 탄생

한류 초기 드라마 스타

1990년대 국내 시장 바깥에서는 비서구권을 중심으로 한 반反문화 흐름counter-cultural flow(Thussu, 2006; 진달용, 2022 재인용)과 국내 콘텐츠를 적극 소비하는 수용 행위가 구체화되었다. 할리우드 영화는 물론 홍콩, 대만, 일본 등 주변 동아시아 국가의 드라마 콘텐츠가 상호 수출입되면서 국내 투자자는 문화 상품이 수익을 낼 수 있는 거래 자본임을 깨달았다. 한편 1997년 외환 위기 시기에는 경제적 위기에 봉착한 국내보다 해외 시장을 통해 활로를 모색하려는 움직임이 더욱 강해졌다. 특히 MBC 가족극 〈사랑이 뭐길래〉(1991)가 1997년 6월 중국에서 방영된 이후 높은 시청률(4.2%)을 기록하면서 '한류韓流'[6] 열풍이 대만과 중국에서 국내로 역수입되었다.

해외의 한류 인기는 수출액 증가로 증명되었다. 한국의 방송·영상물 수출은 1990년대 후반부터 2000년대 중반에 걸쳐 급격히 성장세를 보였으며 그 견인차는 주로 드라마였다. 국내 방송 프로그램의 수출입 실적을 살펴보면, 1994~1998년 사이에는 연평균 7.7%였던 성장세가 1999~2005년 사이 연평균 38.4%로 급격한 상승세를 보인다. 2005~2008년 즈음에는 매년 전체 중 90% 가까이 드라마 수출 실적을 올렸다(권호영·김영수, 2009).

드라마 수출의 확대는 스타의 대외 지명도 상승을 동반했다. 한류는 일회적인 호재로 끝나지 않았다. 단지 작품 콘텐츠뿐만 아니라

6 한류의 시작점에 대해서는 다양한 학자들의 주장이 교차한다. 그에 관한 구체적인 논의를 살펴보려면 2장과 심두보, 2024와 진달용, 2022를 참조하라.

드라마에 출연한 스타에게 비상한 관심이 지속되었다. 〈별은 내 가슴에〉에 출연한 배우 안재욱이 중국에서 콘서트를 열었고, 〈겨울연가〉의 촬영지인 남이섬으로 일본 팬이 관광 여행을 오면서 해외 팬의 모습이 드러났다. 국내 드라마 산업은 내수 시장 외부에도 한국 드라마 콘텐츠와 스타 배우를 소비하는 수용자의 존재가 있음을 확인하게 되었다. '한류 스타'가 비로소 탄생한 것이다.

이문행(2007)은 2002년부터 2005년 사이 기사에서 '한류 스타'로 검색된 배우를 추려 보았는데, 배용준, 이병헌, 최지우, 류시원, 박용우, 권상우, 이영애, 전지현, 송승헌, 손예진, 원빈, 김희선, 박솔미, 장동건, 조현재, 김하늘, 안재욱, 강동원, 조한선, 현빈, 지진희, 장나라, 정지훈(비), 유지태, 정우성, 조인성, 김재원, 지성 등이 해당한다.

이 목록을 보면 영화로 데뷔한 배우 유지태, 정우성을 제외하고는 방송사 공채·특채 출신이거나, CF, 패션모델에서 전직했거나, 가수를 겸직하다가 지상파 드라마를 통해 대중에게 인지도를 높인 배우들이 지배적으로 많다. 또한 해당 배우들은 인기를 얻은 당시 모두 20대의 젊은 층에 속했으며, 국내 언론에서는 그들의 탁월한 연기력보다는 세대를 대표하는 외형적 매력이나 극 중 캐릭터의 개성을 내세워 소개해 왔다. 드라마가 수출되면서 해외의 인기를 얻은 젊은 한류 스타들은 단지 작품뿐만 아니라 동아시아 권역에 제품 광고 모델로 기용되어 국내 브랜드 지명도를 높였고, 해외에 자신의 이미지를 판매하기 시작했다.

한류 드라마 스타 파워

이처럼 1990년대부터 2000년대를 전후로 한류가 활성화되면서 한국형 스타 시스템과 스타로의 시장 권력 이관은 뚜렷해졌다. 한국의 스타·연예 상품이 이른바 '킬러 콘텐츠'로 경제적 성과를 창출하면서 매니지먼트사와 제작사에 통신·대기업 등 거대 자본이 유입되고, 배우 관리의 조직화·전문화가 이루어졌다(장규수, 2013: 71).

이때 출연료와 선판매제는 한류 스타 파워를 상징하는 징표가 된다. 연일 고공 상승하던 출연료는 스타의 시장 권력을 증명하는 명백한 증거였다. 스타 배우들은 외주 제작 드라마에 출연하면서 인센티브를 극대화할 수 있었으므로 한류 시기 이전으로 출연료를 낮추지 않아도 되었고, 굳이 방송사 제작 드라마에 출연하지 않아도 되었다(노동렬, 2023).

당시 배우들이 받던 출연료를 일별해 보면 한류 시기인 2000년대부터 변동되는 국면이 명확하다(표 2 참조). 1998년 회당 200만 원 선에 동결되었던 출연료는 2004년이 되면 1,000만 원대가 되고, 이후 매년 빠른 속도로 상승한다. 예컨대 2006년 〈궁〉(MBC)에서 처음 정극 연기를 한 윤은혜는 이미 가수로 데뷔한 상태라 국내에는 인지도가 있었지만, 배우로는 신인이라 회당 200만 원 미만선에서 출연료를 받았다(iMBC, 2006. 3. 17). 〈궁〉이 국내뿐 아니라 해외에서 좋은 성과를 거두자 이듬해 그의 출연료는 10배 상승한다. 배우 강수연이 2001년에 받았던 출연료가 6년간 2배 올랐으니 상당히 급격하게 오른 셈이다. 또한 이들 중 한류 스타인 배용준, 송승헌, 최지우 등이 고액 개런티 스타로 기록된 사실을 통해, 해외 수용자의 높은 수요가 국내 배우의 출연료를 결정하는 데 어떠한 영향을 미치게 되었는지 짐작해 볼 수 있다.

두 번째로 선판매 또한 한류 드라마 배우의 스타 파워를 확인할 수 있는 시장 지표다. 선판매란 방송이 완료되기 전이나, 작품 기획 당시부터 기획안만으로 해외에 판매하는 형태를 말한다. 기존에

표 2 한류 초기 전후 배우 출연료 지표

연도	방송사	드라마 제목	배우	출연료(만 원)	제작사
1998	지상파 3사		이병헌 등	200	3사 담합 가격
2001	SBS	여인천하	강수연	400~500	SBS
2002	SBS	장희빈	김혜수	600~700	이스타즈, 초록뱀미디어
2003	MBC	대장금	**이영애**	600	MBC
2004	SBS	토지	김현주	1,000	정인프로덕션
	KBS	오필승봉순영	안재욱	1,500	김종학프로덕션
	SBS	봄날	고현정	1,800	싸이더스 HQ
2005	MBC	슬픈 연가	**김희선** **권상우** **송승헌**	2,000	김종학프로덕션
	SBS	프라하의 연인	**전도연**	1,500	올리브나인
	MBC	내이름은 김삼순	**김선아**	1,200	MBC C&I
2006	MBC	여우야 뭐하니	고현정	2,500	MBC드라마본부
	SBS	연애시대	손예진	2,500+α	옐로우필름
	MBC	궁	윤은혜	200미만	에이트픽스
2007	MBC	히트	고현정	3,500	김종학프로덕션
	MBC	에어시티	이정재 **최지우**	4,000	에이스토리
	KBS	못된 사랑	**권상우**	5,000	DRM, 골든썸
	MBC	태왕사신기	**배용준**	10,000+α	김종학프로덕션
	KBS	이 죽일놈의 사랑	**정지훈(비)**	2,000	에이트픽스
	MBC	커피프린스1호점	윤은혜 공유	2,000 1,200	MBC드라마본부
	MBC	문희	강수연	1,200	MBC드라마본부
2008	MBC	에덴의 동쪽	**송승헌**	7,000+α	초록뱀, CCM, 젤리박스

* 볼드체는 2003~2005년 한류 스타로 분류된 배우.

출처: 권호영·김영수, 2009; 김영덕·윤재식, 2009; 노동렬, 2015a, 2023; iMBC, 2006. 3. 17 재구성.

는 방송사를 통해 송출된 작품 중 내수 시장에서 높은 시청률을 기록함으로써 흥행이나 작품성이 검증된 작품이 주로 해외에 판매되었다. 이때 선판매가 증가한 이유는 제작비 확보 목적으로, 2005년즈음 방송사가 드라마 제작비로 지급하는 비용은 실제작비의 70% 선이었으나 경기가 침체된 후에는 50%를 겨우 넘기게 되었기 때문에 해외 판로나 투자처가 필요했다. 그러나 무엇보다 큰 이유는 한류 스타가 출연한 작품에 대한 해외 수요가 높았기 때문이다. 제작사는 일본을 포함한 아시아 국가를 대상으로 작품을 선판매하였다.

선판매된 작품의 금액은 주연 배우에 따라 높게 책정되었다. 송혜교, 현빈이 주연한 〈그들이 사는 세상〉(KBS2)은 2008년 일본 유통사 에이벡스AVEX 엔터테인먼트에 30억 원으로 판매되었고, 송승헌 주연의 〈에덴의 동쪽〉(MBC, 2009)은 촬영 시작 전에 이미 일본 후지TV에 50부작으로 50억 원에 판매되었다. 굴곡진 한국 현대사를 다룬 시대극 장르라 문화적 저항감이 있었을 텐데도 한류 스타가 참여했기 때문에 수출에 성공했다는 평가를 받았다(권호영 · 김영수, 2009).

선판매는 완성된 결과물을 보지도 않고 작품을 구매한다는 뜻이다. 극의 연출, 작가, 서사의 짜임새보다 스타 배우가 지닌 대외 지명도가 한국 드라마 구매에 가장 중요한 요인이었다는 의미다. 또한 이미 해외 바이어로 하여금 작품의 구현 결과를 예측할 수 있을 만큼 한국 스타 배우의 페르소나나 그의 장르 관습적인 이미지가 구축되어 있었다는 점을 의미한다. 예컨대 배우 권상우가 출연한다면 어떤 극일지 금방 머릿속에 떠올릴 수 있고, 쉽게 떠오르지 않아도 일단 소비자가 좋아한다니 상품을 구매해도 된다. 이러한 관행은 관객이 스타의 포스터만 보고도 전개를 예측하도록 하는 할리우드의 풍경과 상당히 유사하다. 한국식 스타 비히클이 생성되던 단계의 단상

표 3 국내 드라마 선판매 사례(2007~2009)

작품명(연도)	제작사	출연자	판매국	판매 금액
태왕사신기 (2007)	김종학프로덕션	배용준, 이지아, 문소리	일본	총 30억 원
베토벤 바이러스 (2007)	김종학프로덕션	김명민, 이지아, 장근석	일본	회당 약 8만 달러
식객 (2008)	JS픽처스	김래원, 남상미, 권오중	아시아 7개국	총 50억 원
바람의 나라 (2008)	초록뱀미디어	송일국, 박건형, 최정원	일본	회당 약 8만 달러
바람의 화원 (2008)	드라마하우스	박신양, 문근영	일본	총 200만 달러
에덴의 동쪽 (2008)	초록뱀, CCM, 젤리박스	송승헌, 연정훈, 이연희	일본	총 50억 원
그들이 사는 세상 (2008)	YEG	송혜교, 현빈	일본	총 30억 원
돌아온 일지매 (2009)	지피워크샵	정일우, 윤진서	일본	총 132만 달러
꽃보다 남자 (2009)	그룹에이트	이민호, 김범, 구혜선	아시아 10개국	30억 원(일본), 총 20억 원 (9개국)
스타일 (2009)	예인문화	류시원, 김혜수, 이지아	일본	회당 10만 달러
카인과 아벨 (2009)	플랜비픽쳐스	소지섭, 신현준, 한지민	일본	총 20억 원
2009 외인구단 (2009)	윌비컴, 그린시티픽처스	윤태영, 김민정	일본	약 4억 엔
친구 – 우리들의 전설(2009)	진인사필름	현빈, 유오성	일본	총 60억 원

출처: 권호영·김영수, 2009: 179.

이라고 여겨진다.

같은 맥락에서 표 2와 표 3을 통해 추가로 주목해 볼 지표는 드라마 제작 주체다. 고액 개런티 스타의 드라마를 제작하는 주체로 방송사 드라마국보다 외주 제작사(김종학프로덕션, 초록뱀미디어), 연예기획사(싸이더스 HQ, CCM) 등의 참여 정도가 높다. 이는 외주 제작사와 연예기획사의 수적 확대, 방송사로부터 분할된 제작 구조를 반영한다. 그뿐만 아니라 스타를 중심으로 캐릭터 이미지나 서사와 같은 극의 주요 내용·형식을 구성하였으리라고 예측하게끔 한다. 외주 제작사는 상품이 최고치일 때 투자했으니 손실을 최대한 회수해야 하고, 연예기획사는 자사 상품이 최고로 매력적이어야 최대한 높은 가격에 판매할 수 있기 때문이다.

한류 드라마 인기를 견인한 로맨스 장르

불확실성이 높은 문화산업 특성상 스타에게 높은 출연료를 주는 결정은 상당히 큰 위험 요소다. 바이어 입장에서도 인지도와 지명도 높은 스타의 작품을 미리 확보한들 불안 요소는 여전히 남아 있다. 과연 수출국에 이 '이야기'가 매력적일지 알 수 없기 때문이다.

예컨대 한국 드라마를 보는 국가에서 선호하는 작품, 주제나 관심사는 조금씩 달랐다. 중국, 싱가포르, 대만에서는 〈순풍산부인과〉, 〈별은 내 가슴에〉, 〈가을동화〉, 〈겨울연가〉, 베트남에서는 〈의가형제〉, 〈올인〉, 〈유리 구두〉가 큰 인기를 얻었다. 일본에서는 〈이브의 모든 것〉, 〈겨울연가〉, 〈올인〉, 〈천국의 계단〉이 인기를 끌었다(히라타 유키에, 2005: 21). 드라마에 보이는 관심사도 국가마다 차이를 보였다. 중국과 대만에서는 아시아인의 원초적 공감대, 가족, 결혼, 세대 갈등의 유사성, 순수한 사랑과 새로운 감성, 서구적인 외모를 지닌 탤런트를 선호했고, 홍콩은 한국 드라마의 다양한 주제, 사건 진행이나 촬영 기술 등에 관심을 보였다. 태국과 인도네시아에서는 주로 개성 있고 세련된 배우의 외모에 관심이 높았다. 한편 일본은 가족애, 훈훈한 인정, 안타깝고 순수한 사랑, 파란만장한 전개와 권선징악적 결말, 뚜렷한 캐릭터와 감칠맛 나는 조연, 미남·미녀 배우, 다음 회를 기다리게 하는 연출 등을 한국 드라마의 매력이라고 꼽았다(권호영, 2015).

문화 상품이 타국에 수입될 때는 필연적으로 문화적 할인을 겪을 수밖에 없다. 그렇다면 누구에게나 소구할 수 있는 요건을 많이 갖춘 드라마부터 해외에 수출될 가능성이 더욱 높았을 것이다. 한류 드라마 수출을 위한 '필승 조합'이 무엇인지 확인하려면 이문행(2005)의 연구를 참고할 필요가 있다. 이 연구는 1992~2005년 사이 해외 판매가 성사된 드라마의 성공 요인에 주목했다. 그는 당시 해외 판매 시 제작비 대비 회수율이 높은 방송사였던 MBC의 사례를 기준으로, 해외 판매된 153편의 주제, 한류 스타 여부, 판매 성과 등 요인을 분석하였다.

먼저 해외에 판매된 드라마의 주제로는 '남녀 간 애정' 주제 작품이 전체 중 64.7%(99편)로 가장 많았고, '가족' 주제 작품은 24.8%(38편)로 나타났다. 그중에서도 6개국 이상에 판매된 드라마 29편을 추려 살펴본 결과 애정 문제를 주제로 한 드라마가 무려 82.8%(24편)로 일반 판매된 경우보다 더욱 높았다. 또한 6개국 이상에 판매된 드라마 중 아시아에서 유력한 한류 스타가 출연한 작품이 29편 중 24편을 차지해, 일반적으로 판매된 경우보다도 확연히 높은 편이었다.

또한 해당 29편의 작품에는 주인공의 인물 설정characterization도 상당히 편중되어 나타났다. 극 중 주인공은 의사, 검사, 변호사, 예술가, 재벌 2세 등 사회적으로 선망의 대상인 직업군이 많았고(72.4%), 세련된 스타일을 선호하였으며(86.2%), 주인공 간의 관계는 삼각관계로 인한 갈등 구조(79.3%)에 기반한 서사를 보였다. 즉 저마다 너무나 다양한 문화적 배경과 취향을 지닌 해외 수용자들에게 보편적으로 소구할 수 있는 요인은 한류 스타라는 지표, 선망할 만한 캐릭터 이미지, 애정을 쟁취하기 위해 갈등을 해소해 가는 서사 등이었다.

한류 열광을 대표하는 스타, 멜로드라마적 서사, 세련된 이미지를 조합한 작품은 판매 수익도 높았다. 153편의 일반 판매 작품 중에서 20만 달러 이상 높은 판매 수익을 낸 57편의 드라마만을 추려 살펴본 결과 한류 스타가 출연하고(75.4%), 주인공은 세련된 스타일(82.5%)의 선망할 만한 직업이며(78.9%), 서사는 삼각관계를 중심으로 한 갈등 구조(64.9%)로 전개되는 조합이 많이 나타났다. 특히 20만 달러 이상의 고수익을 올린 드라마는 가족 주제(19.3%)보다 애정을 주제(73.7%)로 한 작품인 경우가 훨씬 많았다.

손병우와 양은경(2003)은 당시 한국 TV 드라마의 인기 보장 요인은 에피소드 중심의 탄탄한 스토리 구성력과 이를 뒷받침하는 배우의 매력이며, 배우의 스타성은 연기자의 외모와 배역의 매력이 조화되면서 극대화된다고 보았다. 즉 배우의 외형, 매력 높은 캐릭터 설정, 서사 완성도와 극의 소재 등을 최대한 잘 조합한 작품이 보편적으로 흥행한다는 의미였을 것이다. 고로 제작자들이 해외 수출액이라는 결과로 확인해 낸 공식formula은 '한류 스타의 '아름다운' 이미지를 극대화할 수 있는 캐릭터의 낭만적 서사'로 보인다. 2000년대 중반에 국내 제작자들은 일본 팬을 통해 이 공식이 유효함을 확인했고, 그 작동 여부를 직접 실험했다.

'무해한 로맨스' 서사의 전조

일본 한류의 특징

한류를 처음 주도한 것은 중국이나 대만이었으므로, 한국의 스타나 드라마도 처음에는 중화권에 중점적으로 수출되었고 현지 인기도 높았다. 〈별은 내 가슴에〉로 1세대 한류 스타가 된 안재욱은 중국에서 주로 콘서트를 열거나 음반을 발매하였고, 2000년대 중반에는 장나라, 채림 등이 현지에 직접 진출해서 한중 합작 또는 중국 현지 드라마를 다수 촬영하고 인기를 구가하였다. 중국 매체 펑황넷凤凰网에서 1997년부터 20여 년간 자국에서 인기를 누린 한국 남성 스타 명단을 공개하였는데, 1997~2002년 사이에는 안재욱(《별은 내 가슴에》), 장동건, 한재석(《모델》, 《이브의 모든 것》), 송승헌과 원빈(《가을동화》), 배용준(《겨울연가》, 《호텔리어》) 등이 선택되었고, 그중 가장 인기 있었던 스타로 안재욱이 뽑혔다. 또한 이들은 "깊고 큰 눈과 높은 코의 따뜻한 남자"로 표현함으로써 배우의 연기력보다는 그의 외형과 정서적 이미지를 선호했음을 보였다(《TV리포트》, 2016. 3. 31).

그러나 2003년부터 2007년까지 한류 드라마 수출은 일본에 집중되었다. 2000년대 초기에는 중화권 수출 비중이 컸으나(49.7%), 2006년 이후 일본이 역전하고 2008년에는 일본이 68.4%, 중화권의 비중이 14.7%로 대폭 감소한다. 중국에서 한국 프로그램의 편성 제한과 심의 규제 방침이 강화되고 항한류 분위기가 일었기 때문이다(권호영 · 김영수, 2009: 27~29). 무엇보다도 일본 내 한국 드라마와 배우 수요가 늘어난 시점이었다.

노동렬(2016)은 이 시기를 "일본 한류"로 정의한다. 이 시기 지상파 방송사의 드라마 작품을 중심으로 대일 수출이 이루어졌고, 배우의 출연료가 상승하였다. 이 시기에는 특히 남성 배우의 출연료가 급격히 상승하며, 이후 여성 배우와 작가의 인센티브 견인을 동반했다. 또한 일본에 〈겨울연가〉가 방송된 2003~2004년을 전후로 작가의 원고료와 배우의 출연료가 역전되면서, 작품 제작의 중심추가 배우로 옮겨갔다.

국내에서 남성 배우 출연료 상승은 일본으로 드라마 수출이 확대된 현상과 긴밀히 연계되어 있다. 김영덕과 윤재식(2009: 82)에 따르면 일본 내 거래선이 한국 드라마를 구매할 때 중요하게 여긴 요인은 (1) 한류 스타 출연 여부, (2) 한국 내 높은 시청률, (3) 드라마의 성격 등이었다. 첫째, 당시 일본에서 선호한 한류 스타로 배용준, 이병헌, 류시원, 소지섭, 원빈 등이 호명되었는데, 이들은 모두 2003년 이후 출연료를 높이기 시작했던 남성 배우들이다. 이들의 신작은 선판매되거나, 한국 내 시청률이 저조했던 작품도 일본에는 높은 가격으로 판매되었다. 이는 소수 한류 스타의 작품만 선호하는 일본 한류 팬들의 수요가 있었기 때문이다.

두 번째 요인은 한국 내 시청률이다. 시청률이 높은 작품은 한류 스타가 출연하지 않아도 높은 가격에 판매되었고, 그 드라마로 현지에서 새로운 한류 스타가 탄생하기도 했다. 세 번째는 드라마의 성격인데, 스토리 구성이 탄탄하거나 당대에 부족한 가족애, 인정, 순수한 사랑 등을 다룰 경우 일본 바이어에게 높은 관심을 끌었다. 실질적으로 일본의 한류 팬이 가장 선호하는 소재는 "러브 로망스 또는 러브 코미디물"(김영덕·윤재식, 2009: 82), 즉 애정을 주제로 한 로맨스 서사가 많았다. 히라타 유키에(2005)는 일본에서 선호하는 한류 드라마의 특징으로 〈겨울연가〉나 〈천국의 계단〉처럼 현대적이고 멋진 남녀가 등장하는 트렌디 드라마이거나, 가족 간 갈등과 도시의 세련된 연애를 줄거리로 삼으며, 일본의 복고 문화를 떠올리게 하는 소재라고 설명했다.

세 가지 요인은 앞서 살펴본 이문행(2005)의 연구 결과를 입증하는 조건이다. 이는 곧 주요 수출국인 일본에 최대한 판매하려면 매력적인 이미지를 지녔거나, 낭만적인 서사를 구현할 수 있는 배우가 필요했다는 의미다. 그런데 이성애적 로맨스를 주로 펼치는 한국 드라마의 경우 주연은 둘일 텐데 하필 남성 배우가 선택받고, 그들을 중심으로 국내 출연료가 높아진다. 그 근원에는 팬이 있다.

꽃 같은 남자: 한류 드라마와 스타 이미지

수많은 학자가 일본 한류의 전개 양상에 관심을 두었고 한류 텍스트 재현, 전략, 그를 소비하는 수용자를 다층적으로 분석해 왔다. 그 경향을 종합하면 일본 내에서 한류 열풍을 시작하고 확산한 근원의 키워드는 〈겨울연가〉, 배용준, 중년 여성으로 요약할 수 있다.

〈겨울연가〉는 한국 춘천을 무대로 하며 기억 상실, 삼각관계, 방해자 등의 극적 장치를 활용함으로써 전형적인 멜로드라마 양식을 차용했다. 인테리어 회사를 운영하는 유진(최지우)이 10년 전 죽었다고 생각한 첫사랑 준상/민형(배용준)을 다시 만나며 발생하는 애절하고 운명적인 사랑을 그렸다. 방영 당시 한국에서도 평균 시청률 23.1%, 최고 시청률 28.8%로 인기가 꽤 높은 편이었지만 2003년 일본 NHK에 방영된 이후 국내에서 더욱 크게 회자되었다. 이 드라마는 특히 40대 이상의 일본인 중년 여성층이 선호하였고, 이후 일본 내에 한국의 로맨스 장르 드라마 소구가 높아지게 된 계기를 마련했다고 평가할 수 있다. 특정한 성별과 연령의 수용자 집단이 〈겨울연가〉에서 정서적 즐거움을 느낀 원인으로는, 과거 시대의 회상과 향수를 불러일으키는 분위기와 소재, 남성 캐릭터(준상)의 따뜻함, 상냥함, 예의바름, 강함, 성실함 등 일본의 전통적 미학을 관통하면서도 현실에는 없는 이상적 남성상 등을 들 수 있다(윤호진, 2005: 38~39).

그런데 여성 팬들은 극 중 캐릭터에만 머물지 않고 그 이상성을 구현한 배우 배용준을 선망했으며, 그를 '욘사마'라는 극존칭으로 칭할 정도였다. 배우 개인에 대한 열광의 근거에 대해 일본 여성 수용자를 직접 분석한 연구자들(양은경, 2006; Hayashi, 2005)은 배용준의 무성無姓적인 모습에 주목했다. 〈겨울연가〉 텍스트는 곧 "성적 리얼리티가 배제된 순애보, 과도한 눈물, 뉴코리아"(Hayashi, 2005)라는 특성으로 축약할 수 있는데, 팬들은 배용준이 성적으로 여성에게 무해하고 순수한 사랑의 서사를 구현하는 데 적합한 인물이라고 여겼다. 이에 캐릭터의 모습을 '배용준'의 페르소나에 합치시키고, 그가 가진 이미지의 가치를 자기 삶에 반영하는 모습을 드러냈다.

배용준이 〈겨울연가〉 이전에 구축해 둔 스타 이미지의 외연은 무성성을 띤 '준상' 캐릭터와도 상당히 유사했다. 그는 1994년 KBS 특채 탤런트로 데뷔하여 〈사랑의 인사〉, 〈젊은이의 양지〉, 〈파파〉, 〈첫사랑〉, 〈호텔리어〉 등 청춘물, 로맨틱 코미디, 전문직 드라마를 중심으로 대중에게 알려졌다. 극 중 캐릭터로는 국문과 대학생, 재벌 2세 대학생, 소설가·대학교수, 명문대 법대 졸업생, M&A 전문가 등, 부드럽고 멋스러우면서 지적이고 현대적인 느낌을 주는 역할에 주로 출연해 왔다. 스키장의 대표, 사고로 기억을 잃어 다소 창백해 보이면서도 부드러운 눈빛과 미소, 정제된 톤의 목소리, 인상적인 머플러 패션과 안경, 10년 이상 지속한 지고지순한 첫사랑 등, 배용준은 캐릭터 디자인을 구현할 만한 페르소나를 미리 갖추고 있었던 셈이다.

일본 팬들은 준상과 그를 연기한 배용준 모두에게 성적 매력이 넘치는 남성성 대신 '순수함'의 이미지를 반복적으로 부여하고자 했다. 예컨대 배용준은 〈겨울연가〉 이후 영화 〈스캔들 — 조선남녀상열지사〉(2003)에서 성에 난잡한 바람둥이 역할로 출연하였는데, 일본 팬들이 전작과 전혀 달라진 그의 이미지에 충격받았다고 보도되기도 했다. 한 팬은 팬 페이지에 "지금까지 생각해 온 배용준의 이미지와 정반대의 모습을 영화에서 봤다. '딴 사람이 아닌가' 하는 착각이 들었다. 정사 장면에서는 가슴이 너무 아팠다"(조재원, 2004. 5. 14)라는 평을 남길 정도였다. 배용준 본인도 팬의 열망을 마다하지 않았다. 〈드림하이〉(KBS2, 2011)의 특별 출연을 마지막으로 업계를 떠날 때까지 그는 준상과 욘사마에게 갈구된 이미지를 크게 배반하지 않는 스타일을 고수했다.

〈겨울연가〉를 전후해 일본에서 인기를 얻은 남성 한류 스타의 이미지를 종합해 보면 일관되게 '정제된' 느낌을 준다. 배용준은 물론 이병헌, 장동건, 원빈, 송승헌 등의 배우를 보면, 사랑의 완성을 방해하는 주변인을 오로지 한 사람에 대한 사랑으로 물리치는 멜로드라마 주인공에게 기대할 법한 외형적 면모를 갖추고 있다. 이렇게 부드러운 남성성soft masculinity에 대한 환상과 그에 대한 수요는, 비단 배우뿐만 아니라 K팝, 영화 등 한류 브랜드 콘텐츠를 소비하는 여성들에게 초국적으로 확산되는 추세였다(Jung, 2011).

국내 산업에서 일본 여성 팬의 수요는 수출용 스타뿐 아니라 서사·장르의 형태를 구체화하기도 하였다. 팬들은 이성애적 로맨스에 기반한 서사를 주로 즐겼으며, 그 이야기의 주인공으로는 안전하고 무해한 이미지를 지닌 남성 캐릭터 또는 배우가 필요했다. 그러므로 팬의 요구를 즉시 구현할 수 있는 남성 배우부터 출연료가 높아지는 계기가 되었다. 또한 드라마 시장에서는 일본에서 선호한 배우와 서사를 직접 조합해 드라마와 영화도 제작했다. 마치 지금의 넷플릭스가 하듯이, '당신이 보고 싶다면 한번 만들어 볼게'라는 생각이었을 것이다.

한류식 로맨스의 코드 조합

1998년 한일 문화 개방 이전에는 방송에서 일본어를 쉽게 듣기 어려웠다. 국가 간 구원 관계로 인해 한일 간 연애 이야기는 더욱 찾아보기 어려웠다. 한류 콘텐츠와 스타 산업이 대내외로 활황을 이룬 후에야 드라마·영화 공동 기획 및 제작을 전개하였고, 그 가운데 한일 남녀의 연애 이야기도 만들어지기 시작했다. 한국의 스타와 이야기에 주목한 일본과의 협업은 문화적 측면과 산업 경제적 측면에서 이득을 예측한 작업이었다. 양국의 제작자가 비용을 분산하고, 상대국에서 정책 지원, 로케이션 등을 지원받을 수 있었으며, 인력 간 공조의 어려움은 있었으나 되도록 기획 단계부터 문화적 보편성을 담보한 서사를 구상할 수 있었기 때문이다.

이때 일본이 한국에 원했던 기획은 '로맨틱 코미디'였고, 중국에서는 '배우'였다(이용석 외, 2021). 당시 업계 종사자의 인터뷰를 통해 살펴보면 한국에서는 한류 시장을 지향하면서 드라마를 기획했고, 일본에서는 한국의 로맨틱 코미디물이 일본과 차별화된 소구점을 지니므로 이를 중심으로 기획해 달라고 요청했다. 이에 국내 제작자들은 한류 스타를 경쟁적으로 캐스팅했다. 로맨틱 코미디 장르가 곧 "그런 기획"(이용석 외, 2021: 118)이었기 때문이다. 동시에 일본을 포함한 아시아 시청자가 보편적으로 공감할 만한 소재, 드라마 협찬과 간접 광고를 유치하기 위해 밝고 가벼운 정서를 지닌 장르를 선택했다. 만국 공통어인 사랑, 편안하고 보편적인 메시지, 로맨스 장르, 코믹한

터치, 그리고 양국에서 인기 있는 배우, 이 코드들의 조합이 양국 협업에 우선시되었다.

2002~2004년 사이 MBC에서 만든 세 편의 합작 드라마와 2005년 이후 개봉한 한일 공동 제작 영화는 대부분 이 조합을 활용하고 있다. 예컨대 2002년 2월 방영한 〈프렌즈〉는 일본 TBS와 합작한 4편의 드라마로, MBC가 14%를 투자하고 2년 6개월에 걸쳐 제작했다. 같은 해 11월 방영한 〈소나기, 비 갠 오후〉는 일본 후지 TV와 합작한 2편의 드라마이며, MBC가 14%를 투자하고 연출 및 제작 전반에 공동 참여했다. 2004년 1월 방영한 〈별의 소리〉는 〈소나기〉와 함께 '아시아 콘텐츠' 프로젝트의 일환으로 만든 2편의 드라마이며, MBC가 44.8%를 투자하고 연출 및 제작 전반에 공동 참여했다(KISDI, 2002; 2003; 2004).

MBC의 합작 드라마는 사실 한일 교류 변화를 기념하는 프로젝트라서 시장 경쟁을 위한 텍스트라고 보긴 어렵다. 그러나 국가 간 차이와 갈등을 최대한 배제해야 하는 목적은 동일하므로 이 작품들을 통해 수출 목적용 드라마가 지향하던 서사를 엿볼 수 있다. 먼저 드라마에 출연한 남성 배우는 각각 원빈, 지진희, 조현재로 모두 전작에서 세련된 외모와 부드러운 남성상을 지닌 캐릭터로 출연하였다. 인물 설정은 세 편 모두 젊은 한국 남성과 일본 여성의 커플 구도를 중심으로 이루어져 있다. 일본인 여성 캐릭터는 현대적이고 적극적인 성격으로 그려지며, 남성 캐릭터는 극 중 우유부단하거나 저열하게 그려지는 일본인 남성 캐릭터와 달리 여성을 포용하거나 그의 곤란한 상황을 해소할 수 있는 역할로 설정, 묘사되었다.

세 편의 텍스트를 분석했던 이동후(2004)는 양국의 국적성이나 섹슈얼리티와 같이 민감한 문제를 피하고 보편적인 사랑의 판타지를 고수하는 실천으로 보았다. 드라마와 같은 맥락에서 2000년대 후반 양국이 공동 제작한 영화 〈첫눈〉(2007), 〈너를 잊지 않을 거야〉(2008), 〈오이시맨〉(2009) 등에는 20대를 전후한 젊은 일본 여성과 한국 유학생(또는 여행자) 남성이 등장한다. 로맨틱한 관계 구도를 기반으로 극을 전개하지만, 성애 묘사에 소극적이며, 국적과 젠더의 정치성을 표현하는 것과는 거리가 멀다. 대신 양국의 문화, 지역, 음악 등의 소재를 서사 전개에 모두 조합하여 극의 보편성을 담보하는 전략을 구사한다(조진희 · 전승, 2013).

한국 영상 제작자는 수출을 위한 보편성을 확보한다는 명목에서 남성 배우와 멜로드라마적 서사 장치를 반복해서 활용했다. 일본의 여성 시청자를 위한 맞춤 전략을 전개해서 정서적 리얼리즘을 환기하고, 현실 같지만 현실에는 없는 남성과의 안전한 판타지를 실현하도록 하고 싶었을 것이다. 이에 여성을 지지하는 부드러운 남성, 멋진 배우, 사랑의 결실을 위해 삼각관계, 운명, 가족 등 모든 갈등을 감내하는 실천, 이러한 기표들이 드라마에서 반복해서 노출되었고, 그 결과 '무해한 로맨스'란 '한류 콘텐츠'를 관통해 연상하게 하는 기의가 되고 만 것이다. 일본 한류라는 짧은 시대의 취향이 모두의 취향에 덧입혀진 셈이다.

출연료와 장르 고착 사이의 역학

무해함의 해로움

문화 상품의 생산자는 불확실성을 전환하기 위해 상품에 모방, 장르, 스타 시스템을 강화하곤 한다(Breton, 1982: 44~50). 국내 드라마 시장도 서사 보편성 구현이라는 변명을 들어 특정 스타와 장르를 거듭 복제해 왔다. 그 대가는 '잘생긴' 남성 배우가 선도하는 높은 출연료와 "상투적 합작 방법"(히라타, 2005: 49)이라는 비판으로 돌아왔다.

먼저 인기 스타에 판매를 의존하면 한류에서 시작된 K드라마의 고액 출연료 관행을 고착하게 된다. 수용자의 수요를 가격화하면서 지금은 그것이 결국 산업의 부담으로 환수되고 있다. 〈겨울연가〉 이후 작품 제작의 중심 추가 배우로 옮겨지고, 작가, 작품, 연출에 앞서 한류 배우가 참여한 드라마부터 투자가 이루어지면서 "인센티브 버블"(노동렬, 2023: 21)을 작동하는 근거가 되었다. 물론 작품의 흥행을 위해 필요한 조건이라면 갖춰야겠지만, 자본의 증식으로 발생하는 스타 권력은 산업 전반과 수용자 모두에 권한을 행사하고(김승수, 2013), 결국 K콘텐츠의 지속 가능한 성장을 저해하게 된다. 스타와 비스타 간의 출연료 양극화, 스태프 처우 문제를 개선하지 않는다면 향후 창작·제작 인력 전반을 이끌 자본과 동력 모두를 잃게 될 것이다.

또한 스타에 기댄 창작물은 수많은 수용자의 취향을 규격화하고 만다. 산업이 스타 모시기에 급급할수록 신선하고 독창적인 스토리를 개발하기 어려우며 이는 관객이 작품을 선별할 수 있는 선택권을 빼앗는다. 앞서 한류 스타 출연작 위주로 선판매했던 선례는 할리우드 스튜디오가 단지 스타의 이름만 내걸어 영화 묶음을 끼워 팔던 block booking 행태와 다르지 않다. 연출과 작가를 무시했던 영화가 당대에 어떤 비판을 받았는지 떠올리면 쉽다. 한류 기획 드라마나 합작 영화가 스토리의 질적 향상 없이 수익을 우선한 한류식 비히클만을 반복했을 때, 시장의 비판과 수용자의 외면이 뒤따랐다는 점을 인지해야 한다(김영덕·윤재식, 2009: 81).

K드라마가 특정한 스타의 이미지 또는 작품 스타일을 반복한다

면 해외 수용자는 차츰 새 드라마에 거는 기대를 잃게 될 것이다. 소비의 즐거움이 사라지면 팬도 사라진다. 사치재인 콘텐츠를 소비하는 본질에는 국가나 정치에 앞서 '재미와 즐거움'부터 찾는 수용자의 욕망이 있음을 기억해야 한다.

별들에게 묻지 마

넷플릭스 일본에서 2023년 공개한 리얼리티 쇼 〈K드라마 같은 사랑을 하고 싶어韓国ドラマな恋がしたい〉에는 4명의 한국 남성 배우와 4명의 일본 여성 배우가 출연한다. 배우들이 로맨스 드라마에서 키스 신을 찍으면 정말로 연애 감정이 싹트는지 관찰하는 콘셉트다. 일본에서 인식하는 'K드라마 같은' 로맨스란 무엇일까?

한류 이후 한국 드라마는 정말 많이 변했다. 인기 있는 남성 배우나 이미지 코드는 계속 바뀌었다. 욘사마 이후에는 '근짱' 장근석이나 "키 크고 잘생긴 남자"(이정연, 2014. 7. 22.) 이민호, 김수현이 서로 다르게 남성성의 계보를 이어 왔다. 스타를 포함한 여러 배우가 이미지 변신이라는 모험을 실천하면서 'K' 브랜드의 목록을 다채롭게 만들고 있다. 서사 양식과 형식, 장르, 소재 또한 시대와 팬의 요구를 흡수하며 다변화되고 있다. 특히 〈오징어 게임〉 이후로는 배우보다 개인 취향에 근거한 이야기 한류를 창출하리라는 전망(이성민, 2022)도 있었다.

그러나 결국 스타 매력에 기반한 한류 로맨스는 K브랜드를 이루는 원형이 되고 만 것 같다. 〈K드라마 같은 사랑을 하고 싶어〉 쇼 곳곳에서는 '키 크고 귀여운 남자'로 자율화된 캐릭터, 솔직한 감정 표현, 변수 없는 낭만 등 '무해함'을 강조한 서사 원형을 발견할 수 있다. 일례로 최근 외국 팬들은 남성 캐릭터의 눈물 연기를 한국 드라마의 클리셰로 꼽고 있다(심두보, 2024: 153). 캐릭터와 서사에 감성을 강조하는 장르 관습이 상당히 지속되고 있다는 의미일 것이다.

다만 현재 K드라마 제작 경향을 보면, 로맨스 장르를 전담하는 스타 배우란 극 속에서는 무해한 등장인물이더라도 현실에서는 충분히 유해한 요인이 될 수 있다. 예컨대 드라마 〈별들에게 물어봐〉(tvN, 2025)는 500억 이상 예산에 스타 작가와 배우를 기용하여 방영 전부터 주목 받은 기대작이었다. 특히 작품의 주연은 'K'브랜드를 대표할 만한 낭만적 페르소나를 지닌 스타 배우로 글로벌 팬들의 관심을 견인할 만했다. 그럼에도 해당 작품은 국내는 물론 해외에서도 다소 실망스러운 평가를 받았다. 이제는 별들star이 펼치는 무해한 로맨스에만 기대기보다 어떤 요인을 개선해야 할지 고민해 볼 필요가 있을 것이다.

2부

글로벌 플랫폼 시대의 K드라마

콘텐츠 생산과 유통

5장

글로벌 시장과 K드라마 생산 구조의 변동

홍종윤

홍종윤

서울대학교 언론정보학과 BK교수를 지냈다. 미디어 산업, 정책, 문화를 넘나들며 연구하고 있다. 서울대학교 언론정보학과에서 박사 학위를 받았다. 책으로는 《팬덤 문화》, 《지금 여기 힙합》(공저), 《KBS 죽이기》(공저) 등이 있다.

2016년 이후 넷플릭스, 디즈니+, 애플TV+와 같은 글로벌 OTT 사업자의 한국 방송 시장 진입은 국내 드라마 제작 산업에 지각 변동을 일으켰다. 거칠게 시기를 구분하자면, 한국 드라마 제작 산업의 역사는 글로벌 OTT 진입 이전과 이후로 나뉜다고 할 수 있을 정도로 변화의 폭이 컸다. 국내 내수 시장 내에서 지상파 방송 사업자와 방송 채널 사용 사업자Program Provider(PP)가 주도하는 외주 제작 시스템을 통해 드라마를 제작하던 때가 이전 시기라면, 국내 주요 드라마 제작사들이 스튜디오 체제로 세계 시장에 편입되면서 국내와 세계 시장을 아우르는 글로컬glocal 시장에서 드라마 생산 시스템이 가동된 것이 이후 시기다.

글로컬 드라마 생산 시장

'서는 데가 바뀌면 풍경도 달라지는 법이다.' 1990년대 초반까지 국내 드라마 제작 역량은 KBS, MBC, SBS 등 지상파 방송 3사 내부에 집중되어 있었다. 1991년 외주 제작 의무 제도가 도입되면서 일부 드라마 제작이 방송사 외부의 외주 제작사를 통해 이뤄지기 시작했다. 1995년 케이블 TV와 방송 채널 사용 사업자(PP)의 등장, 2009년 종합 편성 채널의 출범 등으로 드라마를 방송할 수 있는 플랫폼과 채널 수가 점차 늘어나면서 제작 편수도 증가했다. 이때까지도 방송 편성권을 쥐고 있는 지상파와 PP가 드라마의 편성, 제작, 방영의 전 과정을 주도하는 방식의 제작이 이뤄졌다. 드라마 외주 제작사들은 방송사의 편성에 따라 제작을 담당하는 일종의 하청 기업에 가까웠다.

글로벌 OTT의 등장은 풍경을 바꿔 놓았다. 드라마 유통 경로가 글로벌로 확장되면서 기존 방송사 중심 제작 체계가 해체되기 시작했다. 한국 드라마가 내수 콘텐츠만이 아닌 글로벌 시청자를 대상으로 한 수출 콘텐츠로 자리매김하면서 새로운 생산 시스템이 가동되기 시작한 것이다. 2010년대 후반 이후 CJ ENM, jtbc 등 콘텐츠 제작사들이 '스튜디오 시스템'을 도입하면서 독립된 제작 법인을 설립했고, 단순한 외주 제작 위상을 넘어서 기획–제작–유통까지 통합 수행하는 방식이 등장했다.

풍경 변화의 대표적 사례는 CJ ENM 산하 스튜디오드래곤의 성장이다. 스튜디오드래곤은 〈도깨비〉, 〈미스터 션샤인〉, 〈아스달 연대기〉, 〈스위트홈〉 등 고비용 대작을 연이어 제작하며 국내외 플랫폼과의 직거래를 확산시켰다. jtbc스튜디오(현 SLL) 역시 〈부부의 세계〉, 〈지금 우리 학교는〉, 〈재벌집 막내아들〉 등의 작품을 국내외 OTT에 공급하면서 방송사를 넘어선 콘텐츠 기업으로 자리매김했다. 스튜디오 중심 체제로의 전환은 한국 드라마 산업의 제작 주도권이 방송사에서 제작사로 옮겨 가는 계기를 마련했다.

과거 방송사는 편성권을 무기로 드라마 제작의 주도권을 쥐고 있었으나, 글로벌 OTT 등장 이후는 상황이 반전됐다. 기존 방송사들은 자회사의 형태로 스튜디오를 설립하거나 외부 스튜디오와 협업하는 방식으로 드라마를 제작했고, 이는 제작 주체의 독립성 강화를 가져왔다. 동시에 기획력과 지식재산권(IP) 확보 능력을 갖춘 스튜디오가 플랫폼과 직접 협상하는 구조가 늘어나면서, 방송사는 더 이상 제작 구조의 중심에 있지 않게 되었다. 드라마 제작 스튜디오는 이제 기획 단계에서부터 작가와 연출자, 유통 플랫폼을 직접 조율하며 제작을 주도하고 있으며, 이는 권력의 중심축이 방송사에서 스튜디오로 이동했다는 것을 방증한다.

K드라마 제작 생태계 변화

글로벌 OTT 사업자의 국내 시장 진출은 단순한 유통 채널의 확장을 넘어, 국내 드라마 제작 시장 전반에 걸친 변화를 가져왔다. 변화는 대작 드라마의 증가, 콘텐츠의 질적·양적 변화, 제작 시스템의 선진화 등으로 나타났다.

대작 드라마 시대: 제작 규모 상승

글로벌 OTT의 국내 진출 후 가장 큰 변화는 드라마 제작에 투입되는 예산 규모의 비약적 증가다. 글로벌 OTT 사업자, 특히 넷플릭스와 같은 선발 주자들은 한국 드라마의 세계 시장 경쟁력을 확인하고 과감한 투자를 단행했다. 이러한 글로벌 OTT의 투자는 국내 드라마 제작비 상한선을 크게 끌어올리는 계기가 됐고, 과거에는 상상하기 어려웠던 대작 드라마의 기획과 제작을 가능케 했다.

가장 먼저 국내에 진출한 넷플릭스는 한국 콘텐츠에 대한 공격적인 투자를 단행했다. 2016년부터 2020년까지 약 7,700억 원을 투자했으며, 2021년에는 약 5,000억 원, 2022년에는 약 8,000억 원(추산)을 투자했다. 특히 2023년 4월에는 향후 4년간 한국 콘텐츠에 25억 달러(약 3조 3,375억 원)를 투자할 계획이라고 발표했다(한국콘텐츠진흥원, 2023). 글로벌 OTT의 투자는 전반적인 한국 드라마 제작비 규모의 상승을 가져왔다. 작품당 최소 200억 원에서 300억 원을 넘기는 드라마 제작이 낯설지 않은 상황이 됐다. 이는 2013년 평균 편당 제작비 3억 7,000만 원(16부작 총 60억 원 내외)과 비교했을 때, 편당 제작비가 3배에서 10배까지 오른 수치다(김윤지, 2021). 2018년 이후 국내 제작 주요 드라마들을 보면 평균 전체 제작비는 약 344억 원, 회당 평균 제작비는 약 31억 원에 달한 것으로 나타났다(유진희, 2024).

글로벌 OTT 등장 이전 국내 드라마 시장은 지상파와 PP의 편성 예산에 의존하는 구조였기에 제작비 규모의 한계가 명확했다. 예를 들어 지상파 방송이 드라마 1회차 방영으로 판매할 수 있는 최대 광고 판매 금액이 10억 원이라면, 이론적으로 16부작 드라마 최대 제작비는 160억 원을 넘을 수 없다. 그러나 글로벌 OTT는 개별 작품에 수백억 원, 심지어 〈오징어 게임〉 시즌 2처럼 천억 원대 예산을 투입하며 블록버스터급 드라마 제작을 활성화했다.

글로벌 OTT의 국내 투자 확대에 결정적 계기가 된 것은 두말할 필요 없이 〈오징어 게임〉의 전 세계적인 흥행이다. 〈오징어 게임〉의

표 4 국내 주요 드라마 제작비 (2018~2025)

제작 연도	편성	작품명	제작비	분량	회당 제작비
2018	tvn	알함브라 궁전의 추억	220억	16부	13.8억
	tvn	미스터 션샤인	430억	24부	17.9억
2019	넷플릭스	킹덤 1 & 2	300억	12부	25억
	tvn	아스달 연대기	550억	18부	30.6억
2020	넷플릭스	인간수업	300억	10부	30억
	넷플릭스	스위트홈	300억	10부	30억
	SBS	더 킹: 영원의 군주	320억	16부	20억
	jtbc	허쉬	118억	16부	7.4억
2021	넷플릭스	오징어 게임	253억	9부	28.1억
	애플TV+	Dr.브레인	500억	6부	83.3억
	MBC	옷소매 붉은 끝동	160억	17부	9.4억
	SBS	펜트하우스(1, 2)	268억	40부	6.7억
	쿠팡플레이	어느날	200억	8부	25억
2022	넷플릭스	수리남	350억	6부	58.3억
	넷플릭스	더 글로리	600억	16부	37.5억
	디즈니+	그리드	500억	10부	50억
	디즈니+	카지노	200억	16부	12.5억
	쿠팡플레이	안나	120억	6부	20억
	ENA	이상한 변호사 우영우	200억	16부	12.5억
	jtbc	재벌집 막내아들	352억	16부	22억
2023	넷플릭스	택배기사	250억	6부	41.7억
	넷플릭스	도적: 칼의 소리	360억	9부	40억
	넷플릭스	스위트홈2	240억	8부	30억
	넷플릭스	경성크리처(1, 2)	700억	10부	70억
	디즈니+	무빙	650억	20부	32.5억
	티빙	잔혹한 인턴	80억	6부	13.3억
	티빙	아일랜드	200억	12부	16.7억
	웨이브	검은 태양	150억	12부	12.5억
	SBS	7인의 탈출	460억	17부	27.1억
	KBS	고려거란전쟁	270억	32부	8.4억
2024	tvn	눈물의 여왕	560억	16부	35억
	tvn	선재 업고 튀어	200억	16부	12.5억
	디즈니+	삼식이 삼촌	400억	16부	25억
2025	넷플릭스	오징어 게임 시즌 2	1,000억	6부	167억
	넷플릭스	폭삭 속았수다	600억	16부	37.5억
	tvn	별들에게 물어봐	400억	16부	25억
평균 제작비			344억		30.8억

출처: 유진희, 2024에서 재인용.

성공은 K드라마의 위상을 전례 없이 높이고 글로벌 OTT의 한국 콘텐츠 투자를 가속하는 계기가 됐다. 제작비 상승은 단순히 물리적인 제작 규모 확대뿐만 아니라 A급 작가·연출자·배우 캐스팅, 수준 높은 시각 효과(VFX), 해외 로케이션 등을 통한 전반적인 제작 품질 향상을 가져왔다. 〈킹덤〉, 〈스위트홈〉, 〈오징어 게임〉 등은 글로벌 OTT의 막대한 투자가 없었다면 기획조차 어려웠을 대작들이며, 이들의 성공 사례가 다시금 글로벌 OTT의 추가 투자를 견인하는 선순환 구조가 형성됐다.

그러나 동시에 초대형 블록버스터 드라마의 등장은 연출가, 작가, 배우, 스태프 등 전체 드라마 제작 시장의 제작비 인플레이션을 심화시키는 결정적인 요인으로 작용했다. 국내 방송사와 OTT들이 높아진 제작비를 감당하기 어려워져 드라마 편수를 줄이기 시작하면서, 결국 소수 대작에 자본과 인력이 집중되고 중소 제작사의 작품들이 축소되는 양극화 현상이 나타나기 시작한 것이다. 〈오징어 게임〉 성공은 K드라마의 글로벌 도약을 상징하지만, 동시에 국내 제작 생태계의 재정적 지속가능성에 대한 도전 과제를 안겨준 양날의 검과 같은 존재가 됐다. 글로벌 성공이 국내 시장의 불균형을 심화시키는 역설적인 상황을 초래한 것이다.

콘텐츠 질적 전환: 장르, 소재, 표현의 다양성 확대

글로벌 OTT의 영향력은 단순히 제작 규모만 키운 데서 그치지 않았다. 국내 드라마의 내용과 형식 측면에서의 질적 변화도 발생했다. 우선 장르와 소재가 다양해졌다. 국내 내수 시장 중심으로 드라마가 제작되던 시기에 국내 방송사들은 시청률과 광고 수익을 고려해 대중적이고 안전한 소재나 장르의 편성을 우선시하는 경향이 많았다.

로맨틱 코미디나 가족 드라마가 대표적이다. 반면 글로벌 OTT는 특정 타깃층을 위한 '니치niche' 장르나 실험적인 소재에도 적극적으로 투자하며 콘텐츠 다양성을 확대했다. 좀비물 〈킹덤〉, 크리처물 〈스위트홈〉, 서바이벌 게임물 〈오징어 게임〉, 여성 서사 중심의 복수극 〈더 글로리〉 등 파격적인 장르와 소재의 드라마가 등장하기 시작했다. 이는 국내 창작자들에게도 장르적 제약을 벗어나 무한한 상상력을 펼치는 기회를 제공했다. 글로벌 시청자를 고려한 제작이 늘어나면서 기획 단계부터 특정 문화적 배경에만 국한되지 않는 글로벌 시청자의 공감대를 형성할 수 있는 보편적 주제나 흥미로운 설정도 적극적으로 반영됐다.

표현의 자유가 확대되면서 수위 높은 장면 묘사들도 늘어났다. 국내 방송 심의 규정의 제약을 받지 않는 글로벌 OTT 덕분에 창작자들은 기존보다 자유로운 표현과 묘사가 가능했다. 폭력성, 선정성, 사회 비판적 메시지 측면에서 기존 방송이 다루기 어려웠던 내용들을 과감하게 담아내면서 드라마의 주제 의식과 메시지 전달력을 높였다. 이러한 표현의 자유 확대는 작품의 예술성을 높이는 동시에, 국내 시청자들에게도 새로운 시청 경험을 제공했다.

드라마 형식 면에서도 유연성을 지니게 됐다. 글로벌 OTT들은 일부 드라마의 몰아보기 시청Binge-Watching 방식을 제공했다. 한 주당 1~2편 시청하던 기존 TV 드라마의 단편성과 분절성이 약화되었고, 시즌제 드라마가 유행하게 됐다. 이제 드라마는 '화' 단위에서 '시즌' 단위로 이야기가 확장되며, 기획 단계부터 시즌제를 염두에 두는 경우가 많아졌다. 실시간 TV 편성처럼 편당 방송 시간의 제약을 받지 않게 되면서 이야기의 빠른 전개와 10편 미만의 짧은 회차로 한 시즌이 구성되는 드라마도 다수 등장했다. 짧은 호흡의 콘텐츠에 익숙해진 시청자에 따라 드라마의 분량도 유동적이고 유연해진 것이다 (백경선, 2023).

글로벌 OTT의 등장은 한국 드라마의 소재 및 표현의 자율성을 확대하고, 장르 다양성을 높였으며, 영화 같은 고품질 콘텐츠 제작을 가능하게 했다. 창작자들에게는 새로운 창작 기회를, 시청자들에게는 전례 없던 새로운 시청 경험을 제공했다. 글로벌 OTT는 기존 방송의 규제와 시청률 압박에서 벗어나 창작자들이 더 과감하고 실험적인 시도를 할 수 있는 환경을 제공했으며, 이는 K드라마의 콘텐츠 경쟁력을 한 단계 끌어올리는 데 결정적인 역할을 했다.

제작 시스템의 선진화

글로벌 OTT의 국내 진출은 드라마 제작 시스템 전반에도 중대한 변화를 불러일으켰다. 가장 뚜렷한 변화는 '사전 제작 시스템'의 확산이다. 과거 국내 드라마는 방송 편성 일정에 맞춰 제작되는 경우가 많아, 쪽대본과 밤샘 촬영이 반복되는 '생방송 드라마'가 문제로 자주 지적됐다. 이 때문에 작품의 완성도가 낮아지고, 제작진의 과로가 일상화되기도 했다.

반면, 글로벌 OTT 플랫폼들은 콘텐츠의 완성도를 중시하고 충분한 제작 기간이 확보되는 사전 제작 방식을 선호했다. 이에 따라 국내 제작사들도 사전 제작 시스템에 맞는 제작 환경을 갖추기 시작했다. 사전 제작 시스템의 정착은 기획부터 후반 작업까지 제작 전 과정의 품질 향상에 기여했다. 대본의 사전 수정 및 보완, 계획적인 촬영, 그리고 후반 CG·특수 효과 작업에 필요한 시간 확보가 가능해지면서 콘텐츠의 질이 전반적으로 올라갔다. 한편 글로벌 OTT들이 글로벌 유통망에 맞춘 심의 기준과 제작 가이드라인을 제시함으로써, 국내 제작사들이 글로벌 스탠더드에 맞는 제작 역량을 갖추는 계기도 됐다. 이 과정에서 국내 제작사들은 단순한 하청 관계를 넘어, 글로벌 OTT의 협업 파트너로서 위상을 확보해 나갔다.

한국형 스튜디오 시스템: 외주 제작 체제의 탈피

K드라마는 2000년대 이후 한류의 핵심 콘텐츠 중 하나로서 아시아를 중심으로 전 세계로 확장하며 양적·질적 성장을 해왔다. 그러나 이러한 한류 드라마 성공의 이면에는 기존 외주 제작 시스템이 갖고 있던 고질적인 문제들이 상존하고 있었다. 방송사의 절대적 편성권 우위로 인한 불안정한 제작비 구조, 열악한 제작 환경, 그리고 IP 확보 문제 등이 대표적이다. 이러한 외주 제작 시스템의 문제는 드라마 생태계의 지속 가능한 성장을 위협하는 요인들로 작용했다. 글로벌 OTT의 국내 시장 진입은 국내 드라마 제작 환경에 외부적 충격을 가하면서 기존 외주 제작 시스템의 문제점들을 다시금 수면 위로 끌어올리는 계기가 됐다. 동시에 K드라마의 기획, 제작, 유통 방식 전반에 걸친 근본적인 구조 개편의 시발점이 됐다. 이는 외주 제작 체제의 탈피와 한국형 스튜디오 시스템의 정착으로 귀결됐다.

한국 드라마 외주 제작 시스템의 이해

한국 드라마 외주 제작 시스템은 1991년 정부의 '외주 제작 의무' 정책 도입과 함께 시작됐다. 이 정책은 지상파 방송의 독과점 해소, 방송 프로그램 제작의 다양성 및 경쟁력 확보 등을 목표로 지상파 방송사에 프로그램의 일정 비율 이상을 외주 제작 방식으로 공급하도록 강제한 것이었다. 도입 당시 의무 편성 비율은 3%였다가 이후 지속적으로 확대되어 최고점에 도달했던 2015년에는 KBS 1TV 24%, KBS 2TV 40%, MBC · SBS 35%, EBS 20%까지 늘어났다(오형일 · 정영주 · 홍종윤, 2019). 이 정책 도입 이후 국내 드라마 독립제작사들이 늘어났고, 방송사에 드라마를 공급하는 한 축으로 성장해 나갔다.

외주 제작 시스템에서 지상파 방송사는 투자와 편성을 담당하고, 제작사는 기획 및 제작을 수행하는 역할 분담이 이뤄졌다. 지상파 방송사는 좀 더 탄력적인 인력 운용을 할 수 있었고, 소규모 제작사들은 방송사 외주를 기반으로 성장할 수 있는 발판을 마련할 수 있는 체계였다. 그러나 실제 외주 제작 과정에서는 지상파 방송사의 힘의 우위가 두드러지면서 애초 설정한 목표와는 다른 정책 결과들이 나오기 시작했다. 지상파 방송사는 전체 제작비의 일부분(50~70%)만 지급하고 나머지는 제작사가 자체 조달하는 방식이 일반화되었고, 최종 IP 소유권은 대부분 투자자인 방송사에 귀속되는 경우가 허다했다. 지상파 방송사와 외주 제작사는 협업 파트너 관계라기보다 하청 관계에 가까웠다. 결국 소규모 제작사 성장이라는 목표와는 다르게 독립제작사들이 '하청 기지화'되고, 지상파 방송사들이 제작 비용 절감 계기로 외주 제작 제도를 활용하는 모양새가 된 것이다. 정책이 도입될 당시 지상파의 절대적 시장 우위와 드라마 유통 채널의 제한성이라는 시장 구조를 고려하지 못한 채 외주 제도 그 자체의 도입에만 치중한 탓으로 볼 수 있다. 이러한 구도 속에서 드라마 외주 제작 강제는 지상파의 위험 부담을 줄이면서 콘텐츠를 공급받는 방식으로 악용되었고, 외주 제작사는 제작비 전체를 지급받지 못하면서도 IP 전부를 포기하는 식의 생존 경쟁에 처해질 수밖에 없었다.

독립제작사들의 하청 기지화는 질적 성장이나 지속 가능한 모델 창출을 어렵게 만들었다. 독립제작사들은 IP를 확보하지 못해 추가적인 부가 수익 창출이나 사업 확장에 한계가 있을 수밖에 없었다. 고질적인 제작비 부족 문제는 다른 제작 요소의 비용 절감을 강제해 드라마 품질 저하도 야기했다. 제작비 보충을 위해 간접 노출 광고인 PPL(Product Placement)을 남발했고, 촉박한 촬영 일정, 밤샘 촬영의 만연, '쪽대본' 관행 등 제작 인력의 희생이 강요되는 상황도 지속됐다. 열악한 제작 환경은 우수 인력 이탈과 창의성 저하를 유발했고, 이러한 악순환은 산업 전체의 경쟁력 약화로 이어졌다. 즉 드라마 외주제작 시스템은 제작사들이 단기적인 생존 경쟁에만 몰두하게 하고, 핵심 자산인 IP 통제권을 상실한 상황에서 장기적인 관점의 사업 확장을 도모할 수 없는 모델이었다.

스튜디오 시스템의 등장

2010년을 넘어서면서 방송·영상 콘텐츠 산업이 OTT 중심으로 확장·재편되기 시작했다. 실시간 방송 이외의 온라인과 해외라는 새로운 유통 창구가 열리면서 전통적인 실시간 방송 사업자의 영향력이 약화되고 콘텐츠 제작 기업의 협상력이 높아지기 시작했다. 특히 글로벌 OTT의 성장은 기존 방송사-제작사 간 힘의 균형을 급격히 무너뜨렸다. 드라마 생산 영역에서도 변화의 바람이 불기 시작했다. 글로벌 OTT의 국내 시장 진입은 단순히 새로운 유통 채널 추가를 넘어, 기존 방송사 주도의 수직적 드라마 제작 구조를 파괴하고, 콘텐츠 제작의 주도권을 제작사에 이동시키는 근본적인 변화를 가져왔다. 이는 한국 드라마 산업이 '유통 사업자 중심'에서 '콘텐츠 사업자 중심'으로 패러다임 전환이 이뤄진 결정적인 계기였다.

기존 방송사 주도 드라마 제작 시스템에서는 편성이 곧 제작비 회수와 수익 확보의 핵심이었기 때문에 방송사가 절대적인 갑의 위치에 있었다. 그러나 글로벌 OTT들이 수익 보장 방식의 제작비 투자와 글로벌 동시 유통이라는 새로운 수익 모델을 제시하자, 드라마 제작사들이 콘텐츠 자체의 경쟁력과 IP에 최우선적 가치를 둘 수 있는 상황이 발생했다. 제작사가 기존 방송사 편성에만 의존하지 않고도 독자적 수익 창출의 길이 열리면서 제작사의 협상력이 강화됐다. 글로벌 OTT의 국내 시장 진입은 한국 드라마 산업이 콘텐츠 IP 중심으로 재편되는 결정적 동인이 되었으며, 이는 스튜디오 시스템 정착의 배경이 되었다.

스튜디오 시스템의 출발점은 2016년 CJ ENM이 드라마 제작 부문을 독립해 설립한 '스튜디오드래곤'이다. 화앤담픽쳐스, 문화창고, 케이피제이(KPJ) 등 독립제작사를 인수하며 출발한 스튜디오드래곤은 기획, 자금 조달, 제작, 유통, IP 사업까지 수직계열화한 할리우드식 스튜디오 시스템을 본격적으로 도입한 첫 시도였다. 제작은 작가·감독 중심의 제작사가 주도하게 하되, 사업 효율 관리와 규모의 경제 확보는 스튜디오가 담당하는 역할 분담 방식으로 운영됐다(이성민, 2022).

스튜디오드래곤의 출범은 드라마 제작의 전문화와 대형화라는 구조적 변화를 촉발했다. 단순 외주 제작 관행에서 벗어나 대규모 자본과 기획 역량을 기반으로 자체 제작 및 IP 소유를 핵심 전략으로 삼았다. 드라마 제작사가 방송사 납품 콘텐츠 생산자에서 벗어나 IP를 직접 보유하고 활용하는 비즈니스 주체로 자리매김하기 시작한 것이다. 스튜디오드래곤의 성공은 타 방송사들에게도 큰 영향을 주었다. 이후 jtbc의 SLL(구 jtbc스튜디오), KBS의 몬스터유니온, SBS의 스튜디오S, KT의 스튜디오지니 등 다양한 형태의 스튜디오 조직이 등장하며 이른바 한국형 스튜디오 시스템이 본격적으로 확산되었다(이성민, 2022).

한국형 스튜디오 시스템: 기획의 전문화와 창작의 자율성

한국형 스튜디오 시스템은 전통적인 할리우드 스튜디오의 수직적 통합vertical integration 구조인 제작–배급–상영의 계열화와 유사하지만, 한국 상황에 적합한 방식으로 독자적으로 진화한 모델로 볼 수 있다. '제작사의 창작 자율성 보장'과 'IP의 확보 및 활용'이 변용의 핵심 요소였다.

전통적으로 한국의 드라마 산업은 제작사의 창작 역량과 작가·감독 중심의 창작 문화를 바탕으로 성장해 왔다. 이러한 조건 속에서 한국형 스튜디오는 할리우드와 같은 직접적인 계열화보다는 일종의 '중간 지주회사' 혹은 '레이블label' 형태를 채택했다. 콘텐츠 기획, IP 확보, 유통 전략 등을 총괄하는 스튜디오와 제작 자율성을 보장받는 독립제작사의 협력 구조가 기반이 된 것이다. 스튜디오는 인수 합병 및 전략적 투자를 통해 제작 역량을 내재화하고, 기획 프로듀서Planning Producer의 기능을 강화함으로써 기존의 프로젝트 단위 제작 방식에서 벗어나 지속적인 콘텐츠 기획 및 개발 능력을 축적할 수 있었다. 즉 다수의 창작 주체를 유기적으로 연결하는 중간 조직으로서 스튜디오는 전체 제작 과정을 체계적으로 조율하고 관리하는 역할을 하는 것이다(이성민, 2022).

기존 외주 시스템에서는 방송사가 편성 권한을 바탕으로 우위를 점했고, 제작사는 IP를 확보하지 못한 채 제한된 제작비 내에서 드라마를 제작해야 했다. 때문에, 전반적인 창작의 질이 저하되고 제작사가 사실상 하청 업체로 전락하는 문제가 발생했다. 반면 규모를 키운 스튜디오 시스템에서는 기존 원·하청 구도를 탈피해 좀 더 대등한 관계에서 제작 협상을 할 수 있게 되면서 제작 시스템 전반의 질적 향상을 도모할 수 있었다. 결론적으로, 한국형 스튜디오 시스템은 할리우드 모델의 단순한 모방이 아니라, 한국의 특수한 제작 환경과 글로벌 미디어 환경의 변화를 반영한 지역화된 스튜디오 모델의 사례라 할 수 있다.

한국형 스튜디오 시스템의 도입은 국내 드라마 산업의 외형적 성장을 견인한 핵심 동력으로 평가된다. 대형 스튜디오들은 규모의 경제를 실현함으로써 국내 방송사 및 글로벌 OTT 플랫폼과의 협상력을 제고하고, IP의 체계적 관리와 활용을 가능케 했다. 이러한 구조는 고예산 텐트폴tentpole 작품의 제작을 안정적으로 수행하는 기반이 되는 동시에, K드라마의 글로벌 경쟁력 강화에 기여했다.

드라마 비즈니스의 재편: IP 생태계

글로벌 OTT 플랫폼이 한국 시장에 본격적으로 진입하기 전, 한국 드라마 제작 비즈니스 모델은 방송 광고 판매 수익에 크게 의존하는 구조였다. 편성권을 지닌 방송사들은 광고 판매를 통해 드라마 제작사에 지급할 제작비의 주재원을 마련했고, 드라마 제작사 역시 PPL 간접 광고나 협찬 등을 통해 부족한 제작비 재원을 충당했다. 2000년대 이후 한류 붐이 있긴 했지만, 기본적으로 한국 드라마 시장이 철저하게 내수 중심으로 돌아가던 시기에 수출을 통한 프로그램 판매 수익은 전체 매출에서 큰 비중을 차지하지 못했다. 한국 드라마 제작 산업의 내수 중심성과 광고 기반의 비즈니스 모델은 국내 드라마 산업의 성장 한계 요인으로 작용했다. 글로벌 유통망과 자본을 지닌 글로벌 OTT가 전체 제작비와 이윤을 보장하는 방식으로 국내 드라마 제작 투자를 확대하자 비즈니스 측면에서도 한국 드라마 제작 산업의 구조가 바뀌기 시작했다.

국내 스튜디오 IP 비즈니스

한국형 스튜디오 시스템의 구축은 이러한 IP 활용 비즈니스의 출발점이 됐다. 스튜디오들은 IP를 핵심 자산으로 확보하고 기획-제작-유통의 가치 사슬Value Chain의 통합하는 독자적인 비즈니스 모델을 구축했다. 콘텐츠 기획 단계에서부터 제작과 유통, 해외 판권 수출, 리메이크, 2차 저작물(웹툰, 게임, 뮤지컬 등) 개발까지 연결되는 가치 사슬을 통합 관리하게 된 것이다.

스튜디오 시스템하에서 콘텐츠 제작은 기획 중심으로 재편되었다. 일반적으로 스튜디오들은 기획 프로듀싱 기능을 강화하기 위해 내부에 전문화된 기획 개발 조직을 운영한다. 이 조직은 PD, 작가, 그리고 IP 기획자 등으로 구성되며, 콘텐츠의 초기 개발 단계부터 기획의 주도권을 확보하는 역할을 담당한다. 한편, 실질적인 제작은 외부의 독립제작사를 중심으로 이뤄진다. 스튜디오는 이들 제작사와의 투자 및 계약 관계를 통해 유기적인 협업 구조를 형성하며, 프로젝트별로 제작 자원을 효율적으로 분배한다. 이러한 계약 구조는 단순한 제작 위탁을 넘어서, 스튜디오가 원천 IP와 파생 사업권(글로벌 유통, 리메이크 권한, 머천다이징 사업권 등)을 확보하거나 공유하는 기반이 된다. 결과적으로 스튜디오는 단발성 수익에 그치지 않고, 장기적인 수익 창출이 가능한 IP 기반 비즈니스 모델을 구축할 수 있었다.

실제로 드라마 스튜디오들은 다양한 방식으로 수익 다각화를 추구하고 있다. 우선 기존처럼 지상파·종편·PP 같은 국내 방송사나 국내외 OTT(넷플릭스, 디즈니+, 티빙, 웨이브 등)에 드라마를 제작·판매한다. 글로벌 OTT 오리지널 독점 공급 프로그램처럼 IP 전체를 넘기는 거래도 있지만, 지식재산권은 스튜디오가 보유한 채 해외 유통 판권만을 판매하거나 현지 리메이크 계약을 체결하여 부가 수익을 창출하기도 한다. 일부는 웹툰, OST, 굿즈, 공연, 출판 등 다양한 2차 저작물 사업을 통해 수익원을 확대하기도 한다. 일부 스튜디오는 콘텐츠 투자사와 연계해 프로젝트별 펀드를 조성하거나, 타 제작사에 전략적 지분을 확보하여 간접 수익을 창출하기도 한다.

국내 스튜디오 시스템의 출현은 IP 활용 및 확장의 측면에서 유의미한 성과를 거두고 있다. 드라마 콘텐츠의 직접 수출뿐 아니라 포맷 형태로 현지화된 작품을 만들 수 있는 권리를 수출하는 것이 대표적이다. 예를 들어, SLL의 드라마 〈닥터 차정숙〉은 튀르키예에서 〈바하쉬*Bahar*〉로 리메이크되어 현지 시청률 1위를 기록했으며, 〈재벌집 막내아들〉은 태국에서, 〈힘쎈여자 도봉순〉은 말레이시아에서, KT스튜디오지니의 〈유괴의 날〉은 영국에서 리메이크가 결정되는 등 스튜디오 모델이 IP 전략 고도화에 성공한 사례들이 등장하고 있는 것이다(이성민, 2024).

지식재산권 확보 문제: 안정성과 미래 가치

국내에 진출한 글로벌 OTT들은 국내 드라마 제작사에 제작비 전액과 일정 비율의 추가 이윤을 지급하는 방식으로 독점적인 지식재산권을 확보하기 시작했다. '넷플릭스 오리지널,' '디즈니+ 오리지널' 같은 독점 공급 프로그램은 이들 글로벌 OTT들이 해당 콘텐츠에 대한 독점적인 IP를 갖고 있다는 것을 의미한다. 즉 '오리지널'은 곧

표 5 드라마 제작비 조달 방식과 IP

형태	방송사 외주 제작형	글로벌 OTT 외주 제작형	IP 보유 제작형	글로벌 OTT용 현지 제작형
IP 보유	방송사	글로벌 OTT	스튜디오 혹은 제작사	모두 가능
제작사 수익 구조	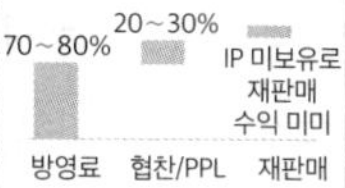	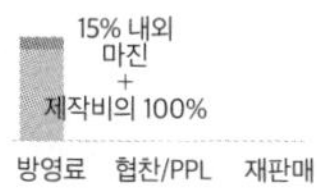	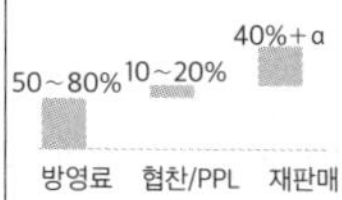	모두 가능
특징	- OTT 등장 전 대부분의 제작 형태 - 방송사가 OTT에 재판매해도 수익은 방송사 귀속 - 제작사는 계약 조건 따라 IP 수익 일부 확보 가능	- 글로벌 OTT 등장 이후 - 해당 OTT에서만 방영되기 때문에 OTT 오리지널 콘텐츠라고도 함	- 스튜디오나 제작사가 제작비를 직접 조성해 투자, 제작 - 방송사와 국내외 OTT에 모두 판매, 수익도 모두 직접 회수	- 스튜디오드래곤, SLL(구 jtbc스튜디오) 등과 같은 스튜디오 기업이 주도해 현지 인력으로 제작
대표작	KBS, MBC 등 지상파 채널에서 방영되는 대부분의 드라마	〈오징어 게임〉, 〈킹덤〉, 〈DP〉 등	〈미스터 션샤인〉, 〈빈센조〉, 〈지리산〉, 〈이상한 변호사 우영우〉 등	〈이태원클라쓰〉 리메이크(일본), 〈The Big Door Prize〉(미국) 등
장점	- 국내용 드라마 제작에 적합	- 제작비+안전 마진 확보 - 성공 시 향후 수익 비율 상향 가능 - 글로벌 OTT 통해 세계 동시 제공	- IP 활용을 통해 다양한 수익 창출 - 지역별 OTT에 다중 판매 가능	- 원천 IP 확보하고 있을 경우 추가 수익 다양화 차원 - 현지 성공 가능성 제고
단점	- IP 미보유로 수익성 낮음 - 제작비 중당을 위해 PPL 등을 직접 조달 - 시청률 저조 시 적자도 가능	- IP 미보유로 성공해도 추가 수익 제한적	- 제작비를 직접 조달하므로 성과 저조할 경우 리스크 커짐 - 해외 판매 등 부가 노력 필요 - 제작비 부담이 가능한 제작사, 스튜디오에서만 접근 가능	현지 시스템에 대한 이해, 글로벌 제작 능력 필요

출처: 김윤지, 2024: 32에서 재인용.

'독점적 지식재산권 보유'의 다른 이름이다.

국내 드라마 제작 시스템이 스튜디오 체제로 전환되면 지식재산권 문제는 더 큰 비즈니스 관심사가 되고 있다. 글로벌 OTT 오리지널 드라마 공급의 경우, 국내 드라마 제작사 입장에서는 IP 양도에도 불구하고 100% 제작비 지급과 이윤 보장이 된다는 점에서 기존 국내 방송사 공급보다 훨씬 더 유리한 방식이었다. 무엇보다 즉각적인 재정 안정성을 확보할 수 있었다. 기존 국내 방송사 공급의 경우에는 제작비 일부만 지급받고도 IP를 확보하지 못한 사례가 일반적이었기에 안정적 이윤이 보장된다면 IP 양도가 크게 문제시되지 않았다.

그러나 장기적 관점에서 보면 국내 드라마 제작사들이 장기적으로 자신들의 IP를 보유하지 못하게 되면 제작사의 콘텐츠 라이브러리 구축, 프랜차이즈 IP 개발, 스핀오프, 리메이크, 2차 상품화 등을 통한 장기적인 수익 다각화가 제한받게 된다. 〈오징어 게임〉 시즌 1은 200억~250억 원의 투자로 넷플릭스에 1조 원 이상의 수익을 안겨주었지만, 정작 국내 창작자들은 추가적인 보상을 받지 못했다. 〈오징어 게임〉 시즌 1의 초대박 성공은 역설적으로 국내 제작사들이 글로벌 OTT들의 단순한 하청 기지로 전락할 수 있다는 우려를 낳았고, IP 보유의 중요성을 인식하기 계기가 됐다(김윤지, 2024).

IP 보유 문제는 드라마 제작사들의 즉각적인 이익 실현과 장기적인 가치 침식 사이의 딜레마를 제기한다. 즉각적인 이익을 선택할 경우, 글로벌 성공을 거두더라도 국내 창작자들이 추가 수익을 낼 수 없고, 이는 국내 드라마 산업의 장기적 수익성과 독립성 확보를 어렵게 만든다. 반면 즉각적인 이익보다 장기적 가치를 선택할 경우, 작품이 실패했을 때의 위험 부담도 함께 떠안아야 한다. 국내 드라마 제작사들은 전략적 판단을 통해 다양한 제작비 조달 방식을 조합하는 방식으로 드라마를 제작하고 있다.

지속 가능한 K드라마 생태계 모색

글로벌 OTT의 국내 시장 진입은 한국 드라마 생태계의 DNA를 근본적으로 바꾸어 놓았다. 드라마 유통의 중심축이 국내 방송사에서 글로벌 OTT로, 제작 핵심 주체가 개별 제작사에서 대형 스튜디오로, 광고 매출 비즈니스 모델에서 IP 활용 수익 다각화 모델로 이동했다. 이러한 변화들은 K드라마 산업이 내수용 제작을 넘어서 글로벌 콘텐츠 시장 속으로 재편되는 과정이기도 했다.

K드라마 생태계: 성과와 위기

K드라마 생태계의 체질 개선이 가져온 성과는 명확하다. 한국의 드라마 제작 능력과 품질을 한 단계 업그레이드시켰다. 전 세계 유료 가입자 수가 3억 명을 넘은 글로벌 OTT 넷플릭스의 글로벌 시청 순위 100위 안에는 미국 제작 드라마 다음으로 한국 제작 드라마가 가장 높은 비율을 차지하고 있다. K드라마가 글로벌 문화 상품으로 자리 잡았다는 것은 의심할 여지가 없다. 그러나 현행 드라마 생산 구조가 K드라마의 지속 가능한 생태계를 위해 바람직한 상황인가에 대해서는 논란이 지속되고 있다.

글로벌 OTT의 국내 드라마 제작 투자 확대가 K드라마의 글로벌 도약의 계기가 된 것은 부인할 수 없는 사실이다. 그러나 이러한 도약의 이면을 살펴보면 반드시 긍정적이지만은 않다는 평가가 나온다. 성공의 이면에 구조적 긴장이 존재하기 때문이다.

K드라마 산업이 글로벌 OTT 체제에 편입된 이후 시장 자체가 커지고 제작 능력이 강화됐지만, 갑자기 불어난 체급에 따른 이상 신호도 감지되기 시작했다. 급속도로 치솟은 회당 제작비는 국내 방송사나 제작사가 혼자서 감당하기 힘든 수준에 도달했다. 어떤 방송사업자나 제작자도 글로벌 OTT 플랫폼에 대한 의존 없이 독자적으로 드라마를 제작하기 힘든 상황이 된 것이다. 국내 사업자들의 높은 글로벌 OTT 의존도는 글로벌 시장에서 종속성 심화를 낳는 요인이 될 수 있다.

물론 한국형 스튜디오를 중심으로 규모를 키운 제작사들의 부상으로 글로벌 시장에서 어느 정도 대응할 수 있는 체계를 갖추긴 했지만, 스튜디오들 역시 글로벌 OTT 의존도가 높은 건 매한가지다. 글로벌 OTT들이 현행 수준의 투자 규모를 앞으로도 유지할 것인지는 미지수이기 때문에, 현재 모델의 지속가능성 역시 미궁일 수밖에 없다. 한편, 스튜디오 중심의 대형화 추세는 중소 제작사에는 새로운 진입 장벽으로 작동하고 있다. 자본력이 상대적 열위에 있는 중소 제작사들은 대형 스튜디오의 레이블로 흡수되거나 시장에서 도태될 위험에 직면한 것이다.

국내 방송사나 국내 OTT 사업자들은 국내 시청자나 가입자 규모만으로는 높아진 제작비를 감당하기 힘든 상황이 되면서 드라마 편성 편수를 줄이거나 일부 대형 작품에 집중하기 시작했다. 지속적인 시청률 하락과 광고 수익 감소 추세를 벗어나지 못하고 있는 국내 플랫폼 사업자들에게는 회당 수십억 원의 드라마 방영권을 구매하는 것은 더 이상 유효하지 않은 사업 모델이 된 지 오래다.

이처럼 K드라마의 글로벌 도약 이면에는 국내 플랫폼과 중소 제작사의 위기 심화라는 문제가 도사리고 있다. 기존 외주 제작 시스템에서 발생했던 국내 방송사와 외주 제작사 간의 내적 불균형 문제가 글로벌 차원에서 글로벌 OTT와 국내 사업자 간 불균형 문제로 전환된 것이다.

공존과 협업의 K드라마 생태계 구축

입술이 없으면 이가 시리게 마련이다. 국내 시장이 감당할 수 없을 만큼의 기하급수적인 드라마 제작비 상승이 일어나고, 제작사 간 양극화가 심화되고, 국내 플랫폼의 생존 위기가 초래되는 것은 K드라마 생태계의 지속가능성을 위협한다. K드라마 제작 산업이 글로벌 플랫폼을 위한 고품질의 하청 기지로 전락하는 것이 아니냐는 우려의 목소리가 나오는 이유기도 하다.

결국 K드라마의 미래는 현재의 기회와 위기 요인들을 간파하고, 공존을 위한 협업 생태계를 구축하는 데 달려 있을 것이다. 글로벌 유통 파트너인 OTT와 국내 사업자 간에 대등한 비즈니스 관계를 만들고, 대형 스튜디오와 중소형 독립제작사 모두가 성장할 수 있는 제작 환경을 조성하며, 국내 방송사와 토종 OTT 플랫폼이 글로벌 OTT와 공존하며 경쟁할 수 있는 체계를 갖추는 작업이 필요하다.

지금까지 그래 왔듯이 앞으로도 새로운 K드라마들이 제작될 것이고 국내외 다양한 플랫폼들을 통해 전 세계 시청자들과 만날 것이다. 〈오징어 게임〉의 성공에 필적하는 새로운 성공 작품이 나올지도 모를 일이다. 그러나 단일 작품의 성공 여부에 일희일비하기보다 국내 드라마 생산 시스템의 장기적 가치 사슬을 굳건하게 구축하는 작업에 신경을 더 써야 할 필요가 있다. 제작사들은 경쟁력 있는 원천 IP를 확보하고 개발하는 역량을 키우고, 국내 및 글로벌 플랫폼들은 단기적인 콘텐츠 확보 경쟁을 넘어 한국 드라마 창작 생태계와의 공생 방식을 찾아야 할 것이다. 지속 가능한 생태계 구축의 핵심은 결국 균형이다. 압도적 우위를 지닌 생태계 교란종의 출현이 생태계 파괴로 귀결되지 않도록, K드라마 생태계가 글로벌 시장 속에서 균형적으로 자리매김할 방법을 모색할 시점이다.

6장

글로벌 미디어 전쟁의 시대

K콘텐츠 산업의 기회와 위기

이희주

이희주

콘텐츠웨이브 미디어정책전문위원, 한국OTT협의회 운영위원장으로서 주로 미디어 정책 관련 활동을 하고 있다. 서울대학교 언론정보학과를 졸업하고 케이블 TV 방송 PD를 시작으로 DMB, OTT 등 주로 뉴 미디어 업계에 종사해 왔다.

넷플릭스, 유튜브 등 미국발 OTT에 의해 국경 없는 인터넷을 기반으로 시작된 글로벌 미디어 전쟁이 한창이다. 미국을 중심으로 디즈니 등 기존의 레거시 미디어 기업들과 아마존, 애플 등 실리콘밸리 기업들도 전 세계로 넓어진 미디어 시장을 선점하기 위해 저마다 글로벌 미디어 전쟁에 뛰어들고 있다. 세계 각국의 미디어 플랫폼들은 미국발 글로벌 OTT에 큰 영향을 받고 있다. 미디어 역사상 초유의 현상이다. 한국의 미디어 산업도 예외 없이 큰 타격을 받고 있다. 웨이브, 티빙, 왓챠 등 K-OTT[7] 플랫폼들은 그들을 극복해 낼 수 있을까? 글로벌 미디어 전쟁은 K콘텐츠 산업에 기회인가, 위기인가? 이 장에서는 이런 질문들에 대한 해답을 모색하고자 한다.

7 Korea OTT. 토종 OTT의 어감이 국내에 그치는 느낌이 있어 방송통신위원회 등을 시작으로 K-OTT라는 표현을 쓰고 있다.

미국: 글로벌 OTT의 탄생과 성장

2024년 4분기 동안 넷플릭스는 유료 구독자를 1,900만 명(분기 사상 최대) 늘리며 '구독자 3억 명 시대'(총 3억 163만 명)를 열었다. 분기 매출도 전년 동기 대비 16% 증가한 102억 4,651만 달러(약 14조 6,532억 원)를 기록했다. 월 구독료의 꾸준한 인상에도 불구하고 가입자와 매출은 꾸준히 성장하고 있다. 넷플릭스는 미국이 아닌 전 세계인의 '필수 미디어'로 자리 잡고 있다. 넷플릭스의 최근 5년간 연간 콘텐츠 투자액은 2020년 116억 달러, 2021년 167억 달러, 2022년 167억 달러, 2023년 130억 달러,[8] 2024년 최소 170억 달러 이상(추정)에 달한다. 비디오 대여업으로 시작한 넷플릭스가 세계 최대의 동영상 플랫폼으로 성장하고 이를 바탕으로 세계 최대의 콘텐츠 기업이 된 것이다. 이제 '넷플릭스는 세계 최대의 미디어 기업'이라는 말에, 그 누구도 반박할 수 없게 되었다.

넷플릭스가 개척한 '글로벌 OTT의 길'에 디즈니, 컴캐스트Comcast 등 미국의 전통 미디어 기업들과, 아마존, 애플 등 자본과 IT 기술을 바탕으로 한 실리콘밸리 기업들이 앞다투어 뛰어들고 있다. 지상파 방송, 케이블 TV, IPTV 등 기존 미디어 플랫폼 사업 영역은 방송 전송 기술의 한계와 각국의 미디어 정책에 따라 국내로 한정되어 왔지만, 국경 없는 인터넷을 기반으로 한 OTT 플랫폼의 출현으로 미디어 사업 영역은 전 세계로 확장되었다. 국경이 없다는 것은 인터넷이 가지고 있는 기본 속성이다. 초기 인터넷 서비스는 문자나

8 2023년 170억 달러 투자 예정이었으나, 할리우드 작가 파업 등의 영향으로 실제 지출은 130억 달러에 그쳤다.

그림 등을 주고받는 수준이었지만, 통신 기술의 발달과 통신망의 고도화로 영상 전송이 가능하게 되고 전송 영상의 품질도 꾸준히 개선되어 마침내 OTT 서비스가 가능하게 되었다. 각국의 미디어 정책과 제도는 통신 기술의 발달을 따라가지 못하고 있다. 한국에서도 OTT는 그 큰 영향력에도 불구하고 아직 방송법상의 미디어 플랫폼이 아니며 전기통신사업법상의 부가 서비스일 뿐이다.

전 세계로 확장된 미디어 시장을 선점하기 위한 미국발 글로벌 OTT 기업들의 세계 진출에 이어 중국도 아이치이, 텐센트비디오Tencent Video 등을 중심으로 '미디어 제국주의media imperialism' 행보에 동참하고 있으나 콘텐츠 품질의 한계 등으로 뚜렷한 성과를 보이지 못하고 있다. 세계 각국의 토종 미디어 플랫폼들은 갑자기 들어온 미국발 글로벌 OTT와의 경쟁 상황에서 크게 위축되고 있다. 한국도 예외일 수 없다. 2016년 한국에 상륙한 넷플릭스는 SVOD(Subscription Video On Demand)[9] 영역에서 무서운 성장세를 보였고 이후 디즈니+, 맥스(구 HBO MAX), 애플TV+ 등도 여러 형태로 한국에 진출한 바 있다. 미국발 글로벌 OTT의 규모를 감당하지 못하는 한국의 신구 미디어 플랫폼 기업들이 '바람 앞의 등불'로 내몰리고 있다.

OTT가 대세 미디어로 급부상한 배경으로 '통신망의 고도화'

9 구독형 VOD 서비스로 월간 또는 연간 등 일정 기간을 주기로 구독료를 받는 형태의 비즈니스 모델을 특징으로 한다. 대비되는 개념으로 AVOD(Advertising Video On Demand)가 있으며 광고를 기반으로 무료로 영상 제공 서비스를 한다. 최근 넷플릭스 등이 광고 시청을 조건으로 구독료를 할인해 주거나 AVOD 사업자인 유튜브가 광고 없는 구독 모델인 '유튜브 프리미엄' 서비스를 제공하는 등 SVOD와 AVOD 간의 비즈니스 모델 경계가 희미해져 가는 추세다. OTT 플랫폼들 입장에서는 기업 이윤 극대화를 위해 저마다 각자에 유리한 비즈니스 모델을 취사선택하고 있는 셈이다. 이 장에서는 주로 SVOD를 중심으로 OTT를 이야기한다.

를 첫 번째로 꼽을 수 있다. 인터넷 전송 기술의 꾸준한 발달은 점차 많은 양의 데이터 전송을 가능하게 하였다. 이는 고품질 영상 콘텐츠 전송 서비스를 제공할 수 있게 되었다는 의미도 있지만, 통신 요금이 꾸준히 저렴해졌음을 의미하기도 한다. 1990년대 중반 유선 인터넷의 출현과 함께 월정액 모델을 기반으로 댁내의 인터넷 서비스가 활발히 이용되고 발전되었지만, 스마트폰 이전의 모바일 환경에서는 사용량에 비례해 요금을 내는 종량제從量制 요금 탓에 무선 인터넷 사용이 심리적으로 제한되던 시절이 있었다. 스마트폰 출시 이후 무선 인터넷 통신망의 꾸준한 고도화와 함께 데이터 무제한 요금제가 출시되고 월정액 가격도 점차 저렴해지면서 무선 인터넷 이용량은 폭발적으로 성장하게 된다. 이로써 통신망을 기반으로 한 동영상 서비스가 활성화되었다.

이러한 무선 인터넷 이용 수요 확대를 견인한 일등 공신은 애플의 아이폰 출시로 시작된 '스마트폰의 보편화'다. OTT가 차세대 미디어로 급부상한 두 번째 배경이다. 스마트폰의 출시는 전 세계인의 생활과 사회, 문화, 경제 등 모든 영역을 혁명적으로 바꿔 놓았다. 당연히 미디어 산업도 엄청난 영향을 받고 있다. 사람들은 지하철이나 버스 등 대중교통을 이용할 때 책을 읽는 대신 스마트폰으로 영상을 시청하고 있다. TV와 PC가 지배하던 집에서조차 스마트폰은 영상 시청의 주요 미디어가 되었다. 가족 구성원이 함께 영상을 시청하던 문화는 거의 사라졌다. 이제 영상 시청은 개별적으로 이루어지고 있다. 이러한 시청 행태의 변화는 차츰 제공 콘텐츠의 장르와 수위에 한계를 없애는 결과를 낳기도 했다.

OTT가 급부상한 세 번째 배경은 'IT 기술의 발전'이다. OTT는 과거 레거시 미디어의 방송 기술과는 확연히 다른, IT 기술을 기반으로 성장했다. 넷플릭스의 구독형 OTT 서비스 사업 초기에는 기존의 방송과 달리 콘텐츠의 제공이 규칙적이지 않고 상대적으로 제공 콘텐츠 수도 적었다. 이러한 서비스의 한계를 극복하기 위해 넷플릭스는 기술 개발에 노력을 기울였다. 서비스 초기 화면에서 이미 시청한 콘텐츠의 포스터가 노출되면, 이용자는 신선함을 잃고 구독을 해지할 가능성이 크다. 이미 시청한 콘텐츠는 메인 화면에 노출하지 않고 비슷한 콘텐츠를 추천한다. 각 고객의 시청 기록을 분석해 시청 성향을 파악하고 이에 기반해 콘텐츠를 추천하는 등의 개인화 기능을 통해 이용자에게 다양성과 편리성을 느끼게 한다. 수초의 영상을 나누어 보내며 '즉시 시청'을 가능하게 하고 고객의 네트워크 환경에 맞춰 화질을 최대로 조정하는 등의 스트리밍 기술을 통해, 과거 '다운로드 후 시청'의 불편함을 줄였다.

또 하나의 배경은 '국경 없는 인터넷'이다. 인터넷을 통해 제공되는 OTT 플랫폼 사업자에게 시장은 전 세계로 열려 있다. 지상파 방송, 케이블 TV, IPTV 등 레거시 미디어 플랫폼들이 각국의 국경 내에서만 사업을 영위할 수 있었던 것과는 매우 큰 차이가 있다. 규모가 절대적으로 커서 독보적 경쟁력을 갖고 있는 미국 미디어 산업의 입장에서, OTT는 전 세계로 사업 영역을 확장할 수 있는 매력적인 수단일 수밖에 없다. 넷플릭스를 시작으로 디즈니, 파라마운트 등 기존의 콘텐츠 사업자나 컴캐스트, AT&T 등의 유료 방송 사업자뿐 아니라 애플, 아마존 등 막대한 자본과 IT 기술을 보유한 실리콘밸리 기업들까지 저마다 OTT로 옷을 갈아입고 국경 없는 인터넷 덕에 넓어진 미디어 시장을 선점하기 위해 '글로벌 미디어 전쟁'에 참전하게 된다.

이를 위해 미국의 미디어 기업들은 과감한 준비 단계를 거쳤다.

미국 거대 미디어 기업들 간의 합종연횡이 그것이다. 2018년 AT&T(통신사)의 타임워너Time Warner 인수, 2019년 3월 디즈니의 폭스Fox(지상파 방송사) 인수, 2022년 워너미디어Warner Media와 디스커버리Discovery의 합병, 2022년 아마존의 MGM(영화사) 인수 등 실로 엄청난 규모의 미디어 지각 변동이 일어났다. 넷플릭스보다 상대적으로 늦게 OTT를 통한 글로벌 미디어 전쟁에 참전하게 된 이들 레거시 미디어 기업들 입장에서는 가입자 2억 명을 보유한 넷플릭스라는 선도적 사업자와 경쟁하기 위해 일시에 몸집을 불릴 필요가 있었다. 누군가는 가입자 규모가 필요했고 누군가는 프리미엄 콘텐츠가 필요했다.

한국: 미디어 주권 상실의 위기

2016년 한국 상륙 후 한동안 성장 모멘텀을 찾지 못하고 있던 넷플릭스는 2019~2020년에 걸쳐 급격히 성장하게 된다. 국내에서의 넷플릭스 이용률은 2018년 4%에서 2019년 10%, 2020년 24%를 시작으로 2023년 70.8%, 2024년 64.3%를 기록하는 등 한국에서의 대표적인 SVOD 서비스로 자리 잡았다. 유튜브와 함께 한국 미디어 시장을 점령하고 있는 넷플릭스의 한국 내 성장 요인은 무엇일까?

넷플릭스의 첫 번째 성장 요인은 IPTV와의 제휴다. 넷플릭스는 한국 상륙 후, 케이블 TV 사업자인 딜라이브와 손을 잡았으나 국내 케이블 TV 사업자의 쇠퇴기와 맞물려 큰 성과를 보지 못했다. 이후 2018년 LGU+와의 제휴를 계기로 넷플릭스는 한국 가입자 유치에 날개를 달게 된다. 200여 개국에 진출하면서 생성된 '넷플릭스 매뉴얼' 그대로 3위 통신사업자와의 제휴는 효과를 발휘했다. 국내 IPTV

3사는 케이블 TV SO(System Operator) 인수 등 유료 방송 가입자 점유율 경쟁이 과열되는 상황이었기에 해외 망이 상대적으로 부족한 LGU+가 자사 IDC(Internet Data Center)를 열어 주고 10%의 최저 수수료를 감내하면서까지 넷플릭스의 손을 잡은 것은 어쩌면 당연한 선택이었는지도 모르겠다. LGU+와의 제휴를 통해 넷플릭스는 기존의 스마트폰 중심이 아닌 TV 스크린으로의 확장을 성공적으로 시작하게 되었다. 2020년 7월에는 IPTV 점유율 경쟁에서 조급해진 KT마저 넷플릭스와의 제휴를 선택해 넷플릭스 가입자 증가에 크게 기여하게 되었다. SK브로드밴드는 (SK스퀘어가 대주주인 웨이브와 형제 관계인 이유로) 넷플릭스와 제휴하지 않고 오히려 망 비용 문제로 법적 다툼을 하기도 했지만, (한국 대통령이 미국 넷플릭스 본사를 방문한 이후인) 2024년 3월, 소송을 취하하면서 넷플릭스와 전략적 파트너십을 체결하게 된다. 넷플릭스와의 제휴로 자사 IPTV 가입자 유치에 효과가 있다고 판단한 LGU+와 KT는 넷플릭스에 이어 '디즈니+ 모시기 경쟁'을 치르기도 했다. 이 부분에서 주목해야 하는 사실은, 넷플릭스는 미국에서 2017년 1분기 케이블 TV 가입자 수를 따돌리고 전체 유료 방송의 가입자 수를 능가하는 등, 코드커팅을 주도하는 OTT 플랫폼이라는 점이다. 국내의 경우 유료 방송의 월 구독료가 미국보다 턱없이 싸고 통신사의 결합 상품 전략에 힘입어 아직까지 본격적인 코드커팅 현상이 발생하고 있지는 않지만, 중장기적으로 볼 때 실시간 채널의 묶음 상품인 IPTV 가입자는 실시간 채널의 수요가 점차 사라짐에 따라 넷플릭스 등 SVOD 서비스에 차츰 그 자리를 내줄 수밖에 없다. 또한 넷플릭스와의 제휴로 IPTV가 그동안 자체 플랫폼에서 제공하고 있던 각종 VOD 서비스의 매출에도 큰 타격을 입게 된다.

두 번째는 로컬 콘텐츠의 수급이다. 2019년 말, CJ ENM과 jtbc는

"넷플릭스에 향후 3년간 20편의 드라마를 제공한다"라고 발표한다. 방송사 입장에서는 방송 드라마의 자사 채널 편성 외에 콘텐츠 유통 수익을 극대화하려고 노력하기 마련이다. 더욱이 중국의 한한령 때문에 주요 유통 수익원을 잃어버린 한국의 드라마 제작사들에게 넷플릭스는 콘텐츠 제작비 확보의 훌륭한 대체제로 여겨졌다. 로컬 콘텐츠 수급에 애를 먹던 넷플릭스가 한국의 주요 콘텐츠를 확보하기 시작했다. 이후 국내 인기 프로그램을 가지고 있는 채널들은 앞다투어 넷플릭스에 자사 콘텐츠를 제공하기 시작한다. 넷플릭스는 TV조선의 〈미스터트롯〉, 채널 A의 〈하트시그널〉, IHQ의 〈맛있는 녀석들〉 등 대한민국 인기 프로그램들을 확보하는 한편, 대규모 자본을 바탕으로 한국 제작사를 통해 〈킹덤〉, 〈인간수업〉, 〈스위트홈〉, 〈오징어 게임〉 등과 같은 오리지널 시리즈를 제작하고, 〈사냥의 시간〉, 〈승리호〉 등 팬데믹으로 갈 곳을 잃은 한국 영화를 사들이기도 했다. 넷플릭스에 제공된 한국 콘텐츠 중 일부는 세계적 히트작이 되었다. 이제 한국의 '핫한' 콘텐츠는 모두 '넷플릭스의 선택'을 기다리게 되었다. 시간이 지날수록 넷플릭스는 콘텐츠 거래에 있어 자연스럽게 우위를 점하게 된다. 세계 200여 개 국가에 진출하며 생성된 넷플릭스의 로컬 콘텐츠 노하우가 한국에서도 여지없이 통한 것이다.

세 번째 요인으로 이른바 '기울어진 운동장'을 꼽을 수 있다. 해외 OTT 플랫폼과 K-OTT 간의 역차별 현상을 관련 업계에서는 '기울어진 운동장'이라 표현한다. 넷플릭스, 유튜브 등은 한국 OTT 기업과는 달리 망 비용을 내지 않고 편법으로 세금도 거의 내지 않으며 한국 정부의 규제로부터 비교적 자유롭다. 이 대목에서 "한국은 토종 OTT의 무덤이다"라는 말도 나왔다. 글로벌 OTT로부터 피해를 입은 한국의 미디어업계가 넷플릭스 등 해외 기업을 상대로 권리를 요구하는 것은 쉽지 않다. 이들이 주로 K-OTT를 대상으로 주장하는 음악 저작권료 확대 징수 이슈, 방송 발전 기금 및 영화 발전 기금 징수 이슈 등은 기울어진 운동장을 더욱 기울게 할 것이라는 우려를 낳는다.

네 번째 성공 요인은 팬데믹이다. 이는 주로 한국의 레거시 미디어와의 경쟁 관계에서 주효하게 작용했다. 팬데믹 상황 속에서 국민의 미디어 이용 행태는 혁명적으로 변했다. OTT의 이용 시간이 폭발적으로 증가했고, 이용 장소도 집에서의 이용이 2~3배 증가했다. SVOD 가입자가 증가하고 영화 같은 단편보다 드라마 등 시리즈물 중심의 이용이 늘었다. 넷플릭스는 위에서 언급한 내용과 함께 팬데믹 상황이 더해져 '폭풍 성장'을 하게 된다. 코로나19 이전에도 OTT를 중심으로 한 미디어 패러다임의 변화는 진행되고 있었으므로 팬데믹은 넷플릭스 성장의 주된 원인이라고 하기보다는 '강력한 촉매 역할'을 했다고 보는 것이 타당해 보인다.

한국의 OTT 지형을 살펴보자. 한국 OTT 플랫폼은 콘텐츠 사업자, 통신사, 포털 사업자, 인터넷 쇼핑 사업자, 글로벌 OTT 등에 의해 형성된다.

미국 넷플릭스와 훌루의 탄생과 선전에 자극을 받아 지상파 방송사인 SBS와 MBC가 공동 출자하여 2012년 5월 콘텐츠 연합 플랫폼[10]을 설립하고 한국형 OTT 서비스인 푹을 런칭한다. 주로 지상파 방송 다시 보기를 제공하던 푹은 비슷한 시기에 출시된 CJ 헬로비전의 티빙과 함께 'K-OTT의 전성기'를 이끌었다. 이후 2019년 SK브로드밴드의 옥수수와의 합병 브랜드인 웨이브로 흡수됐다.

10 2014년 12월 KBS가 합류한 후 지상파 방송 3사가 각각 33.3%의 지분을 소유하게 된다.

그림 3 국내 OTT 시장(SVOD)

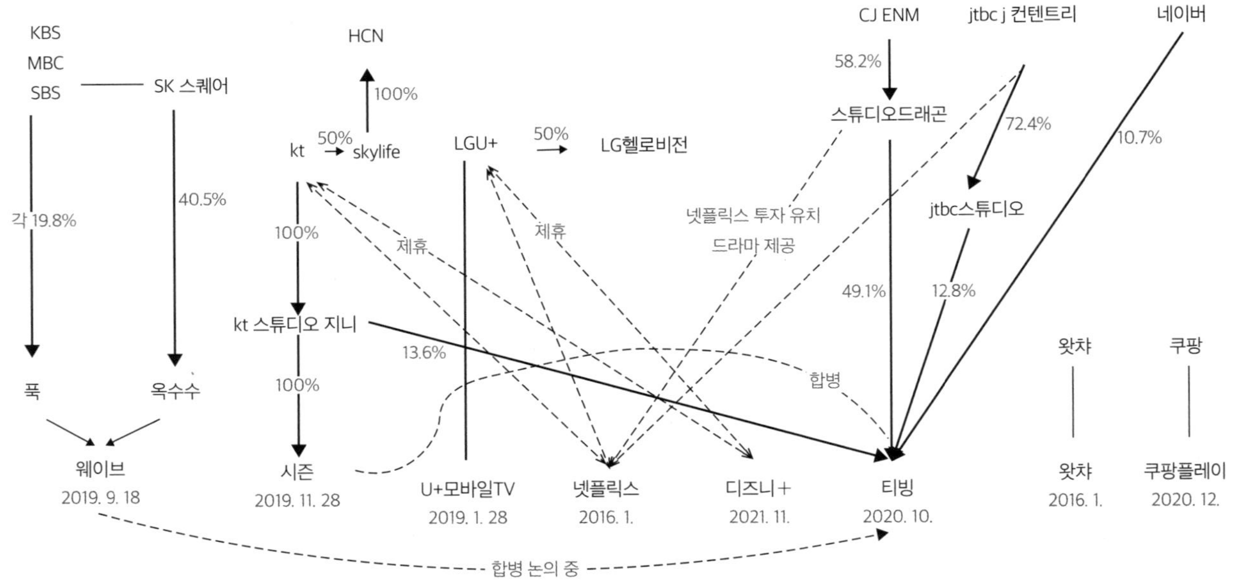

출처: 이희주, 2023.

한편, 티빙은 2010년 6월 CJ헬로비전이 케이블 TV PP(Program Provider) 콘텐츠 대상 N스크린 서비스를 위해 출시했다. 2015년 11월 CJ헬로비전이 LGU+에 매각되기 전, 티빙 사업 부문을 별도로 CJ ENM에 26억 원 규모로 양도하게 되고 이후 티빙은 jtbc, 네이버, KT 시즌seezn의 지분을 받아들이며 K-OTT의 대표적 서비스로 성장한다. 넷플릭스의 폭풍 성장은 티빙과 웨이브의 관계를 '경쟁'에서 '협력'으로 바꿀 필요성을 제시하였고 2024년 이후 본격적인 합병 논의가 진행되고 있다.

미국 아마존의 이커머스e-commerce 사업을 위한 OTT 활용 모델을 받아들인 쿠팡이 2020년 12월 24일 출시한 쿠팡플레이Coupang Play는 〈SNL 코리아〉 등 코미디쇼와 각종 스포츠 경기의 제휴 및 기획을 통해 MAU(Monthly Active Users 월간 활성 사용자 수) 700만 명 이상 수준의 서비스로 성장하였다.

표 6 한국 OTT MAU 비교

OTT 플랫폼	MAU (만 명)	기준 시점
넷플릭스	1,180	2024년 10월
티빙	810	2024년 10월
쿠팡플레이	761	2024년 10월
웨이브	420	2024년 10월
디즈니+	285	2024년 8월
왓챠	56	2024년 8월

웨이브 추산, 2024. 12.

그림 4　2024 OTT 이용 행태 조사

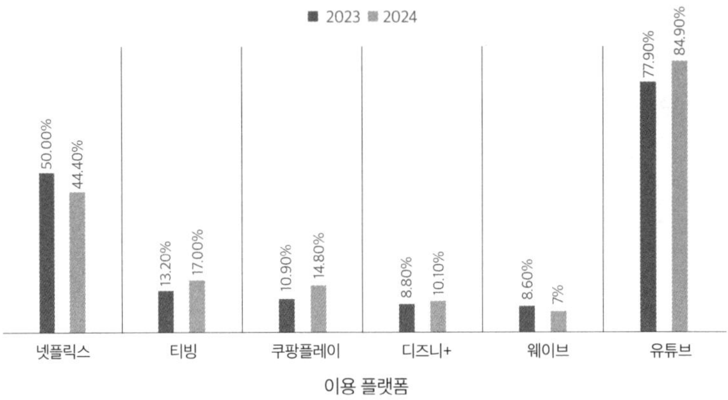

출처: 한국콘텐츠진흥원, 2024.

글로벌 OTT의 절대 강자인 넷플릭스를 추격하고 있는 디즈니+는 2021년 11월 12일에 대만, 홍콩 등과 함께 대한민국에서 공식 출시되었다. 출시 초기에는 다양한 디즈니, 마블Marvel, 픽사Pixar, 〈스타워즈*Star Wars*〉 시리즈, 내셔널지오그래픽National Geographic 등의 콘텐츠를 기반으로 많은 주목을 받았지만 아직까지 한국에서 뚜렷한 성장 모멘텀을 만들지 못하고 있는 상황이나, 그 잠재력을 무시할 수는 없다고 하겠다.

국내 미디어 산업의 판도는 넷플릭스(SVOD 영역)와 유튜브(AVOD 영역)에 의해 좌지우지되고 있다. 레거시 미디어는 물론, K-OTT도 미국발 글로벌 OTT의 엄청난 자본과 가입자 규모를 극복하기엔 역부족이다. 이렇듯 불평등한 경쟁이 성사된 배경이 궁금하다.

대한민국의 미디어 시장은 '전시 상황'이다. 한국 내 뉴 미디어 전쟁에는 크게 두 개의 전선이 존재한다. 기존 미디어(지상파, PP, IPTV,

그림 5 글로벌 미디어 전쟁: 두 개의 전선

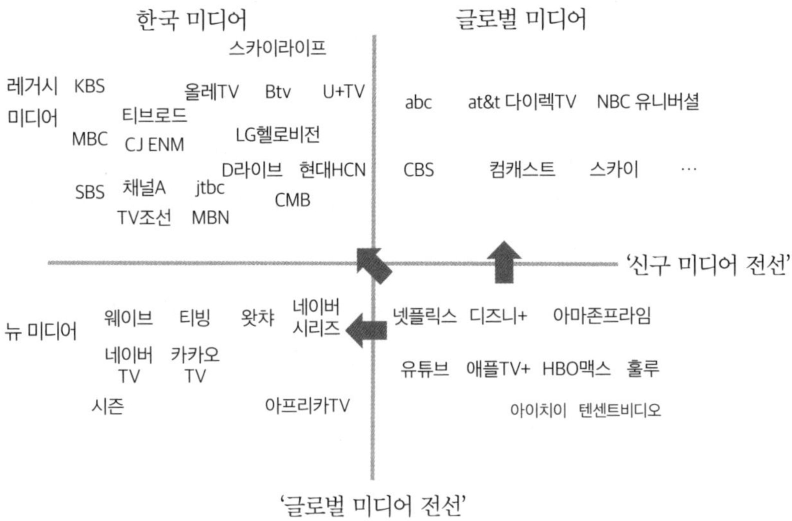

출처: 이희주, 2023.

케이블 TV 등)와 새로운 미디어(OTT) 간의 '신구新舊 미디어 전선'과 함께 국경 없는 인터넷망에 기반한 '글로벌 미디어 전선'이 그것이다. 이 중 글로벌 미디어 전선은 대한민국에서 지금껏 겪어 보지 못한 새로운 유형이다.

과거 케이블 TV나 IPTV와 같은 '뉴 미디어'가 출현했을 때는 방송통신위원회, 과학기술정보통신부 등 정부 부처에서 적절한 규제와 진흥책을 통해 기존 미디어와의 균형 발전을 꾀할 수 있었지만, '글로벌 미디어 전선'이 형성되면서 그 균형은 깨지고 있다. 국내 미디어 사업자는 물론, 학계, 정부 부처(방송통신위원회, 과학기술정보통신부 등) 등은 적잖이 당황하고 있다.

글로벌 미디어 전선을 보지 못하고 신구 미디어 전선만을 의식할 경우, 미디어 정책은 심각한 오류에 빠질 수 있다. 즉 기존 '플랫폼 규제, 콘텐츠 육성'에 방점을 둔 미디어 정책이 지속될 경우, 한국의 신구 미디어 플랫폼의 쇠퇴와 소멸을 방치할 수 있고 궁극적으로 콘텐츠 산업도 타격을 받게 된다. 지금도 학계, 국회, 정부 등에서 이러한 오류에 빠지는 사례를 우리는 흔히 볼 수 있다.

2019년 김성수 의원이 '방송법 전부개정 법률안' 발의를 통해 'OTT를 유료 방송 수준으로 규제하겠다'라고 했으나 넷플릭스나 유튜브 등 글로벌 OTT의 규제 실효성을 확보하기 어려워 결과적으로 K-OTT만 규제하게 되어 오히려 국내-해외 플랫폼 간 역차별 현상이 더욱 심해질 것이라는 우려가 제기되어 법안은 통과되지 못했다.

2020년 12월 문화체육관광부가 한국음악저작권협의회의 음악저작권료 징수 개정안을 일부 수정 승인해, K-OTT의 음악 저작권 징수 요율을 기존 레거시 플랫폼보다 2~3배 높은 수준으로 책정했다. 이 과정에서 K-OTT 사업자의 의견은 반영되지 않았다. 글로벌OTT를 중심으로 성장하고 있는 OTT 영역에 과도한 징수요율을 적용할 경우, 아직 적자를 벗어나지 못하고 있는 K-OTT는 치명적인 피해를 입을 수밖에 없다. 이와 관련, 한국음악저작권협의회와 K-OTT 사업자 간의 소송은 5년째 계속되고 있으나 해결되지 못하고 있다.

2021년 방송통신위원회가 '제5기 방통위 비전 및 주요 정책 과제 발표'에서 OTT를 '시청각 미디어 서비스'에 포함하여 방송 발전기금 징수, 이용자 보호 업무 평가, 재난방송 의무화 추진 등의 규제를 추진했으나 이 또한 글로벌 OTT에 대한 규제 실효성을 담보할 수 없어 시행되지 못했다.

2023년 4월 대한민국 대통령이 넷플릭스 본사를 방문해 테드 서랜도스Ted Sarandos CEO와 미디어 플랫폼 이슈가 아닌, 한국 콘텐츠 제공 협력만을 논의한 바 있다. 글로벌 OTT에 의해 한국의 미디어 플랫폼이 위기를 맞고 있는 상황에서 기존의 '플랫폼 규제, 콘텐츠 육성' 중심의 정책을 관성적으로 적용한 것으로, '글로벌 미디어 전선'을 보지 못하고 '신구 미디어 전선' 프레임에 갇혀버린 전형적인 예라 할 수 있다. 이러한 법안과 정책들은 넷플릭스, 유튜브 등 글로벌 영상 플랫폼에 대한 규제 실효성을 담보하기 어렵다는 데에 그 허점을 내포하고 있다. 즉 OTT를 기존 미디어 수준으로 규제할 경우, 미국이나 중국의 글로벌 OTT에는 그 규제를 강제할 수 없어 결과적으로 K-OTT의 발목만 잡아 글로벌 OTT 대비 경쟁력 저하를 가중시킬 수밖에 없는 것이다. 이 같은 정책의 배후에는 기존 레거시 미디어들의 '아우성'도 한몫을 차지한다. 글로벌 OTT로 인해 피해를 입은 한국의 레거시 미디어들이 사업 부진의 원인을 '신구 미디어 전선'에서만 보려 하고 뉴 미디어인 OTT에 강한 규제를 요구하기도 한다. 이러한 목소리는 자칫 넷플릭스, 유튜브 등 글로벌 OTT로 인해 발생한 문제들에 대해, 웨이브, 티빙, 왓챠 등 K-OTT에 책임을 전가할 수 있다. 한국에서 글로벌 OTT가 탄생하기 어려운 이유가 여기에 있다. 한국 미디어의 현실을 정확히 진단하지 못하면 올바른 처방도 요원할 수밖에 없다.

글로벌 미디어 전선으로 인한 한국 미디어 주권 상실의 위기 상황에서 돌파구는 요원해 보인다. 미국 미디어 제국주의에 대한 대비가 전무했던 탓이다. 미디어 주권 회복을 위해 올바른 방향성은 무엇이고 어디서부터 시작해야 할 것인가. '한국 전체 미디어의 경쟁력 강화'가 필요하다. 기존 레거시 미디어의 규제를 과감히 완화하고 글로벌 OTT의 대항마로 K-OTT를 육성하여 한국 전체 미디어 경쟁력을 강화하는 것이 시급하다.

글로벌 미디어 전쟁과 K콘텐츠 산업

앞서 언급한 것처럼 한국에는 기존 미디어와 뉴 미디어인 K-OTT 플랫폼들과 글로벌 OTT가 공존하고 있어 과거 어느 때보다 미디어 플랫폼이 많은 상황이다. 미디어 플랫폼은 콘텐츠가 필요하다. 국내 콘텐츠 산업의 호황기가 왔다. 하지만 이는 중장기적으로 볼 때 '일시적 호황기'에 그칠 수밖에 없다. 중국 옛 격언 중 "장강의 뒷물결이 앞 물결을 밀어 낸다長江後浪推前浪"라는 말처럼, 지상파 방송, 케이블 TV, IPTV 등 레거시 미디어는 뉴 미디어인 OTT에 점차 그 자리를 내주고 있다. 하루아침에 일어날 일은 아니지만 미디어 패러다임의 변화는 시나브로 진행되고 있다. 2017년 1월, 〈월 스트리트 저널*The Wall Street Journal*〉과의 인터뷰에서 넷플릭스의 창업자인 리드 헤이스팅스Reed Hastings는 이렇게 말했다. "앞으로 10~20년 후에 사람들은 왜 실시간 채널 형태로 콘텐츠를 소비했는지 의아해할 것이다." 그의 말대로, 대한민국 레거시 미디어 중에서 십수년 후에 살아남을 플랫폼은 많지 않을 것 같다. 극단적으로 생각하면 넷플릭스, 디즈니+, 유튜브 등 글로벌 OTT만 몇 개 남아 있을지도 모른다. 플랫폼의 소멸은 콘텐츠의 소멸을 초래한다. 이런 상황이 오면 한국의 콘텐츠 산업은 자연스럽게 글로벌 OTT의 하청 업체로 전락할 수밖에 없다. 지금도 국내 내로라하는 제작사와 일부 방송 PP들을 중심으로 넷플릭스 등 글로벌 OTT의 하청화 현상은 이미 진행되고 있다.

2020년, 넷플릭스를 통해 제공된 〈킹덤 2〉가 전 세계적으로 화제가 되었다. 국내 언론에서는 연일 "한국의 드라마가 넷플릭스를 타고 해외 수출에 날개를 달고 있다"라는 기사를 내보냈고, 학계 등 전문가들은 "콘텐츠 산업의 진흥을 위해 넷플릭스를 통한 해외 수출을 적극 검토할 필요가 있다"라는 의견들을 피력하고 있었다. 과연 〈킹덤 2〉의 제작사인 에이스토리는 '수출'을 한 것일까? 그 '수출'을 통해 얼마나 이익을 얻었을까? 〈킹덤 2〉가 한국 콘텐츠이긴 한 것인가? 결론부터 말하면, 〈킹덤 2〉의 흥행은 제작사에 추가 수익을 한 푼도 가져다주지 않았다. 〈킹덤 2〉는 한국 콘텐츠도 아니다. 그러므로 그 거래는 '수출'이라 볼 수 없다.

넷플릭스는 2020년 한국 콘텐츠에 3,000억을 투자해 유의미한 성과를 거둔 바 있다. 2021년 약 5,500억 원, 2022년 5,500~8,000억 원(업계 추정)을 한국형 콘텐츠 제작에 투자했고 2023년 4월, '향후 4년간 한국 콘텐츠에 25억 달러(약 3조 3,375억 원)를 투자하겠다고 발표했다. 넷플릭스에게 한국은 저렴한 가격으로 고품질의 콘텐츠를 수급할 수 있는 매력적인 콘텐츠 공급원이다. 〈킹덤〉, 〈인간수업〉, 〈스위트홈〉, 〈오징어 게임〉 등의 시리즈는 단지 한국 내에서 흥행을 넘어 전 세계적으로 돌풍을 일으키며 넷플릭스의 글로벌 가입자 증가에 기여하고 있다. 해당 드라마를 만든 제작사들은 넷플릭스와의 계약에서 실제작비 외 일정 정도의 기업 이윤을 보장받는다. 그뿐이다. 드라마 흥행에 따른 추가 인센티브는 없다. IP도 모두 넷플릭스의 것이다. 중국의 한한령과 국내 지상파 방송의 미디어 파워가 약해짐에 따라, 한국 콘텐츠는 해외 유통을 통해 제작비를 보전하기 어려워졌다. 이런 상황에서 제작비 보전은 물론 소정의 기업 이윤까지 보장해 주는 넷플릭스의 제안은 한국 제작사들에게 달콤할 수밖에 없다. '대박'보다는 '안정'을 선택한다. 하청화가 진행된 것이다. 〈오징어 게임〉 제작사인 싸이런픽쳐스는 넷플릭스로부터 214억 원을 받고 〈오징어 게임〉의 모든 IP를 넘겨주었다. 〈오징어 게임〉은 2021년 9월 17일 방영 후 첫 28일 동안 1억 4,200만 가구 이상이 시청했고 전 세계 94개국에서 1위를 차지하는 글로벌 히트를 기록했다. 전 세계적 흥행을 통해 넷플릭스가 벌어들인 경제적 가치는 얼마일까. 당시 넷플릭스 내부 문서에 따르면 〈오징어 게임〉은 넷플릭스에 약 1조 원(약 8억 9,100만 달러)의 가치를 창출한 것으로 평가되었다. 〈오징어 게임〉 방영 이후 신규 가입자 수는 약 450만 명 이상으로 추정된 바 있다. 여기에 더해 넷플릭스는 〈오징어 게임〉 관련 상품 판매, 라이선싱, 협업 등으로 상당한 부가 수익을 창출하기도 한다. 게임도 제공했다. IP를 가지고 있으니 당연히 시즌 2를 제작할 권리도 넷플릭스에 있다.[11] 싸이런픽쳐스는 계약금 214억 원 외에 성공에 따른 어떤 추가 보상도 받지 못했다.

콘텐츠 산업은 부가 가치가 높은 산업이다. 하지만 위에서 언급한 하청 계약 속에서 그 부가 가치는 온전히 제작사의 몫이 아닌 넷플릭스의 것이 되었다. 한국 제작사와 계약한 한국 감독이, 한국 작가가 쓴 대본으로, 한국에서, 한국 배우와 작품을 만들었다고 해도 〈오징어 게임〉은 넷플릭스가 투자한 '미국 콘텐츠'일 뿐이다. 2020년 9월 넷플릭스는 오리지널 드라마 〈보건교사 안은영〉에 대해 한국 영화진흥위원회[12]에 로케이션 인센티브Location Incentive[13]를 요구하기도

11 〈오징어 게임〉 시즌 2는 2024년 12월 26일, 시즌 3는 2025년 6월 27일 공개되었다.

12 영화진흥위원회(KOFIC, Korean Film Council)는 대한민국의 영화 산업을 발전시키기 위해 설립된 문화체육관광부 산하의 준정부 기관이다. 한국 영화의 제작, 배급, 상영 등 전반적인 영화 산업을 지원하고, 국내외 영화 시장에서 한국 영화의 경쟁력을 강화하는 데 중요한 역할을 담당한다.

13 한국 영화진흥위원회가 관광 유발 및 고용 창출 등의 제반 경제 효과를 제고하고, 한국 영화 산업의 제작 역량 향상 및 국제적 제작 네트워크 형성을 도모하기 위해 외국 영상물 로케이션 인센티브 사업을 시행하고 있다. 외국 영상물 제작사가 기획, 개발하여 제작하는 외국 영상물이며, 자본이 순 제작비의 80%를 초과하여 투자하는 장편 극영화, TV 시리즈, 다

했다. 미국 기업 넷플릭스가 IP를 보유한 〈보건교사 안은영〉은 미국 작품이니 로케이션 인센티브를 요구하였다. 해당 드라마를 한국 작품으로 인식하고 있던 영화진흥위원회 입장에서는 황당한 요구다.

넷플릭스는 드라마뿐 아니라 한국 영화계에도 '큰손'으로 떠올랐다. 봉준호 감독의 2017년작 〈옥자〉는 넷플릭스가 투자하여, 넷플릭스 오리지널로 극장 개봉 없이 넷플릭스에서 바로 서비스되었다. 또 코로나19로 인해 극장 개봉을 주저하던 〈사냥의 시간〉, 〈승리호〉, 〈차인표〉, 〈낙원의 밤〉 등이 넷플릭스에 팔리기도 했다. 〈승리호〉는 영화진흥위원회가 제작 투자를 한 영화다. 결과적으로 한국의 영화진흥위원회가 미국 영화를 위해 미국 영화 제작에 투자한 꼴이 되어버렸다. 글로벌 OTT에서 비롯된 하청화 현상이 한국 콘텐츠 산업을 실속 없이 만들고 있다.

K콘텐츠 하청화의 득과 실은 무엇인가. 글로벌 OTT의 거대 자본은 스튜디오드래곤, 제이콘텐트리, 팬엔터테인먼트, 키이스트, 에이스토리 등과 같은 국내 수준급의 콘텐츠 제작사를 글로벌 제작사로 성장할 기회를 제공하고 있다. 〈오징어 게임〉 시즌 1의 제작비가 214억이었지만 시즌 2의 제작비는 약 8,000만 달러(약 1,000억 원)로 4배가량 뛴 것으로 알려져 있다. 미국 히트 시리즈의 제작비[14]보다는 적은 금액이지만 한국의 역대 드라마 제작비로는 최고가를 경신한 수

큐멘터리를 대상으로 국내 촬영일과 국내 집행 비용에 따라 한국에서 지출된 제작 비용의 최대 30%까지 환급해 준다. 한국에서 촬영했던 〈어벤저스*Avengers*〉 2편의 경우 30억을 지급한 바 있다.

14 넷플릭스 오리지널 시리즈 〈기묘한 이야기*Stranger Things*〉 시즌 4의 회당 제작비는 약 3,000만 달러(약 389억 원)로, 9개 에피소드로 구성된 총 제작비는 약 2억 7,000만 달러(약 3,507억 원)를 기록하였다.

준이다. 한국의 콘텐츠 제작사가 글로벌 OTT에 줄을 서는 이유다.

넷플릭스 같은 글로벌 플랫폼을 통해 서비스되어 '한국 콘텐츠'가 전 세계적인 관심을 받게 된 것도 긍정적인 현상으로 볼 수 있다. 넷플릭스가 아니라면 K콘텐츠가 전 세계 3억 명의 시청자에게 동시 공개되는 기회를 가질 수 있었을까? 넷플릭스를 통해 흥행한 K콘텐츠 덕에 한국에 대한 전 세계인의 태도가 달라지고 있다. 〈킹덤〉과 〈오징어 게임〉을 본 전 세계 시청자들은 또 다른 한국 콘텐츠를 찾고 요구하고 있다. 결과적으로 글로벌 OTT 플랫폼들이 K콘텐츠를 사려고 한국의 문을 두드리고 있다.

또한 이렇게 세계적으로 알려진 '한국 콘텐츠'들은 한국의 감독과 배우, 작가 등에게 국제무대 진출의 발판을 제공하고 있다. 배우 이정재는 넷플릭스 시리즈 〈오징어 게임〉으로 2022년 에미상 남우주연상, 미국 배우조합상Screen Actors Guild Awards 남우주연상 등 해외에서 여러 권위 있는 상을 수상하며 한국 배우로서 새로운 역사를 썼다. 황동혁 감독도 에미상 드라마 부문 감독상을 수상했는데, 아시아 감독으로는 최초다. 〈오징어 게임〉은 2022 에미상에서 특수효과상, 스턴트 퍼포먼스상, 프로덕션 디자인상, 특수 분장상 등을 포함해 6개 부문을 석권했다. 2억 8,000만 가입자를 보유한 넷플릭스의 매체 파워는 한국 배우와 감독에게 세계적 스타로 부상하기 위한 초특급 티켓을 제공한다. 넷플릭스 작품에 참여하는 것은 국내 미디어 산업 종사자들에게 달콤한 꿈이 되었다. 출연료나 감독료는 더 이상 문제가 아니다.

이처럼 많은 효과에도 불구하고 K콘텐츠 하청화 현상은 많은 우려를 낳았다. 제작사가 IP를 양도해 버려서 추가 수익을 기대할 수가 없는 것은 심각한 문제다. 한국영화진흥협회, 한국콘텐츠진흥원 등 정부 산하 기관에서 콘텐츠 제작 지원을 하는 이유는 콘텐츠 산업이 부가 가치가 높은 산업이기 때문이다. 하지만 만들어서 납품하는 것으로 끝나 버린다면 더 이상 제작 지원의 가치가 없어진다.

감독도 배우도 작가도 넷플릭스가 먼저 선택하고 남은 자원을 선택할 수밖에 없는 한국 미디어 플랫폼들은 경쟁력을 잃고 점차 소멸할 수밖에 없다. 국내 레거시 미디어 플랫폼은 물론 K-OTT 플랫폼들이 소멸해 간다면, K콘텐츠 산업도 위축될 수밖에 없다. 지상파 방송사가 월화 드라마, 수목 드라마, 금토 드라마, 주말 드라마를 편성하던 것은 이미 옛말이 되었고, K-OTT 플랫폼이 넷플릭스와의 경쟁을 위해 저마다의 오리지널 콘텐츠를 만들던 모습도 요즈음은 좀처럼 찾아보기 힘들다. '채널 형태 방송 시청'에서 'VOD 선택적 시청'으로 행태가 바뀌면서 시청자는 점점 교양 프로그램으로부터 멀어진다. 레거시 미디어 플랫폼의 교양 프로그램을 제작하던 중소 제작사가 설 자리는 점차 좁아지고 있다. 한국의 미디어 산업 규모가 작아지고 있다. 궁극적으로 글로벌 OTT의 독점화에 기대는 수준급의 제작사 몇 개가 남겠지만, 이들조차 글로벌 OTT의 커져 버린 매체 파워에 의존할 수밖에 없을 것 같다.

K콘텐츠 하청화는 '한국 콘텐츠의 국적 상실'을 의미한다. 중국 부품으로 만든 삼성 스마트폰을 '한중 합작품'이라고 말하지 않는 것처럼, 한국인이 만든 〈오징어 게임〉과 〈킹덤〉도 엄연히 '미국 콘텐츠'일 수밖에 없다. 미국 플랫폼에서 서비스되는 미국 콘텐츠를 한국 정부가 관리하기 어렵다. 여기에서 사회/문화/역사적 문제가 발생한다.

미디어는 산업이기 이전에 문화

글로벌 OTT에서 발생하고 있는 각종 왜곡 이슈들을 살펴보자. 2020년, 넷플릭스 오리지널로 제작된 〈킹덤〉은 대만에서도 공개되었다. 대만에서 공개된 제목은 〈이시조선李屍朝鮮〉. 일제가 조선을 폄하해 칭한 바 있는 '이씨조선李氏朝鮮'에서 '성씨 씨氏'를, 좀비를 비유해 '시체 시屍'로 바꾸어 언어유희를 노린 제목이다. 한국인들이 볼 때는 '천인공노할 만행'이다. 하지만 한국의 방송통신심의위원회를 비롯한 한국의 정부 기관은 시정조치 등 행정적 조치를 취할 수 없었고, 제작사인 에이스토리조차 IP를 양도해 버렸으니 그저 구경만 할 수밖에 없었다. 주연 배우 주지훈이 포스터에 있는 자신의 가슴팍에 '李屍朝鮮'이 박혀 있는 것을 보고 굴욕감을 느껴도 할 수 없다. 출연 계약 당시에 초상권을 포기해 버린 터라, 할 수 있는 법적 조치는 아무것도 없다. 제목을 바꾸는 것은 오로지 넷플릭스의 권리일 뿐이다. 넷플릭스는 한국 네티즌들의 거센 비난과 항의를 접하고 나서야 그 제목을 수정하게 된다.

넷플릭스 다큐멘터리 〈사무라이의 시대: 일본의 전쟁 군주들*Age of Samurai: Battle for Japan*〉은 일본 전국 시대의 주요 인물들과 사건들을 다룬 역사 다큐멘터리로, 드라마틱한 재연과 서양의 일본 역사 전문가들의 해설이 결합된 형식으로 제작되었다. 임진왜란 부분에서 조선 의병장인 '홍의장군紅衣將軍' 곽재우郭再祐 장군이 "처녀들의 월경혈로 물들인 붉은 옷을 입었다"라고 설명하고 있다. 드라마도 아닌 다큐멘터리에서 역사적 근거 없는 자극적 이야기를 경솔하게 담은 것이다. 실제로 곽재우 장군이 입었던 붉은 옷은 부친 곽월郭越이 명나라에 사신으로 갔을 때 가져온 붉은 비단으로 만든 것으로 알려져 있다. 게다가 임진왜란을 다루면서 이순신 장군 이야기는 한 번도 나오지 않는다.

그 이외에도 〈사냥의 시간〉 독일어판, 〈하백의 신부〉 프랑스어판, 〈더 에이트 쇼〉 스페인어판에서는 동해를 일본해[15]로 오역해 자막을 제공했고 〈택시운전사〉 일본판 설명 자료에서 5·18 광주 민주화 운동을 '폭동暴動'과 '소요 사태civil unrest'로 표현해 한국 국민의 공분을 샀다. 한국 배우가 출연하는 한국 작품에서 '동해'가 아닌 '일본해'라는 자막이 제3국의 시청자들에게 노출된다는 것은 치명적이다.

사례는 해외 작품에도 있다. 넷플릭스 오리지널 시리즈 〈엄브렐러 아카데미*The Umbrella Academy*〉 시즌 2의 특정 에피소드에서는 욱일기 문양의 화면 배경이 맥락도 없이 등장해 논란이 되었다. 한국뿐만 아니라 아시아권에서도 이 장면에 대해 민감하게 반응하며, "역사적 맥락을 고려하지 않고 욱일기 이미지를 사용하여 제국주의 잔재를 미화했다"라는 지적이 빗발쳤다.

2019년 4월, 일본 유명 애니메이션 스튜디오 유포테이블Ufotable이 고토게 코요하루吾峠呼世晴의 만화를 원작으로 제작한 〈귀멸의 칼날〉은 한국에서 매우 큰 흥행을 기록하며, 문화적 영향을 크게 미친 작품이다. 작품 속 주인공의 귀걸이에 욱일기 문양이 등장해 한국과 중국 등에서 비판의 목소리가 컸다. 당시 K-OTT인 웨이브에서는 욱일기 문양을 일장기 문양으로 수정해서 방영되었으나, 넷플릭스에서는 수정 없이 욱일기 문양 그대로 방영되어 '통제 불능 플랫폼'임을 여실히 자증自證한 바 있다.

넷플릭스 드라마 〈봄베이 우먼*Bombay Begums*〉은 인도 뭄바이의 독립운동가들을 중심으로 한 이야기를 다루고 있다. 그러나 인도 아동

15 Japanischen Meer(독일어 판), Mer du Japon(프랑스어판), Mar del Japón(스페인어판).

권리위원회(NCPCR)는 드라마의 일부 장면이 인도의 아동 성범죄 피해자 보호법을 위반했다고 주장하며, 해당 장면 5개의 삭제를 요청했으나 이에 대해 넷플릭스는 드라마의 내용이 인도 법률을 준수한다고 주장하며, 법적 조치를 취할 계획이 없다고 밝혔다.

2022년 5월 방영되어 전 세계적으로 흥행한 넷플릭스 드라마 〈기묘한 이야기〉 시즌 4에서는, 일부 장면이 홀로코스트 수용소(루키스케스 교도소)에서 촬영되어 논란이 일었다. 당시 유대인 및 집시 단체는 홀로코스트 피해자들의 기억을 훼손하고 있다는 비판을 제기하였고 특히 피해자들의 고통을 상업적 목적으로 활용하는 것에 대한 강한 우려를 표명하기도 했다. 논란 이후 루키스케스 교도소는 드라마의 인기를 활용, 감방을 세트장처럼 꾸며 방문객에게 대여하는 사업을 중단했으나, 넷플릭스는 공식적인 사과조차 하지 않았다.

넷플릭스와 함께 한국 미디어 판을 뒤흔들고 있는 유튜브에도 사례는 무궁무진하다. 일본 외무성은 2021년 10월 "일본의 오랜 문화로서의 욱일기"라는 광고 영상을 한국어, 영어, 중국어 등으로 제작하여 공식 유튜브 채널에 게시했다. 이 영상은 욱일기가 일본 문화의 일부이며 수백 년에 걸쳐 내려온 전통 문양이라고 주장하며, 스포츠 응원 등에서 사기를 북돋우는 상징으로 사용된다고 설명할 뿐, 욱일기가 일본군의 군기로 사용되었고, 침략 전쟁의 상징으로서 아시아 여러 나라에 고통을 안겨준 역사적 배경을 언급하지 않고 있다. 심각한 것은, 이 영상은 한국어로 제작되어 국내 유튜브 광고로 등장하였고 청소년을 포함한 한국인들에게 고스란히 노출되고 있다는 점이다. 사이버 외교 사절단 반크VANK[16]가 유튜브 코리아에 항의 서

16 Voluntary Agency Network of Korea. 대외 국가 홍보와 교류 활동 등 사이버 민간 외교

한을 보내고 광고 금지를 요청하는 등 시정 운동에 나섰다. 반크는 욱일기가 나치의 하켄크로이츠Hakenkreuz와 같은 전범기이며, 일본 제국주의의 침략으로 인해 고통받은 아시아인들에게는 부정적인 상징이라고 강조했지만, 해당 광고는 아직도 버젓이 올라가 있다.[17] 일본 '영토·주권 전시관'이 유튜브에 올린 '다케시마' 홍보 영상은 일본인을 대상으로 하고 있다. 일본인 가족의 대화를 통해 '독도가 일본 땅이며, 미래 세대에는 방문할 수 있을 것'이라는 내용을 담고 있다.

글로벌 OTT를 중심으로 발생하는 의도적 또는 비의도적으로 일어나는 문제는, 사실 그 자체보다 방영 국가에서 이를 공식적 또는 사회적으로 통제할 적절한 수단이 없다는 것이다. 국내 미디어 플랫폼에서 이런 일이 발생했다면 방송통신심의위원회를 비롯한 각종 사회단체의 비난과 항의가 빗발칠 것이다.[18]

미디어가 단순히 산업의 영역이라면, 삼성전자가 전 세계 휴대폰 판매 1위를 차지하고 있는 글로벌 시대에 '국수주의적 편협한 시각'이 오히려 문제라고 하겠지만, 미디어가 사회·문화·역사의 영역을 다룬다는 측면에서 대수롭지 않게 넘어갈 문제는 아니다. '미디어 주권을 넘겨주면 문화 주권도 함께 넘겨준다'라는 공식을 새삼스레 깨닫는다. 물론 이런 비판적 시각이 한국 제작사들에게 '글로벌 OTT

관 역할을 표방하고 있는 한국 비정부 민간 단체로 1999년 설립되어 한국에 대한 잘못된 정보를 바로잡고, 동해와 독도에 대한 국제 표기를 수정하는 활동을 주로 한다.

17 '일본의 오랜 문화로서의 욱일기' https://www.youtube.com/watch?v=9ONIe8vgg-A

18 2021년 3월 방영된 SBS 드라마 〈조선구마사〉에서는 전투 장면 중 말이 강제로 넘어지는 모습이 담겼다. 이 과정에서 말의 목이 부자연스럽게 꺾이는 장면이 포착되었고, 동물 보호 단체는 물론 일반 시청자들로부터 동물 학대라는 강한 비판이 제기되었다. 이 외에도 역사 왜곡, 중국풍 소품 사용 등의 논란으로 SBS는 결국 버티지 못하고 방영 2회를 끝으로 방영 중단과 폐지를 결정하였다.

가 투자하는 콘텐츠를 만들지 말라'는 것을 의미하는 것은 아니다. 자본주의 사회에서 콘텐츠 산업도 각자의 이익을 위해 선택할 수밖에 없다. 제작사를 탓할 수도, 시청자를 탓할 수도 없다. 다만 적절한 수준의 질서가 필요하다. 한국 정부나 국회, 학계 등 '미디어 정책'을 고민하는 주체들에게는 '정확한 미디어 현실 인식'이 필요하고 이에 기반을 둔 '과감한 정책과 최소한의 지침 수립'에 대한 고민이 필요하다.

미디어 주권의 수호: 콘텐츠 산업 발전의 기본

과거 지상파 방송, 유료 방송 등 레거시 미디어 시대에는 국가별 진입 장벽이 있어 규제를 통해 사업권 보호와 의무를 부여하면 됐지만 국경 없는 인터넷 환경에선 얘기가 다르다. 이미 우리 일상에 깊숙이 침투해 있는 글로벌 OTT들을 중국처럼 'IP 차단'과 같은 극단적 방법으로 걷어 낼 수도 없다. 그렇다면 정책 패러다임도 전향적으로 바뀌어야 한다. 하지만 대한민국 정부와 국회가 내놓은 몇몇 OTT 정책들을 보면 기존 프레임 속에서 갈피를 잡지 못하는 경우가 많다.

2019년 6월 정부는 '디지털 미디어 생태계 발전 방안'을 발표했다. 과학기술정보통신부, 방송통신위원회, 문화체육관광부, 공정거래위원회 등 다양한 부처의 제각각의 견해가 있는 만큼, 국무조정실에서 정책안을 조율했다. 낡은 규제의 청산 및 완화, 콘텐츠 제작 투자 지원, 글로벌 진출 기반 조성 등 반박의 여지 없는 정확한 진단과 정책 방향 설정이었다. OTT에 대해서도 영상물 등급 사전 심의 폐지 등 규제 완화와 함께 여러 진흥 정책들을 내놨다. OTT 업계의 바람이 잘 반영돼 있다는 점에서 매우 고무적이었다. 하지만 이후 각 정부 부처의 정책이나 국회가 발의한 미디어 법안들은 한국 미디어 산업에 대한 통찰이 배제되고 현안 디테일에만 집착하다가 곳곳에 모순점을 노출하기 일쑤다.

한국형 미디어 플랫폼을 포기하는 것은 궁극적으로 K콘텐츠 산업의 쇠락과 미디어 주권 상실을 초래할 위험이 크다. 글로벌 미디어 전쟁은 비단 사업자만의 몫이 아니다. 2024년 4월 23일 미국에서 제정한 '틱톡 강제매각법'은 글로벌 미디어 전쟁에 정부가 적극적으로 개입하는 사례다. 해당 법안은 미국 정부가 중국계 동영상 플랫폼인 틱톡의 미국 내 사업권을 강제로 매각하도록 요구하는 내용을 담고 있다. 이는 틱톡이 수집하는 방대한 양의 민감한 데이터가 외국 적대 세력의 통제에 취약하다는 우려에서 비롯되었다. 당시 미국 연방대법원은 이 법안에 대해 만장일치로 합헌 결정을 내리며, 표현의 자유를 침해하지 않는다고 판시한 바 있다.[19] 최근 테슬라Tesla의 CEO인 일론 머스크Elon Musk를 비롯해 오라클Oracle, 퍼플렉시티Perplexity, 마이크로소프트Microsoft 등 미국 기업들이 틱톡 인수에 깊은 관심을 보이고 있다. 구글이나 페이스북 등 미국의 글로벌 미디어가 전 세계인의 정보를 집어삼키고 있는 상황에서 이러한 미국 정부의 '자국 이기주의적 결정'은 중국을 포함한 전 세계인에게 충격과 함께 씁쓸한 느낌을 안기기에 충분했다.

미디어 주권을 지키기 위해 중국처럼 넷플릭스, 유튜브의 IP를

19 틱톡은 2025년 1월 19일부터 미국 내 서비스를 일시 중단하기도 했으나 도널드 트럼프 대통령 당선인이 취임 후 틱톡 금지법의 시행을 75일간 유예하는 행정 명령을 내렸고, 이후 이를 두 차례 연장해 최종 유예일이 2025년 9월 17일까지 연장되었다.

원천 차단할 수는 없다. 통상 마찰 이슈를 버텨 낼 수 없는 한국 정부 입장에서는 극단적이지 않은 방법을 모색해야 한다. 디지털 미디어 활성화를 위한 컨트롤 타워를 설치하고 관련 부처별 역할을 부여할 필요가 있다. 글로벌 OTT와 K-OTT를 법적으로 구분하고 양자 간 역차별 이슈를 최소화하는 한편, 레거시 미디어의 규제를 과감히 완화하고 K-OTT의 육성을 통해 대한민국 전체 미디어 경쟁력을 확보할 필요가 있다.

글로벌 OTT 대비 경쟁력 확보를 위해 필요하면 '통 큰 협력'도 고려해야 한다. 미디어 관련 기업 간의 합병이나 유료 방송 채널과 OTT 플랫폼의 공동 제작과 같은 이종 미디어 플랫폼 간 협력은 물론, 대형 콘텐츠의 공동 제작을 위한 다국적 협력도 적극 검토할 만하다. 한국발 글로벌 OTT의 성공은 K콘텐츠 진출을 위한 '파이프라인'을 전 세계에 구축하는 것을 의미한다. 미디어 주권을 지켜내는 것은 한국 콘텐츠 산업 발전을 위한 기본 조건이다.

7장

K콘텐츠 유통의 이해

OTT 등장과 콘텐츠 유통의 의미

이헌율

이헌율

고려대학교 미디어대학 교수로, 방송의 무한 확장에 학문적인 관심을 두고 있다. 1994년 케이블 TV PD로 방송과 인연을 맺었고, 아이오와주립대학교에서 미디어학으로 박사 학위를 받았다. 방송 관련 논문을 20여 편 발표했으며, 옮긴 책으로는《다시 읽는 OTT 플랫폼: 인터넷 텔레비전의 이론적 접근》이 있다.

K콘텐츠는 세계적인 주목을 받고 있지만, 방송·영상 콘텐츠 역사 측면에서 보면 불과 얼마 되지 않은 일이다. 전통적으로 할리우드 콘텐츠는 20세기 이후 지속적인 인기를 누렸고, 이와 함께 일본의 애니메이션이나 남미 국가들의 텔레노벨라도 세계적인 유통에 합류하였다. 이런 사실을 고려하면 거시적인 측면에서 K콘텐츠의 글로벌 유통을 이해할 필요가 있다. 이 장에서는 드라마를 중심으로 콘텐츠 특성이 유통과 가지는 영향, 콘텐츠 유통에 대한 정치경제학적 이해, 그리고 OTT를 비롯한 방송·영상 산업과의 관계 등을 통찰적으로 살펴보려 한다.

드라마 콘텐츠와 유통을 연결해서 본다면?

콘텐츠의 글로벌 유통은 현대 미디어가 등장하기 전부터 있었다. 예를 들면, 《삼국지연의》와 같은 소설 콘텐츠는 현대 이전에도 동아시아 전역에서 인기를 누렸다. 20세기에 들어서 방송과 같은 현대적 미디어가 변화시킨 것은 이런 콘텐츠 유통 범위를 확대하고 속도를 앞당긴 것이다. 하지만 콘텐츠가 문화 경계를 넘어 교류되는 것이 당연한 일은 아니다. 콘텐츠가 가지는 문화적 특성과 경제적 조건이 있기 때문이다. 문화적 특성이란 콘텐츠가 담고 있는 각각의 요소, 예를 들면, 드라마의 이야기 구조나 미학적 요소, 음악의 리듬, 예능의 웃음 코드 등은 시청자가 가지고 있는 문화적인 배경에 따라서 이해도가 다를 수 있어서 문화적인 특수성을 가진다. 경제적인 면에서도 방송·영상 콘텐츠의 경우 비교적 많은 제작비가 필요하고, 투자에 비해 결과가 불분명하다는 점에서 유통에 제한점이 있다.

이에 더해 콘텐츠별로도 유통에 더 적합한 콘텐츠가 있다. 콘텐츠는 확산이 쉬운 콘텐츠가 있고 어려운 콘텐츠가 있다. 이를 미디어학자인 헨리 젱킨스Henry Jenkins는 확장성speadibility이라고 칭한다(Jenkins et al., 2013). 유통이 쉽다는 것은 국가적 경계를 넘어 공유하기 쉬운 것을 말하는데, 좋은 예가 K팝과 같은 음악이다. 음악이라는 비언어적인 요소를 기반으로 문화·정치적 차이를 비교적 손쉽게 극복할 수 있는 것이다. 반대로 드라마의 경우, 그 안에 있는 문화적 코드는 언제나 드라마 자체의 스토리라인과 함께 시청자가 속해 있는 사회적 배경 안에서 이해되어서 제작된 곳의 문화 밖으로 유통하기가 더 힘들다. 예를 들면, 미국의 유명한 시트콤인 〈프렌즈*Friends*〉는 전 세계적으로 인기 있는 콘텐츠이지만, 한국 사람이 그 코미디 코드를 완전히 이해하기는 쉬운 일이 아니다. 심지어 웃음소리 음향 효과가 없을 때는 완전히 다른 이야기가 되어 버린다는 연구 결과도 있다(Cai et al., 2019). 따라서 유통이 쉬운, 그리고 어려운 장르의 콘텐츠가 있다.

콘텐츠 유통이 원활하게 되는 조건이 있다면?

콘텐츠 유통은 각국의 지리적, 역사적 조건에 영향을 받기도 한다. 이는 위에서 말한 경제적 조건이나 문화적 요소와 밀접한 관련이 있다. 이웃한 국가 간에는 문화적으로 공유하는 것이 많아서 지리적으로 인접한 문화권끼리 콘텐츠 교류가 더 활발할 수 있다. 예를 들면, 한류가 2000년대 전후에 시작되었을 때, 주요 국가가 중국, 일본, 동남아시아 순인 것은 우연이 아니라, 공유하는 문화 요소가 많아서 콘텐츠를 이해하기가 상대적으로 쉬운 까닭이었다. 이는 남미의 드라마 장르인 텔레노벨라가 남미 대륙 전체에서 공유되고, 남미인들이 이주 경로에 기반하여, 미국으로 또 스페인과 포르투갈 등으로 유통 경로를 확장한 것도 이런 맥락이다. 다른 예를 들자면, 할리우드 콘텐츠의 주요 유통국은 캐나다, 영국, 호주 등으로, 영어를 쓰는 언어적인 공통성과 식민·피식민의 역사를 배경으로 이해할 수 있다. 미국의 공영 방송인 PBS가 BBC 콘텐츠를 1960년대부터 공유하고, 역으로 미국 상업 방송 콘텐츠가 채널4와 같은 영국의 후발 방송에 초기 편성된 것도 같은 맥락이다.

또 다르게 콘텐츠 유통에 대해 생각해 본다면, 콘텐츠의 주요 수출국과 수입국을 구분할 수 있다. 물론 주요 수출국은 20세기 들어서 문화적인 주도권을 가지게 된 미국과 영국, 그리고 서구 몇 나라를 꼽을 수 있다. 하지만 서구 국가 중에서도 충분한 내수 시장을 보유한 나라는 자체적인 수급 체계를 가지고 할리우드 콘텐츠에 대항할 능력을 갖추지만, 반대로 작은 나라들은 그렇지 못할 경우가 많다. 예를 들면, 스위스나 오스트리아 같은 나라는 대부분 콘텐츠를 미국이나 같은 언어를 쓰는 독일에서 콘텐츠를 많이 수입한다. 우리 주변 아시아 국가들 가운데에도 충분한 자생력을 가진 나라인 인도, 중국, 일본, 한국 등은 수입 콘텐츠보다 자국 콘텐츠를 더 많이 소비하지만, 그렇지 않은 나라들은 수입 콘텐츠 소비가 상대적으로 더 많을 수 있다.

콘텐츠는 어떤 형태로 유통될까?

방송 미디어는 콘텐츠 녹화가 가능해지면서 초국가적 유통을 시작하였고, 이후 다양한 형태의 유통 비즈니스 모델을 개발해 왔다. 유통을 통해서 방송사들은 자국 제작물보다 우수하거나 구매·제작 비용이 저렴하다는 점 등의 장점이 있는 콘텐츠를 조달했다. 현재 OTT 서비스도 비슷한 이유로 유통에 적극 참여하고 있다. 제러미 턴스톨Jeremy Tunstall(2008)은 크게 일곱 가지 방식으로 구분하는데 그 중 드라마 유통과 관련된 다섯 가지를 중심으로 설명하고자 한다.

우선 '원본' 유통Without any alteration이 있다. 이는 예를 들면, 할리우드 콘텐츠가 자막이나 설명 없이 바로 호주와 같은 영어권 국가에 원작 형태 그대로 방영되는 것을 말한다. 따라서 수출국과 수입국의 시청자는 같은 콘텐츠를 시청하게 된다. 그렇다고 해서 미국과 호주의 시청자가 완전히 같은 경험을 하는 것은 아니다. 왜냐하면 언어가 같아도, 정치·문화·역사적 배경은 다르기 때문이다. 같은 콘텐츠에 나오는 상품이 미국에는 있지만 호주에는 없을 수도 있고 그 반대의 경우도 가능하다.

두 번째 유통 방식은 '번역·편집Translated or edited' 수출입이다. 다른 언어권에 있는 나라에 유통되는 경우 번역이 필요하고, 그 방식은 크게 더빙과 자막으로 나뉜다. 우선 오디오를 현지어로 바꾸는 더빙을 보면, 더빙은 대부분 수입국 중에서도 그나마 경제력이 있는 나라에서 나타난다. 그 이유는 전문 성우들이 동원되는 더빙은 더 많은 제작비가 필요하기 때문이다. 예를 들면, 유럽 국가 중에서도 프랑스, 독일, 이탈리아 같은 주요 국가에서는 해외물이 주로 더빙의 형태로 방영된다. 우리나라 경우에도 1990년대까지는 더빙이 주된 형태였다. 자막의 경우는 수입 후 제작비가 더빙에 비해 덜 든다는 점에서 좋지만, 자막을 읽을 정도의 문해력을 가진 시청자가 다수여야 하고, 자막을 위한 공간과 시간 제약이 있다는 것이 단점이다. 그리고 자막 읽는데 시청자의 주의가 분산되기도 한다. 편집의 경우는 수입국은 각국의 산업적·법적 규정에 맞게 콘텐츠를 편집하는 경우가 많다. 예를 들면 편성 시간에 맞추어 콘텐츠 길이를 조절하기도 하고, 현지 심의 규정에 맞게 삭제나 편집을 하기도 한다.

OTT 서비스를 통한 시청이 일반화된 지금도 이 두 번째 유통 방식이 가장 일반적이다. 글로벌 유통을 하는 넷플릭스와 같은 OTT 서비스에서도 현지화localization는 피할 수 없는 것이기 때문이다. 따라서 세계적인 인기를 끈 〈오징어 게임〉의 경우에도 10여 개 언어로 더빙되고 자막의 경우는 30개 언어가 넘는다. 이에 더해 나라마다 심의 규정이 다르므로 시청 기준도 다를 수밖에 없다. 영상 콘텐츠 시장이 전 세계적으로 확장이 되면 될수록 동시에 시청 문화와 정부 규제에 따른 현지화는 더 필요하게 된다. 우리나라에서도 이런 부분에 대한 정부 지원 요구가 제작 산업에 의해 꾸준히 제기되고 있다.

다음으로는 '수정본Versioning'이 있는데, 이는 기존 콘텐츠를 재편집하여 해설 등을 넣거나 분량을 늘이는 것과 같은 형태를 말한다. 일반적으로 다큐멘터리에서 원본을 수입하여 자국에 맞는 해설본을 독립적으로 추가하여 마치 자국 제작물처럼 보이게 하는 관행이 이런 재편집의 가장 일반적 형태다. 드라마의 경우에는 편성에 맞게 분량을 조절하기도 한다. 예를 들면, 한국 드라마의 인기를 전 세계적으로 추동한 주요 드라마인 〈대장금〉의 경우 원래 편당 70분에 54편짜리였지만, 이를 수입한 인도의 한 방송국은 30분 편성에 맞추어 108편으로 재편집했다. 이런 수정본 제작은 국가 중심으로 콘텐츠 편성이 주요한 경영 형태인 방송사에서는 여전히 중요하다. 최근 한국 드라마가 동남아시아에서 인기가 줄고 있는 이유 중 하나는 편성에 유리한 장편 드라마가 줄고, 미니시리즈가 주로 제작되기 때문이다. 수입국 방송사에는 좋은 수입물이 될 수가 없고, 이 빈자리는 중국이나 인도의 장편 드라마가 대신하고 있다. 하지만 구독자 유입·유지와 몰아보기, 콘텐츠 질을 더 중시하고 편성이 없는 OTT 서비스의 경우에는 이런 수정 작업은 찾아보기 힘든 유통 형태다.

다음으로 '해외 외주Foreign commissioning'가 있는데, 지금 OTT 서비스가 주로 하는 행위가 해외 구매다. 넷플릭스는 제작사 기반 OTT 서비스인 디즈니+나 맥스와는 달리 제작사를 소유하고 있지 않기 때문에 콘텐츠를 구매하여야 한다. 초기 미국과 캐나다 등 영어권에서 서비스를 제한적으로 공급할 때는 할리우드 콘텐츠 구매가 주된 콘텐츠 수급 전략이었다. 이런 초기 이미지는 여전히 유럽 시장에서 넷플릭스를 할리우드 콘텐츠에 접근할 수 있는 플랫폼으로 인식되게 한다. 하지만 2016년 넷플릭스는 글로벌 서비스를 시작하면서 로컬 콘텐츠를 수급하기 시작했고, 상당 부분 해외 외주여서 지금은 미국 내 콘텐츠보다 그 외 콘텐츠가 더 많다. 외주에 있어서 구매 기업은 일정 정도 통제력을 행사하여, 자사의 콘텐츠 전략에 외주 콘텐츠를 맞추려고 하지만, 그 통제력의 정도는 다양하다.

포맷 수출Format sale은 1990년대 이후 국외 콘텐츠 거래에서 주요한 양식으로 등장했고, 특히 예능에서 활발하지만, 최근에는 드라마 영역으로 점차 확장하고 있다. 제작 콘텐츠의 주요 요소를 정리한 것을 포맷이라고 부르며, 이를 수입사는 전제작preproduction 단계 비용과 시간을 줄이기 위해서 포맷에서 기본 틀은 유지한 채 현지화한다. 가장 좋은 예는 MBC가 수출하는 〈복면가왕〉으로 미국을 비롯하여 전 세계 55개국에 포맷을 수출하였다. 드라마 장르에서 예를 찾는다면, KBS 드라마 〈굿닥터〉와 jtbc의 〈시그널〉은 미국과 일본, 중국 등지에서 현지판으로 제작되었고, 역으로 최근 방영한 ENA의 〈유어 아너〉는 이스라엘 원작을, jtbc 〈부부의 세계〉는 영국 드라마를 리메이크한 포맷 수입 예다.

이에 더해 최근 주목받는 드라마 제작 방식은 국제 공동 제작transnational coproduction이다. 공동 제작은 여러 제작사가 같은 콘텐츠 제작에 참여하는 것인데, 2차 세계 대전 이후 미국과 유럽 국가 사이에 영화 공동 제작이 있었다. 국제 공동 제작이 가장 활발한 지역은 유럽 연합(EU) 국가들 사이인데, 이는 EU가 문화 콘텐츠를 통해 유럽 공동체를 만들려는 노력의 일환이다. 동시에 최근에는 EU 소속 국가들이 방송 편성에 자국 콘텐츠를 일정 비율 강제하면서 이를 채우기 위하여 국제 공동 제작을 이용하기도 한다. 자본이 부족한 제작사나 방송국은 해외 공동 제작에 참여하여 우수한 콘텐츠를 확보할 수 있고, 자국산으로 인정받아 편성받기도 쉽다. OTT 서비스에 대해서도 이런 자국산 규정이 적용되면서, 이런 국제 공동 제작을 통한 방영권 확보는 유럽을 중심으로 더 확대될 전망이다.

콘텐츠 유통의 주체는 누구일까?

콘텐츠 해외 유통이 국내 부분에 비해서 각국 방송·영상 미디어 산업에서 차지하는 비중은 작다. 기본적으로 시청자들이 자국 콘텐츠를 선호하기 때문이다. 그리고 수입 콘텐츠에 대해서는 일정 정도 진입장벽이 있기 마련이다. 문화적 할인과 같은 개념이 이런 장벽을 설명하는데, 문화적 차이와 콘텐츠 가치는 반비례한다. 하지만 해외 콘텐츠 수급은 콘텐츠 시장의 한 유형으로 오랫동안 존재했다. 그렇다면 콘텐츠 유통에서 주요 수출국은 어떤 국가들인지 알아볼 필요가 있다.

가장 중요한 콘텐츠 수출국은 미국과 영국이다. 미국은 전통적인 할리우드 영화 산업의 기반을 가지고 방송·영상 콘텐츠 산업을 일찍부터 발전시켰고, 특히 2차 세계 대전 이후 자본주의 진영에서 주도권을 가지고 미국 콘텐츠 수출을 주도했다. 여기에는 해외 주둔 미군 기지나 미국의 소리Voice of America(VOA)와 같은 미국 정부 소속 해외 방송 시스템도 큰 역할을 하였다. 이에 대해 영국은 BBC를 중심으로 공영 방송 시스템을 오랫동안 개발해 왔고, 이렇게 생산된 콘텐츠는 유럽과 미국의 공영 방송 등에서 방송되었다. 물론 미국과 영국 콘텐츠는 전 세계적인 인기를 누리고 있고, 지금도 콘텐츠 추세와 수출을 주도하고 있다.

이들 국가 외에도 요즘 주목받는 나라는 물론 한국과 함께 놀랍게도 드라마 제작 편수에서는 세계 3위를 차지하고 있는 튀르키예다(*The Economist*, 2024). 튀르키예 드라마는 지중해 인근 국가들에 콘텐츠를 수출하기 시작해 지금은 남아메리카나 러시아 등지로 그 범위를 넓히고 있다. 2024년 튀르키예 드라마를 가장 많이 수입한 나라도 스페인, 이집트, 사우디아라비아였다.

턴스톨(2006)은 인구를 중요한 변인으로 꼽고 있다. 그 이유는 방송·영상 시장은 규모의 경제가 작동하는데, 한 콘텐츠를 제작하는 데는 상당한 자본이 필요하지만, 이를 재생산하는 비용은 영에 가까울 정도로 미미하다. 디지털 시대에는 더해서 제작된 콘텐츠를 전 세계에 제공하기 위해서는 인터넷 관련 비용만 부담하면 된다. 따라서 제작된 콘텐츠를 소비할 시청자가 많으면 많을수록 콘텐츠 경제 면에서는 이익이어서 인구가 많으면 더 많은 투자가 가능하다. 그 시청자가 광고를 보는 상업 방송 형태이거나, 수신료를 내는 공영 방송이거나, 구독료를 내는 OTT 서비스이거나 같은 결과를 낳는다. 이를 기반으로 보면, 미국을 포함하여 중국과 인도, 인도네시아, 일본, 브라질 등은 충분한 인구를 가지고 자생적인 미디어 생태계를 마련할 수 있다. 이에 더해, 영국과 한국과 같은 콘텐츠 수출국을 설명하자면, 역사와 문화, 경제력 등도 설명에 포함되어야 할 것이다. 수입국 대부분은 인구가 적은 나라다. 유럽의 중소 국가들이 좋은 예다. 이들 국가는 경제적으로 충분히 발전했음에도 불구하고, 미국과 주변 유럽 국가들의 콘텐츠를 수입한다. 좋은 콘텐츠를 만들기 위한 충분한 투자를 할 시청자 기반이 없기 때문이다. 이 밖에도 경제적으로 콘텐츠 투자가 충분하지 않은 나라들도 해외 수입에 더 의지할 수밖에 없다.

정리하면, 경제 발전 정도나 인구 규모, 문화적 영향력 등이 콘텐츠 수출입국 지위를 정하는 중요한 잣대가 된다. 20세기 들어서 콘텐츠 유통을 둘러싼 글로벌 구도는 변화를 보이고 있지만, 동시에 미국과 영국을 비롯한 몇몇 국가들이 콘텐츠 주요 수출국의 자리를 계속해서 점유하고 있다. 한국과 같은 나라들이 시기적으로 주요 수출국 자리를 차지하기도 하지만, 이것이 얼마나 계속될지는 미지수다. 최근 방송·영상 산업에서 위기론이 계속해서 대두되는 것도 미국과 서구 중심의 콘텐츠 수출 구조가 바뀌지 않고 있기 때문이다.

콘텐츠 유통 방향은 어떤 규칙성을 보일까?

우리는 OTT 서비스 도입으로 전에 없이 많은 콘텐츠를 접할 수 있게 되었다. 국내 콘텐츠뿐 아니라 다른 나라에서 수입된 콘텐츠도 많다. 이는 우리나라만의 상황은 아니다. 이런 콘텐츠 유통이 보이는 규칙성과 그 의미에 대한 고민을 미디어학에서는 오랫동안 해 왔다. 여기에서는 국가 유통에 대한 미디어 이론을 살펴보자.

역사적으로 본다면, 미국과 서구 국가 중심의 콘텐츠 유통 구조는 20세기에 들어선 후 꾸준히 발전해 왔다. 미국은 1920년 전후로 가장 많은 영화를 제작하면서 전 세계 콘텐츠 산업을 주도하였다. 영국 또한, 제국주의 시대의 자산과 일찍부터 발전한 언론 등을 배경으로 콘텐츠 생산 주요 국가가 되었다. 2차 세계 대전은 미국을 비공산권 지역에서 유일한 강대국으로 만들었고, 이는 문화적인 면에서도 그랬다. 당시 콘텐츠 산업의 중심인 방송은 미국의 상업 방송과 영국의 공영 방송이 주축이었다. 유럽 대륙 국가들은 세계 대전의 피해를 직접적으로 받은 터라 복구에 시간이 걸린 탓에 이 두 나라의 독주는 당연한 결과였다.

유럽 국가를 넘어서 아시아와 아프리카 등의 식민지국 형편은 더 열악했다. 대부분 식민지 수탈을 겪으면서 발전 정도는 낮았고, 방송과 같은 미디어 산업은 서구 국가보다 기초적인 수준이었다. 한국도 해방 이후, 미 군정기를 거치면서 일제가 시작한 라디오 방송을 유지하는 수준이었다. 한국 최초의 텔레비전 방송국인 HLKZ-TV가 1956년에야 미국 RCA와 합작으로 출발하였다. 아시아에서 네 번째 텔레비전 방송국이었지만, 미국, 유럽, 일본 등에서 방송이 1920년대에 시작되고 컬러텔레비전 방송도 1954년에 상용화된 것을 보면 한참 뒤떨어진다. 콘텐츠 면에서도 대부분 라이브 방송에 의존했고, 녹화물은 영화나 필름 뉴스에 의존한다. 미국 전자 회사 RCA와 미군 방송 AFKN이 HLKZ에 도움을 준 사례를 보면, 미국의 영향을 미루어 짐작할 수 있다. 심지어 1950년대 말에는 재정적인 어려움으로 HLKZ는 AFKN 방송물을 중계하기도 하였다.

이런 방송 발전사를 보면, 서구 국가에서 발전한 방송·영상물이 기술과 함께 제3세계 국가로 전파된 것을 잘 알 수 있다. 그리고 HLKZ가 상업 방송으로 미국의 영향 아래 시작한 것으로 볼 수 있듯이 전 세계적으로도 서구의 문화적인 영향이 분명히 존재하였다. 이런 현상을 콘텐츠 측면에서 보면, 서구의 선진 문명을 타 문화가 받아들여 선진화된다는 관점과 서구 문화가 타 문화에 존재하던 요소들을 서구화시켜 의존하게 만든다는 관점으로 크게 대립한다. 이런 관점들에 대해서 자세히 살펴본 후, 1990년대 등장한 다원주의 관점까지 살펴보자.

콘텐츠를 자유롭게 유통하면 세계는 더 발전할까?

우선 후진국의 정치·사회·문화적인 요소가 서구 문물의 영향으로 근대화modernization한다는 관점을 살펴보자. 이런 시각을 대표적으로 보여 주는 책이 1960년대 미국 미디어학계를 주도하던 학자들이 커뮤니케이션과 개발도상국의 개발 가능성에 대한 고민을 모은《커뮤니케이션과 정치 발전*Communications and Political Development*》(Pye, 1963)이다. 이 책은 다양한 제3 세계 국가의 커뮤니케이션 시스템을 매스 미디어와 직접 커뮤니케이션으로 나누어 분석한다. 이 책에 주목하는 이유는 당시 미국의 주요 학자들이 글로벌 커뮤니케이션을 발전 중심으로 접근하여, 미국의 자유, 상업주의 미디어 체제를 주요한 잣대로 여긴다는 것이다. 예를 들면, 이 책의 편집자 루시안 파이Lucian Pye는 전통적인 사회(제3 세계)는 국가적인 소통 체계에 "결함flaw"이 있고, "기본적인 문제fundamental problems"가 있다고 이야기한다(같은 책: 8~9). 미국의 체계에 비해 제3 세계 국가는 문제와 결함을 해결해야 하는 것으로 이해된다. 이들이 공통적으로 제시한 해결점은 자유로운 정보 교환이었다. 예를 들면, 윌버 쉬람Wilbur Schramm은 언론의 자유, 대니얼 러너Daniel Lerner는 매스 미디어의 전 세계 전파를 주장한다. 2차 세계 대전 이후, 미국의 전 세계적 정치·경제·군사 영향력과 함께, 이와 같은 관점은 그 후 글로벌 미디어 체제 발전에 지대한 영향을 미쳤다.

이런 미디어학자들의 관점은 서구 중심의 현대화, 자본주의화를 목적지로 설정하고 제3 세계 국가들이 이 목적을 성취하는 데 미디어와 커뮤니케이션을 적극 이해·활용해야 한다는 데 있다. 이 관점은 일면 당연해 보일 수도 있지만, 이는 문화의 다양성이라는 점을 간과하고 서구 중심주의 시각으로 접근하고 있다는 점, 그리고 자유로운free 정보 교환이 콘텐츠 생산 능력을 감안하지 않아 서구 콘텐츠가 제3 세계 국가로 전달되는 일방적인 흐름을 용인하고 있다고 비판받을 수도 있다.

일방적인 흐름은 콘텐츠를 주로 수입하는 나라에 불리하지 않을까?

이런 시점을 비판하는 관점은 크게 '미디어 제국주의'와 '미디어 정치경제학political economy of media studies'적인 관점이 있고 이들의 이해는 서로 연결되어 있다. 미디어 제국주의의 기반은 문화 제국주의cultural imperialism에 두는데, 문화 제국주의는 지배 국가가 피지배 국가에 자국의 문화를 직간접 강제할 수 있다는 이해에 기반한다. 지배국이 문화적 가치 체계나 사고 체제, 사상 등을 피지배 국가로 전파하여,

그것을 우월하게 생각하게 만들어 고유의 문화를 대체하는 것이다. 여기에 매스 미디어를 중심으로 지배국 문화가 조직적이고 효율적으로 전파되는 것을 미디어 제국주의라고 정의한다. 예를 들면, 최근에는 변화를 보이지만, 고전 디즈니 영화에 나오는 백인·남성 중심의 문화 가치 전달을 예로 들 수 있다. 텔레비전 드라마에서도 백인 주인공이 주도적인 역할을 하고, 기타 인종이 악당으로 나온다든가 하여 인종적 고정 관념을 전 세계적인 기준으로 만드는 것도 비슷한 예다.

미디어 제국주의의 이면에는 서구 미디어 기업의 경제적 이해가 있다고 비판하는 관점이 정치경제학적 입장이다. 이들은 대부분 마르크스주의적인 접근법으로 콘텐츠의 글로벌 유통을 이해하기 위해서는 미디어 기업의 자본주의적 소유 구조를 보아야 한다고 주장한다. 대부분의 미디어 기업은 미국을 중심으로 서구 국가에 집중되어 있어, 미디어 제국주의가 가능하다는 것이다. 상업주의적 이해와 재생산 비용이 숫자 0에 수렴하는 콘텐츠의 문화 상품적인 특성에 기반하여 이들 자본주의적 초국가 미디어 복합 기업transnational media conglomerates은 자국에서 제작된 콘텐츠를 해외에 헐값으로 판매하여 수입국의 콘텐츠 생산 기반을 악화시킨다고 분석한다. 그 결과로 예를 들면, 미국 시청자들은 해외 콘텐츠를 보는 기회가 줄어들고, 제3세계 국가 시청자는 싼 가격에 수입된 미국 콘텐츠를 시청하게 된다. 1960년대에서 1980년대까지 우리나라 지상파 방송 편성표를 보면 주요 시간대에 미국 드라마가 반드시 들어가 있는 것은 이런 이유다. 이와 함께 헐값의 수입물로 제작 기반이 약화하고 난 뒤에는, 콘텐츠 단가를 상승시켜 지속적인 미디어 기업의 자본 축적 구조를 재생산한다고 미디어 정치경제학은 비판한다. 결국 콘텐츠의 일방적인 생산과 수출은 미국화Americanization 또는 서구화westernization을 낳아 제3 세계 고유문화가 사라진다고 본다.

서구에서 수출되는 콘텐츠를 단순하게만 볼 수 있을까?

미디어 제국주의 또는 미디어 정치경제학의 이와 같은 일방성에 대한 비판은 전 세계적인 반향을 일으켜 1980년 유네스코가 전 세계적인 매스 미디어 및 뉴스 불균형을 분석한 맥브라이드 보고서Macbride Report를 내고, 세계 정보 커뮤니케이션 신질서New World Information & Communication Order(NWICO)라는 탈서구의 새로운 미디어 질서를 요구하게 된다. 하지만 이런 움직임은 미국과 영국을 중심으로 미디어·언론 자유를 위배한다는 역비판에 직면한다. 1980년대 이후 이어진 신자유주의와 상업화는 이런 서구 중심의 미디어 환경 지배에 대한 담론을 자유라는 이름으로 덮어 버렸고 미국과 서구 미디어 기업은 지금도 여전히 전 세계 미디어 시장을 지배하고 있다.

미디어 제국주의 이론에 대한 반대는 비슷한 맥락에서 상업주의 문화에 비판적이었던 문화연구cultural studies에서도 찾을 수 있다. 영국에서 1960년대에 시작된 문화연구의 핵심 중 하나는 미디어 수용자들이 미디어 텍스트를 자신의 교육·문화·경제 등의 배경을 기반으로, 능동적으로 해석한다는 것이다. 예를 들면, 미국 인기 드라마 〈댈러스*Dallas*〉를 둘러싼 여러 연구는 전 세계 수용자들이 같은 드라마를 서로 다르게 해석하는 것을 증명한다. 우리 드라마도 세계적으로 소비될 때 한국에서 제작된 맥락과 똑같이 이해되지는 않는 것과 같은 이치다. 문화연구에서 수용자는 능동적이고 서로 다른 해석 가능성을 가지고 있기 때문에 할리우드 콘텐츠가 항상 미국이나 자본주의 이데올로기를 똑같이 전파할 수가 없다. 오히려 저항적인 해석도 가능한 것이 문화연구의 수용자라서 미디어 제국주의적 해석은 획일적이라고 문화연구는 비판하는 것이다.

1970년대까지 주목을 받았던 미디어 제국주의의 영향력이 더 약해진 것은 1990년대 들어서 다원주의적 시각이 들어서면서다. 이 시기는 냉전 대립이 해체되고 전 세계적으로 방송 미디어 산업이 다채널 시대를 열고 있을 때였다. 우리가 케이블 텔레비전을 개국하던 때, 다른 나라들도 이런 변화를 겪고 있었다. 채널이 늘어나면 편성표에 채울 콘텐츠 수요도 늘어나지만, 동시에 대상 시청층을 세분화할 가능성도 커진다. 1990년대 이전에는 지상파의 제한된 외화 편성 시간을 주로 안정적인 미국 드라마가 채웠다면, 채널이 많아지면서 기타 지역 콘텐츠로 채울 수가 있는 것이다. 이를 배경으로 일본 애니메이션물이나 남미의 텔레노벨라 등이 미국 콘텐츠의 보완재로 등장하게 되었다. 이와 함께 미디어 기술도 사용자에게 편리하게 발전하였다. 예를 들면, 영상을 기록할 수 있는 장치들이 VHS에서 DVD나 CD-ROM 등으로 늘어서 영상을 유통할 수 있는 수단이 생겼다.

이런 변화가 미디어 제국주의 담론과 관계가 있는 까닭은 이런 다원적 미디어 환경이 미국 중심의 미디어 환경을 대체하기 시작했고, 따라서 일방적인 서구 중심의 콘텐츠 환경은 해체되었다는 인식이 기본이었다. 이런 논의를 뒷받침한 것이 미디어 사회학자 아르준 아파두라이Arjun Appadurai가 주장한 미디어 전경mediascape이라는 개념인데, 여기서 전경scape이란 일관성 있는 구조가 아니라 미디어 환경의 복잡성을 설명하기 위한 개념이다(Appadurai, 1996). 영국의 미디어학자 다야 투수Daya Thussu는 이런 맥락에서 미디어 흐름을, 주류 흐름에 대항하는 역류contra-flow를 1990년대 이후 주요한 흐름으로 포착하고 한국 콘텐츠를 포함하여 텔레노벨라나 카타르의 뉴스 채널 알

자지라Al Jazeera, 인도의 발리우드Bollywood 등을 주요한 사례로 들고 있다(Thussu, 2007).

한국 드라마 콘텐츠 유통에 이런 이론을 대입해 본다면?

서구 미디어의 세계적인 영향에 초점을 맞추었던 미디어 제국주의 담론이 한국 콘텐츠 유통을 이해하는 데 의미가 있는 까닭은 한국 방송·영상 산업이 전 세계 콘텐츠 유통에서 가지는 독특한 위치 때문이다. 앞서 언급한 것처럼 한국은 해방 이후 미국 문화의 영향을 지대하게 받은 나라다. 하지만 2000년대를 전후로 해서 자생력을 갖추고 콘텐츠를 수출하기 시작하였고, 지금 한류를 주도하는 것이 한국 드라마와 기타 콘텐츠다. 미국의 영향력이란 면에서는 미디어 제국주의와 일방적인 흐름이라고 설명할 수 있지만, 그것은 1990년대 이전 상황에 대한 설명법일 수도 있다. 그리고 지금은 오히려 동남아 국가들에서 때로는 과도하게 한국 콘텐츠가 주목받고 있어 넷플릭스 순위에서 한국 드라마가 다수를 차지하거나, 드라마 내 콘텐츠가 현지 문화와 차이가 있어 논란을 일으키기도 한다. 동시에 우리나라에서는 중국과 일본, 대만 등 몇몇 국가를 제외하면 동아시아 다른 국가 콘텐츠를 시청할 수 없는 것은 콘텐츠 유통의 일방성을 보여 준다. 한국은 미국과 서구에서 콘텐츠를 수입하고, 한국 콘텐츠는 동아시아 국가에 수출하는 중간자적 역할을 하는 사실은 미디어 유통의 흐름이 복잡하지만, 어떤 일관성을 보여 주기도 한다.

콘텐츠 유통과 관련한 이론적 논의를 정리하면, 2차 세계 대전을 전후로 미국의 영향력이 확장하면서 많은 국가가 문화적으로 할리우드 영향권에 들어가고 이에 대한 반향으로 미디어 제국주의 담론이 비판적으로 그 상황을 분석하였다. 이에 대해 서구 국가들은 지나친 편향성이라 비판하는 동시에, 문화연구 쪽에서는 일방적인 흐름은 인정하지만, 수용자의 자발성, 적극성을 근거로 그 흐름이 언제나 수용자 일방적 미국화Americanization를 의미하지 않는다고 반론하였다. 이에 더해, 1990년대 다매체 환경은 미디어 질서를 복잡하게 만들어 이에 대한 설명으로 다원주의적 시각이 등장했다. 한국 콘텐츠는 이런 다원화된 환경에서 동아시아를 중심으로 한류를 만들면서 서구 주류 흐름에 대한 반대 흐름을 만들어 낸 좋은 사례다. 하지만 우리가 동시에 잊지 않아야 할 것은 넷플릭스나 디즈니+ 같은 미국 미디어 기업이 여전히 지금도 세계적 미디어 환경에서 중심 위치를 유지하고 있다는 점이다. 이는 기존 방송 중심 체계를 위협하면서 빠르게 성장하고 있는 OTT 서비스에서 더 잘 나타난다.

OTT 서비스와 K콘텐츠의 유통

지금까지 설명한 콘텐츠 유통에 대한 관점들이 또 다른 전환기를 맞게 되는 계기는 OTT 서비스의 등장이다. 전환기가 된 이유 중 가장 큰 것은 OTT 서비스 이전의 방송·영상 미디어 환경은 국가 체계에 기반한 것이지만, OTT 서비스는 인터넷이 전송 수단이 되면서 초국가적인 성격을 띠게 되기 때문이다. 좀 더 자세히 설명하자면, OTT 서비스 이전의 방송·영상 콘텐츠 유통에서 가장 기본적인 요소는 국가였다. 우선 국가는 콘텐츠를 전달한 방송 체계를 만든다. 방송 채널을 통제했다. 예를 들면, 민영이나, 공영, 내외 국민 소유 가능성 등이 있다. 콘텐츠 유통 면에서도 수입 쿼터를 정했고, 내용에 대해서도 지침을 정했다. 이런 규제는 방송에 여전히 남아 있다. 좀 더 넓게 보면, 국가와 콘텐츠 내 언어는 중복되는 경우가 많아 국가를 기반으로 주요 언어가 정해지기도 하고, 그 언어에 따라 수출입할 수 있는 콘텐츠가 조정된다.

하지만 OTT 서비스의 경우는 국가의 역할에서부터 비교적 자유롭다. 우리나라의 티빙과 같은 단일 국가 기반의 OTT 서비스도 존재하지만, 지금 글로벌 OTT 서비스 시장을 주도하고 우리나라에서도 계속해서 1위를 차지하고 있는 넷플릭스와 같은 서비스를 기준으로 보면, OTT 서비스는 국가성과 초국가성을 동시에 보인다. 넷플릭스를 중심으로 이런 양가성을 자세히 연구한 라몬 로바토Ramon Lobato는 위성 방송 이래 발전시켜 온 국가를 초월하는 글로벌 텔레비전으로 넷플릭스를 든다(Lobato, 2019). 콘텐츠 면에서 보면, 넷플릭스는 전 세계적으로 동시에 방영하는 넷플릭스 오리지널이 있는가 하면, 각 나라별로 다른 콘텐츠 라이브러리를 구성하는 현지화 전략을 동시에 취하고 있다. 넷플릭스 오리지널의 경우, 넷플릭스가 직접 외주 제작하여 공급하는 것이라 미국 회사인 넷플릭스의 이해가 직접적으로 담긴 것이라 볼 수 있다. 넷플릭스 구매 로컬 콘텐츠의 경우는 현지 구독자의 취향을 반영한 것이라 현지성이 더 강하지만, 그래도 넷플릭스의 전략에 맞춘 것이다. 이는 콘텐츠 수급에서 이런 상업성에 더해 국가의 규제나 방송 이념에 기반해서 편성했던 기존 방송과는 큰 차이점을 보이는 것이다. 이런 의미에서 최근 한국 드라마의 세계적인 인기를 이해하기 위해서는 OTT 서비스에 대해 좀 더 자세히 이해할 필요가 있다.

잘 알다시피, OTT 서비스의 등장으로 한국 콘텐츠의 유통이 세계적인 주목을 받게 되었다. 물론 이전에도 1990년대 후반을 시작으로 동아시아에서 한국 콘텐츠는 인기를 차지했다. 또 〈대장금〉과 같은 드라마는 시차를 두고 전 세계적인 인기를 누렸다. 시차가 있었던 이유는 기존의 방송 콘텐츠 재판매 시장이 복잡다단해서 매매와 방송 시점 차이가 날 수밖에 없었기 때문이다. 하지만 넷플릭스와 같은 OTT 서비스를 통해서는 전 세계에 콘텐츠를 동시 전송할 수 있게 되면서 〈오징어 게임〉과 같은 글로벌 미디어 이벤트media event가 일어난 것이다(Dayan & Katz, 1992). 단순히 말하자면, 〈대장금〉에 비해 〈오징어 게임〉은 전 세계적인 인기가 동시에, 짧은 시간에 일어나면서 더 눈에 띄게 주목받은 것이다. 어떤 의미에서는 OTT 서비스 시대에만 이런 전 세계 동시 인기가 가능하다 할 수 있다. 왜냐하면 기존 방송 시대에는 선판매가 되었더라도 번역과 심의 등으로 국가마다 공개 시점이 다를 수밖에 없기 때문이다. 이런 의미에서 OTT 서비스의 등장은 현재 K콘텐츠의 유통을 이해하는 데 아주 중요하다.

OTT 서비스가 유통에 미치는 영향은?

OTT는 기존의 인터넷망에 '얹어서' 영상 미디어 콘텐츠를 전달하는 것이라 정의할 수 있다. 이 단순한 정의는 기존의 방송 서비스와는 초국가성, 비동시성, 쌍방향성 등의 여러 가지 차이를 보인다(로츠, 2022). 시청자 측면에서는 시청 시간과 공간, 콘텐츠 선택권 등의 특징이 있다. 이런 특성을 한국 콘텐츠와 연관시켜 보면, 가장 중요한 것은 초국가성이다. 기존에는 규제 체계상, 지상파나 케이블, IPTV 등은 각 국가 체제 안에서만 방송할 수 있다는 법적 한계가 있었다. 하지만, OTT 서비스는 인터넷을 통해 여러 나라에 동시에 전송할 수 있어 규제 측면에서 상대적으로 자유롭다. 이는 전송 체계가 기존 방송의 경우, 전파나 케이블망 사업자와 직접 연관하여 콘텐츠를 전달하였다. 하지만 OTT 서비스의 경우는 이미 국제적으로 용인된 인

터넷이라는 초국가적인 체제를 이용하여 콘텐츠를 전달하기 때문에 국가 중심 체제에서 자유로운 것이다.[20]

기존 방송과 OTT 서비스의 전송 기술 차이는 콘텐츠 유통에서 큰 차이를 불러왔다. 기존의 방송 콘텐츠 유통은 일정한 법칙에 따라 진행되었다. 우선 매체별로 보면, 공급창windowing은 순차적이었다. 예를 들면, 대부분 콘텐츠는 제작 또는 외주한 방송사에서 처음 공개된 후, 그다음 상위 케이블·위성 채널에서 재방하고, 이후 기타 채널로 판매되었다. 여기에 해외 방송사도 투자 유무, 매매 단가에 따라 방영권을 가지게 되었다. 두 번째 법칙은 이런 재판매 시장syndication market이 시차를 두고 작동했다. 초·재방권을 가진 1차 방송사와 재판매 시장에 방영권을 구매한 2차 방송사 사이에는 일정한 공개 시차holdback가 있다. 그리고 매체별 권리도 나누어 방영권과 전송권을 판매하였다. 같은 국가에서도 같은 콘텐츠를 서로 다른 지상파와 케이블 방송사가 방영할 수도 있고, VOD(video-on-demand) 전송권도 다를 수 있다. 이런 방송·영상 콘텐츠 유통 시장은 방송 콘텐츠가 필름이나 테이프 같은 저장 매체에 저장할 수 있게 된 1940~1950년대부터 활성화되어 지금까지도 작동하는 아주 전통적인 구조다. 미국의 경우, 네트워크와 지역 방송사 간에는 다양한 소유관계가 있고, 해외 판매도 일찍이 시작하여 국내외 재판매 시장을 추가 수입원으로 가지고 있었다. 하지만 국내에서는 지상파의 경우,

20 물론, 국가의 간섭이 불가능한 것은 아니다. 중국에서는 넷플릭스나 디즈니 등의 OTT 서비스를 사용할 수 없다. 이들 회사는 중국의 규제를 이유로 공식 서비스 제공을 하지 않고 있다. 국내에서도 위해가 있다고 인정되는 성인물 사이트 같은 경우는 방송통신위원회의 결정으로 인터넷 접근을 차단하기도 한다.

계열화되어 재판매 시장이라는 개념은 1990년대 중반까지는 거의 존재하지 않았다. 여기에 변화를 몰고 온 것은 1995년 케이블 방송 출범으로 열린 다채널 시대였고, 케이블 채널은 개국 후 자체 제작으로 부족한 콘텐츠를 외주나 기존 콘텐츠 구매를 통해 편성표를 채웠다. 동시에 1993년 MBC 드라마 〈질투〉가 하얼빈 TV에 방송되면서 해외 재판매 시장에도 진출하게 된다. 그런 면에서 1990년대 중반은 한국 방송·영상 콘텐츠 산업이 해외 재판매 시장을 개척하는 1차 시기라 볼 수 있다.

OTT 서비스가 한국 콘텐츠 유통에 미치는 영향을 본다면?

2000년대에 들어서면서 한국 콘텐츠가 동남아시아와 일본, 중국 등에서 인기를 얻으면서 해외 콘텐츠 재판매 시장은 우리 콘텐츠 산업에 고정 변인이 되었다. 한일 또는 한중 관계가 정치적인 요인으로 인해 변화를 겪으면서 일시적인 부침이 있었고, 동남아시아 시장에서는 계속해서 인기를 얻었다. 여기에 한국 드라마는 주요한 역할을 하였다. 예를 들면, 2013년 작품 〈별에서 온 그대〉의 경우 중국 온라인 25억 뷰로 시청 1위를 차지하는 등, 다양한 국가에서 선풍적인 인기를 누렸고 일본에서 리메이크되었고, 2016년 작품 〈태양의 후예〉는 동남아시아에서 큰 인기를 누려 베트남, 태국, 필리핀 등에서 리메이크되기도 하였다. 국내 드라마 해외 진출이 의미가 있는 것은 한국 콘텐츠의 해외 유통 형태 또한 다양하게 변화하기 시작했다는 점이다. 앞서 언급한 〈태양의 후예〉를 예로 들자면, 중국 동시 방영을 위해 콘텐츠는 제작 전에 이미 선판매하였고, 중국 콘텐츠 규제에 맞추어 100% 사전 제작하였다. 이후에는 미국 등지로 온라인 VOD 서비스인 드라마피버DramaFever와 라쿠텐비키RakutenViki 등 플랫폼에서는 30개

언어 자막으로 서비스되었다. 이런 유통 경로 확대와 언어 서비스 확장은 뒤이어 올 OTT 서비스 시대에 좋은 마중물이 되었다.

2010년을 후반부터 방송·영상 산업에 지각 변동을 가지고 온 OTT 서비스는 위에서 설명한 전통적인 콘텐츠 유통 방식에 더해 OTT 서비스의 특징이라고 할 수 있는 글로벌 동시 단일 유통 방식을 추가하였다. 즉 넷플릭스나 디즈니+와 같이 글로벌 서비스 OTT 서비스의 경우, 자체 제작한 오리지널 콘텐츠는 전 세계 전송 구독자에게 동시에 공개하는 새로운 유통 형태를 도입했다. 이는 기존에 있던 시간·국가·플랫폼별로 분할되어 있었던 국내외 재판매 시장에 큰 충격을 주었다. 동시에 OTT 서비스의 경우, 글로벌 유통에서 성공하는 경우, 이전까지 없었던 재정적 성공과 함께 구독자 유입을 통한 OTT 서비스의 텐트폴 전략[21]을 성취할 수 있게 된다. 〈오징어 게임〉 시즌 1의 경우, 2022년 9월까지 세계 94개국에서 최고 시청을 기록하고, 95% 정도가 해외 시청이었다(신현보, 2022). 〈오징어 게임〉의 인기는 넷플릭스에게 제작비 투자의 40배가 넘는 수익을 가져다주었는데, 이와 같은 수익을 올릴 수 있었던 요인 중의 하나는 세계 동시 유통이라는 새로운 유통 방식이다.

하지만 이런 글로벌 유통이 일반적인 것은 전혀 아니다. 대부분의 글로벌 또는 다국적 OTT 서비스는 앞서 언급한 글로벌 동시 공급 오리지널 드라마와 함께 지역 또는 국가별 로컬 콘텐츠를 수급하고 있다. 예를 들면, 한국 넷플릭스 콘텐츠 구성과 다른 나라에서 볼 때 나타나는 넷플릭스 라이브러리가 다른 이유는 넷플릭스가 로컬

21 방송 편성 전략 중 하나로 인기 콘텐츠를 비인기 콘텐츠나 새로운 콘텐츠 사이에 끼워 넣어 시청률 동반 상승을 노린다.

콘텐츠를 오리지널 드라마와 함께 구성하기 때문이다. 그 이유는 구독자들이 같은 값이면 로컬 콘텐츠를 선호하기도 하고, EU 국가들의 사례처럼 정부가 로컬 콘텐츠 쿼터를 정하기도 하기 때문이다. 그 정도는 다르겠지만, 다른 글로벌 OTT 서비스도 로컬 콘텐츠를 외면하지는 않는다. 이런 미디어 환경에서 OTT 서비스는 기존의 방송 콘텐츠 재판매 시장 관행과 계속 타협해야 한다. 방송물의 경우, 방송 후 전송하는 시간과 지역 등에 대한 권리 문제다. 예를 들면, tvN의 2019년 드라마 〈사랑의 불시착〉은 아시아와 영어권, 라틴 아메리카는 한국 방영 직후 공개하고 일본, 유럽의 경우는 종영 후, 전편 동시 공개되었다(장지민, 2019). OTT 서비스 관행의 주도자로서 오리지널 동시·글로벌 공개로 주가를 올리던 넷플릭스가 방송 콘텐츠 재판매 시장 관행과 접점을 찾은 사례가 〈사랑의 불시착〉이지만, OTT 서비스가 기존 방송 콘텐츠 유통 관행을 도입하는 이유는 콘텐츠 제작의 주체가 여전히 기존 방송사, 제작사여서 불가피하다.

추가로 기존 재판매 시장과 OTT 방식 유통이 결합하는 방식도 예상된다. 그 예가 최근 MBC에서 디즈니+가 독점 공급하던 〈무빙〉과 〈카지노〉를 방송한 사례다. 〈무빙〉은 2023년 8월부터 매주 2편씩 디즈니+에 글로벌 독점 공급하던 오리지널 드라마였다. 이 콘텐츠를 전례 없이 디즈니+가 지상파에 판매한 것이다. OTT 서비스 방식 독점 공급 후, 기존 재판매 시장의 관행을 따라 다음 방송사에 방영권을 판매하는 순차 공개windowing를 한 것이다. 이를 설명하는 데에는 여러 가지 이유가 있을 수 있지만, 디즈니가 방송 비즈니스를 오랫동안 하던 회사로 콘텐츠 재판매 관행에 익숙하다는 점, 그리고 〈무빙〉 등이 오리지널로 구독자 유입·유지의 임무를 다했다면 재판매는 충분히 고려할 수 있고, 특히 〈무빙〉은 시즌 2 제작 소식이 이때

쯤 나와서 홍보 효과도 있었을 것으로 추측된다. 즉 OTT 서비스의 오리지널 독점 전략도 기존 방송·영상 산업 재판매 시장 관행에 포함될 수 있고, OTT 오리지널이 시간이 지나면서 라이브러리에 더 많이 쌓이면, 재판매는 더 활성화할 것으로 예상된다.

정리하면, 드라마와 같은 콘텐츠는 방송·영상 산업이 제자리를 잡기 시작한 20세기 중반부터 국제적인 유통이 시작되었고, 재판매 시장을 중심으로 콘텐츠가 국가 간 거래되었다. 1990년대에 들어서면서 방송 환경이 다채널 시대로 바뀌고 새로운 채널들이 생기면서 콘텐츠 수요가 증가했고 재판매 시장은 더 활성화되었다. 이런 미디어 환경에서 드라마를 비롯한 한국 콘텐츠는 세계적으로 유통되기 시작하고 한류의 시작점이 된다. 재판매 시장은 OTT 서비스가 등장하기 전까지 글로벌 콘텐츠 거래의 중심이었지만, OTT 서비스의 전 세계 동시 전송은 이런 재판매 시장 중심 거래에 변화를 낳았다. 넷플릭스 등의 OTT 서비스를 통한 한국 드라마 공개는 복잡했던 재판매 시장의 한계를 뛰어넘어 시공간을 압축, 폭발적인 인기를 기록하면서 한국 콘텐츠 인기를 가중했다. 하지만 OTT 서비스도 특유의 전 세계 동시 공개와 함께 기존 재판매 시장의 관행을 적극 포용하는 유통 방식을 보여 준다.

유통의 관점에서 본 OTT 서비스

OTT 서비스는 드라마 세계 유통에 큰 영향을 미쳤다. 국가 체제 기반의 방송 구조를 뛰어넘고 글로벌, 또는 다국가 간 콘텐츠 시청을 가능하게 했다. 〈오징어 게임〉을 전 세계 구독자가 동시에 시청하는가 하면, 〈사랑의 불시착〉과 같이 지역적인 차이를 보이는 것도 있다. 따라서 각 OTT 서비스 특징을 중심으로 드라마 유통을 살펴볼 필요가 있다.

국내에는 많은 OTT 서비스가 있다. 잘 알려진 넷플릭스나 디즈니+, 애플TV+ 등 미국 회사들이 있는가 하면, 티빙이나 웨이브, 왓챠 같은 국내 서비스도 있다.[22] 이런 서비스를 구분하는 방법은 표 7에서 보는 것과 같이 여러 가지가 있다. 이 중에서 유통과 관련된 구분을 중심으로 본다면, 콘텐츠 수급과 서비스 범위 기반으로 분류가 중요하다.

콘텐츠 수급 방식에 따른 구분

우선 콘텐츠 수급을 중심으로 보면, 크게 플랫폼 기반 서비스, 제작사 기반 서비스, 방송사 기반 서비스로 나눌 수 있다. 플랫폼 기반 서비스는 콘텐츠 생산자와 사용자를 연결해 주는 플랫폼 역할이 서비스의 주목적이다. 넷플릭스가 가장 좋은 예인데, 넷플릭스는 자체 제작 스튜디오를 가지고 있지 않고, 판권을 가지고 제작을 외주하거나 이미 제작된 콘텐츠를 구매하여 구독자에게 공급한다. 〈오징어 게임〉 판권을 소유하여 시즌 2를 제작하고, 이에 파생하는 콘텐츠, 예를 들면 〈오징어 게임: 더 챌린지〉와 같은 리얼리티 콘텐츠나 〈오징어 게임: 모바일 서바이벌〉과 같은 모바일 게임을 제작 공급하지만,

22 유튜브와 같은 동영상 공유 서비스도 기술적인 측면에서 보면 OTT 서비스라고 할 수 있다. 하지만 이 장에서는 방송 생태계에서 제작된 드라마를 위주로 논의하고 있기 때문에 이런 서비스는 논의에서 제외한다. 왜냐하면 유튜브와 같은 OTT, VOD 서비스는 제작 관행에서부터 시청 환경까지, 기존 방송 기반 드라마와는 큰 차이를 보이기 때문이다.

표 7　OTT 서비스 구분 방법과 종류

	종류	예
수익 모델 기반	광고 기반	훌루, 유튜브(프리미엄 제외)
	구독료 기반	넷플릭스, 티빙, 웨이브 등
	혼합형	넷플릭스 광고형 베이직
	단건 구매	아이튠즈, 플레이스토어
서비스 방식	비실시간 서비스	넷플릭스 등
	실시간 스트리밍 서비스	삼성TV 플러스 등 FAST, 쿠팡플레이 스포츠 중계, 웨이브 라이브TV
콘텐츠 수급 기반	플랫폼 기반	넷플릭스, 프라임비디오, 쿠팡플레이
	제작사 기반	디즈니+
	방송사 기반	티빙, 웨이브
콘텐츠 종류	전문가 제작 콘텐츠	넷플릭스, 티빙 등 대부분
	일반인 참여 콘텐츠	유튜브 등 UGC 콘텐츠 플랫폼
콘텐츠 범위	종합 서비스	넷플릭스, 웨이브
	특화 서비스	라프텔, 스포티비, ESPN플러스
서비스 범위	단일 국가 서비스	티빙
	다국가 서비스	뷰
	글로벌 서비스	넷플릭스, 디즈니+

직접 제작하지 않고 외주 독점 공급하고 있다. 한국에는 쿠팡플레이가 대표적인 플랫폼 기반 서비스이고 왓챠도 이 범주에 들어간다. 아마존이 운영하는 프라임비디오도 이런 방식으로 운영되었지만, 최근 할리우드 메이저 스튜디오인 MGM 스튜디오를 인수하면서 플랫폼 기반 서비스이지만, 제작사 기반 서비스 성격도 띠게 되었다. 이외에도 한국 콘텐츠 유통과 밀접한 관련을 맺고 있는 홍콩의 뷰Viu나 미국의 드라마피버, 라쿠텐비키[23] 등이 있다.

제작사 기반의 대표적인 서비스로는 디즈니+를 들 수 있다. 디즈니+는 잘 알다시피 디즈니스튜디오를 중심으로 애니메이션 전문 픽사와 〈스타워즈〉 프랜차이즈를 지닌 루카스Lucas스튜디오, 히어로물 전문 마블스튜디오 등 제작사 중심 서비스다. 디즈니는 1980년대부터 디즈니 채널을 케이블 텔레비전 채널로 서비스 개시하였고, 이어 미국 지상파 채널 ABC를 합병하면서 채널 사업으로 사업을 확장하였으며, 2000년대를 전후로 해외 채널들을 설립하였다. 디즈니는 제작사로서 가지고 있는 콘텐츠 경쟁력을 적극 이용하기 위해서 유통 쪽으로 확장한 것이다. 이런 유통 확장의 연장선에서 2019년 디즈니+ 서비스를 개시하였다. 이에 더해 계열 OTT 서비스로는 ESPN 플러스와 훌루Hulu가 있고, 이 서비스를 통합하여 '디즈니 번들Disney bundle' 묶음 서비스도 하고 있다. 수익 모델에 있어서도 광고와 구독 기반을 혼용하고 있고, 같은 프랜차이즈 콘텐츠도 영화관, 지상파 또

23 라쿠텐비키는 싱가포르 기반 스타트업으로 시작했지만, 일본 기업 라쿠텐이 2013년에 합병하였다. 현재는 미국을 기반으로 해서 아시아 국가 콘텐츠를 중심으로 세계 160개 이상 언어로 공급하고 있다. 집단 지성 형태로 번역과 자막을 제공하는 비즈니스 모델도 라쿠텐비키에서 주목할 점이다.

는 케이블, OTT 서비스 등으로 다양하게 유통하면서 소유 콘텐츠 이윤을 극대화하는 것이 특징이다. 제작사로서 지식재산권(IP)을 소유하고 있어서 이런 유연함을 가질 수 있다.

마지막으로 방송사 기반 플랫폼이 있는데, 이는 우리나라에서는 티빙과 웨이브가 대표적이다. 티빙은 CJ ENM과 jtbc가 주로 참여하고 있으며, 웨이브는 지상파 3사, KBS, MBC, SBS가 참여하고 있으며, 종편을 포함한 케이블 채널도 양사에 콘텐츠를 공급하고 있다. 주로 방송된 콘텐츠를 재판매하는 추가 유통망으로 사용하고 있지만, 오리지널 콘텐츠도 OTT 독점으로 가끔 진행한다. 관련해서 방송사 소속 제작사인 스튜디오드래곤이나 스튜디오S 등의 콘텐츠를 방송-OTT 서비스로 연결하여 수직, 수평 계열화를 하고 있다. 미국의 경우, 훌루가 비슷한 경우인데 처음에는 NBC와 폭스TV를 중심으로 설립하였고, 나중에는 WB도 잠시 합류한 방송사 계열이다. 지금은 디즈니 소속으로 바뀌었다.

이렇게 콘텐츠 수급을 기반으로 구분해 보았는데, 한국 드라마가 주로 수급되는 서비스는 방송사 기반 서비스이지만, 이는 국내 시장에 머물러 있다. 웨이브 계열사, 웨이브아메리카스Wavve Americas는 코코와Kocowa라는 OTT 서비스로 전 세계 73개국에 직간접 진출하는 것이 현재 유일한 방송사 OTT 서비스의 해외 진출이다(최은수, 2024). 이외에는 대부분 플랫폼 기반 OTT 서비스를 통해 한국 드라마는 유통되고 있는 상황으로 콘텐츠 축적자Aggregator로서 플랫폼 특성을 잘 보여 준다. 최근 SBS가 넷플릭스에 콘텐츠를 추가 공급하기로 하면서 해외 유통에 있어서 글로벌 플랫폼 OTT 서비스에 대한 의존도는 더 높아질 것으로 예상된다.

콘텐츠 유통 범위에 따른 구분

콘텐츠 유통 범위를 기준으로 OTT 서비스를 구분하면, 앞서 언급한 턴스톨의 방송 구분법을 빌려, 글로벌 서비스와 다국가transnational 서비스, 단일 국가 서비스로 나뉠 수 있다. 글로벌 서비스의 경우, 전 세계적인 서비스를 하지만, 다국가 서비스의 경우, 일정한 법칙을 가지고 제한된 글로벌 서비스를 하고 있다. 예를 들면, 넷플릭스나 디즈니+는 글로벌 서비스이지만, 코코와나 라쿠텐비키 같은 경우는 다국가 서비스라고 볼 수 있다.[24]

다국가 서비스의 좋은 예가 한국 콘텐츠를 주로 취급하는 홍콩 기반 뷰 OTT 서비스다. 뷰는 인도네시아와 미얀마, 말레이시아 등 동남아시아와, 사우디아라비아, 바레인 등 중동 국가, 총 16개국에 서비스를 제공하는 OTT 서비스다. 한국 콘텐츠를 미국에서 시작, 남미, 유럽 등지로 확장 공급하는 코코와도 다국적 서비스다. 또 다른 예는 영국 방송사 기반 해외 OTT 서비스인 브릿박스Britbox가 있다. 북유럽과 미국 등 세계 8개국에 서비스하는 브릿박스는 영국 지상파 방송 BBC와 ITV 콘텐츠를 주로 공급하지만, 그 범위는 제한적이다. 북유럽 드라마를 중심으로 출발, 스포츠로 확장하고 있는 북유럽 9개국에만 서비스하고 있는 스웨덴 기업 비아플레이Viaplay도 다국적 서비스다.

24 로바토는 서비스 특징에 따라 글로벌 서비스와 다국가 서비스, 단일 국가 서비스로 구분한다. 차별점은 동일 서비스 제공 여부에 따른 것인데, 글로벌은 전 세계적으로 공통된, 다국가 서비스는 다수 국가에 서비스를 하지만, 국가별 차별성이 큰 OTT 서비스를 칭한다. 그런 면에서 공통된 플랫폼, 시청자 경험을 더 많이 공급하는 넷플릭스는 글로벌 서비스인 반면, 국가별로 서비스의 차이가 있는 HBO는 다국가 서비스라고 로바토는 분류한다(같은 책: 50, 52~53). 하지만 유통 범위와는 그 궤적을 달리해서 이 장에서 구분하는 방식과는 다르다.

이런 예를 제외한 거의 모든 서비스는 단일 국가 서비스이고 대부분 방송사 기반 OTT 서비스가 많다. 티빙은 한국에서만 이용할 수 있고, 일본에서 프라임비디오와 넷플릭스에 이어 3위를 달리고 있는 유넥스트U-Next도 일본에서만 사용할 수 있다. 인터넷이라는 전송 수단을 사용하는 OTT 서비스는 기술적으로는 글로벌 서비스가 될 잠재력을 가지고 있지만, 콘텐츠 전송권 소유, 인터넷 전송·서버, 제공 언어, 국가별 규제, 구독자 선호도 등의 이유로 그 잠재력을 실현하는 것은 쉽지 않다.

이런 지역 기반 서비스를 한국 콘텐츠 유통 면에서 본다면, 글로벌 서비스가 한국 드라마의 세계적인 인기에 이바지한 바가 많은 것은 두말할 나위가 없다. 콘텐츠 제작 산업에도 지대한 영향을 미쳤고, 한국 콘텐츠의 글로벌 인지도 향상에도 크게 기여했다. 하지만 이와 함께 우리가 뷰와 같은 소규모 글로벌 서비스를 주목해야 하는 이유가 있다. 우선 이런 지역 서비스는 전통적인 콘텐츠 재판매 시장과 연관성이 있다. 콘텐츠 유통에서 있어서 한 번에 글로벌 무한 전송권을 판매하는 것이 반드시 좋지는 않다는 것을 〈오징어 게임〉 사례에서 볼 수가 있다. 콘텐츠 유통 사업은 미래 가치의 불확실성을 기본으로 두고 있다. 〈오징어 게임〉이 제작비 이상을 받으면서 판매하였지만, 전 세계적인 인기를 끌면서 넷플릭스가 대부분의 이윤을 독차지했다. 반대로 실패할 때도 있을 수 있다. 이런 극단적인 경우를 회피할 수 있는 좋은 수단이 재판매 시장을 활용하는 것이다. 시장마다 다른 조건과 시차를 가지고 판매하는 것이 콘텐츠 소유를 하는 쪽에 유리할 수도 있기 때문이다. 그리고 이런 소규모 다국가 서비스의 경우, 인기 콘텐츠가 아닌 콘텐츠도 유통할 가능성이 높아서 장기적으로는 안정된 수급 구조를 만들 수 있다. 정리하자면, 한국 드라마 유통이라는 면에서는 플랫폼 기반 OTT 서비스를, 그리고 글로벌 서비스와 함께, 다국가 서비스도 관심 있게 관찰할 필요가 있을 것이다.

OTT 시대에 한국 콘텐츠의 세계적 인기는 좋기만 한 것일까

지금까지 드라마의 콘텐츠 특성과 미디어 제국주의 이론을 중심으로 한 콘텐츠 글로벌 유통에 대한 이론적인 이해, 그리고 OTT 서비스를 중심으로 한 유통 방식에 대해서 알아보았다. 미디어 환경과 함께 전 세계 국가의 정치 경제 환경이 변화하면서 콘텐츠 유통 관행도 바뀌고 그에 대한 이해도 변화하였다. 방송·영상 콘텐츠를 중심으로 영국의 미디어학자 존 엘리스John Ellis는 방송의 역사를 콘텐츠 빈곤(지상파), 풍요(케이블 등장), 과다(OTT 등장)의 시대로 구분했다(Ellis, 2000). 지상파 시대는 콘텐츠가 제한적이어서 빈곤했지만, 케이블 다채널 시대가 되면서 풍요해져, OTT 시대에는 시청할 수 없는 정도로 과다한 콘텐츠 시대가 된 것이다. 콘텐츠 양에 따라서 유통 관행도, 미디어에 대한 이해도 변화하였다. 지상파가 유통을 독점하던 시기가 빈곤의 시대라면 지금 시대는 콘텐츠 과다이지만, 그림 6이 보여 주는 것처럼 넷플릭스와 같은 미국 OTT 서비스가 중국을 제외하고는 유통에서 독과점하고 있다. 한국에서도, 유튜브를 제외하면, 넷플릭스와 티빙 등 몇 개 서비스가 과점하고 있는 양상을 보인다. 부동의 1위를 지키고 있는 넷플릭스와 티빙, 웨이브는 한국 콘텐츠를 다수 공급하고 있어 앞서 본 미디어 제국주의 담론은 한국에서는

그림 6 2024년까지 글로벌 OTT 서비스 순위

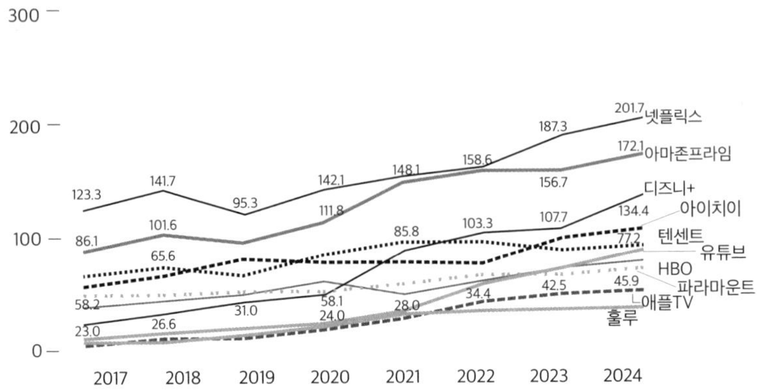

의미가 없어 보이기도 한다.

하지만 한국 콘텐츠의 세계적 인기 이면에는 또 다른 모습이 있다. 예를 들어 2025년 2월, 인도네시아 넷플릭스 상위 10위 콘텐츠 중 7편이 한국 드라마이고, 일본 애니메이션 2편 중 1편은 한국 원작이다. 그리고 최고 인기 3편은 한국 순위와 같다(임석봉, 2025). 이 사례는 현지에서 '드라코'라고 불리는 한국 드라마의 인기와 함께, 인도네시아 시청자와 한국 시청자의 취향 유사성을 보여 준다. OTT 서비스가 가져온 유통의 변화로 전 세계적인 콘텐츠 동시 시청이 가능해진 상황에서 이런 현상은 우리에게는 좋을지 모르지만, 인도네시아는 이런 상황을 어떤 생각을 할지 반면교사로 삼을 필요가 있다. 그래서 미디어 제국주의 이론과 같은 일방향적 콘텐츠 유통에 대한 우려가 지금도 의미가 있다.

8장

산업적 관점에서 본 K드라마의 글로벌 확산

송진

송진

한국콘텐츠진흥원의 콘텐츠산업정책연구센터장으로 콘텐츠 산업 현장에 밀착된 정책 연구와 데이터 산출에 주력하고 있다. 이화여자대학교에서 박사 학위를 받았으며, 한국교육방송공사(EBS) 연구위원을 지냈다. 〈한국방송학보〉, 〈언론과 법〉 등 학술지 편집위원, 미디어·콘텐츠산업융합발전위원회 전문위원, 경제분류자문위원, 유네스코 국제기록유산센터 집행위원 등 다수의 콘텐츠 관련 정책자문회의체에 참여했다.

K드라마는 문화적 현상을 넘어 산업적 파급력을 지닌 글로벌 콘텐츠로 자리매김하고 있다. 국경을 넘어 콘텐츠가 거래되고 소비되는 모든 활동을 시장의 관점으로 볼 수 있다. 만약 넷플릭스에서 미국 드라마, 일본 애니메이션, 한국 K드라마를 보고 있다면, 당신은 이미 글로벌 콘텐츠 시장의 소비자다. 이 장에서는 K드라마의 글로벌 확산 현상을 시장, 플랫폼, 소비자 등 산업적 관점에서 살펴본다.

글로벌 영상 시장의 흐름

글로벌 콘텐츠 시장에서 영상 부문은 핵심 영역이다. 글로벌 엔터테인먼트와 미디어 시장 정보를 제공하고 있는 전문 조사 기관 PwC에 따르면, 글로벌 방송·영상 시장은 2023년 4,140억 달러에서 2028년까지 약 5,160억 달러, 연평균 2.15%의 지속 성장을 할 것으로 예상된다. 다만 팬데믹 시기 스트리밍 서비스를 중심으로 급격히 성장한

그림 7 글로벌 기준 방송·OTT 시장 규모

단위: 100만 달러

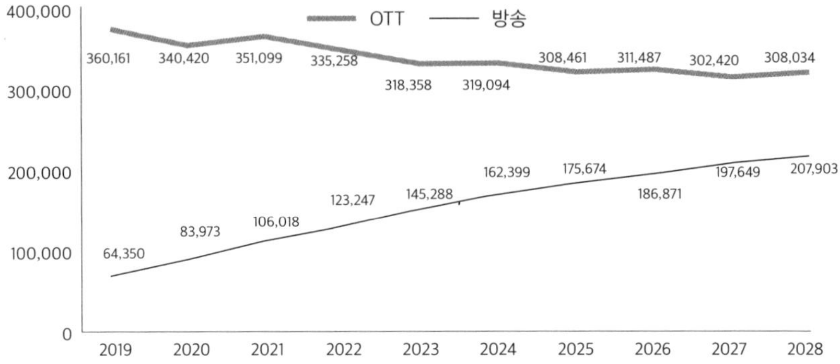

출처: 한국콘텐츠진흥원, 2024a.

방송·영상 시장은 최근 엔데믹과 맞물려 그 성장세가 다소 완만해지는 양상을 보이고 있다.

산업적 관점에서 영상 시장은 크게 전통적인 방송과 OTT로 대별할 수 있다. 전통적인 방송 시장 규모는 2021년 이후 감소하고 있고, 이러한 흐름은 당분간 지속될 전망이다. 반면, 글로벌 OTT 서비스 시장은 2023년 1,600억 달러에서, 2028년 2,000억 달러로 연평균 5.0%의 안정적인 증가율을 보일 것으로 전망되고 있다(PwC, 2024). 이러한 추세로 전통적 방송 시장과 OTT 시장의 규모 차이는 빠르게 좁혀지고 있다. 특히, 북미와 남미에서 이런 변화가 두드러진다.

전통 방송 시장의 감소와 OTT 증가는 방송·영상 콘텐츠 이용 방식의 변화와 함께, 콘텐츠 유통 구조를 바꾸고 있다. 과거에는 각 지역별 방송사 중심의 거래였다면, 오늘날은 OTT 플랫폼을 통한 글로벌 동시 유통이 주류로 떠오르고 있다. 이는 국가 단위 '수출'에서 서비스 '유통과 접근'으로 구조적 전환이 이루어지고 있음을 의미하며, 글로벌 콘텐츠 이용과 확산에도 큰 영향을 미친다.

새로운 콘텐츠 유통 플랫폼의 영향력이 점점 커지면서 콘텐츠의 특성도 변화하고 있다. 유튜브 등에서 보여지는 짧고 압축적인 형태로 강력한 흡인력을 지니는 숏폼이나, 기존의 방송 제작 관습과 문법이 인터넷 고유의 특성과 맞물려 새로운 장르와 형식으로 변환된 콘텐츠들은 기존 방송 콘텐츠 형식에도 영향을 미치고 있다.

그 밖에 FAST(Free Ad-supported Streaming TV)[25]와 같은 콘텐츠 제공 채널 서비스가 확대되고, 어드레서블 광고addressable ads.,[26] 쇼핑 서비스가 TV 단말을 통해 지속적으로 확대되면,[27] 방송·영상 콘텐츠가 다양한 수익 모델을 연결하는 주요한 수단이 될 가능성이 높다.

K드라마, 숫자로 보는 성장

글로벌 시장 속에서 최근 한국의 방송·영상 콘텐츠가 보여 준 경쟁력은 산업적 수치로도 확인된다. 통계가 집계된 2006년 이후, 한

25 디지털 플랫폼에서 광고를 보는 대신에 무료로 볼 수 있는 실시간 채널 서비스를 의미한다. TV 방송처럼 실시간 콘텐츠를 볼 수 있고, VOD도 제공하여 이용자에게 다양한 콘텐츠를 제공한다.

26 익명화된 아이디 기반으로 TV 디지털 셋톱박스를 통해 축적된 데이터와 해당 가구에서 생활하는 개인의 모바일 데이터를 결합해 개인 맞춤형으로 제공하는 광고를 말한다.

27 2024년 12월 미국의 소매 업체 월마트가 스마트 TV 제조업체 비지오를 인수한 사례는 이와 같은 변화를 함축하고 있다. TV 플랫폼을 통한 광고와 데이터 사업으로 콘텐츠를 활용한 비즈니스 다각화가 가속화될 전망이다. 특히 이러한 변화와 맞물린 스트리밍 서비스와의 결합도 예견되고 있다(《한국경제》, 2024. 12. 5).

국의 방송·영상 산업 수출액의 흐름은 이를 잘 보여 준다. 방송 사업자와 독립제작사의 콘텐츠 수출액 합계액을 기준으로, 2023년 방송·영상 수출액은 10억 4,721만 9,000달러를 기록했다. 2006년 이후 17년간 약 8배의 성장을 보인 셈이다.

이러한 수출 규모는 다른 나라와 비교해서 어떠한 수준일까? 이와 관련한 답으로, 창의 산업Creative Industry과 관련해 국가별 수출과 수입 규모를 산출하고 있는 유엔무역개발회의(UNCTAD)의 보고서를 살펴보자. 해당 보고서에서 직접적으로 방송 부분을 별도 산출하고 있지는 않지만, 방송이 상당 부분을 차지할 것으로 여겨지는 시청각/멀티미디어/사진 부문의 수출액을 참고할 수 있다. 이 보고서에 따르면, 한국은 시청각/멀티미디어/사진 부문에서 2022년 기준 세계 4위 규모(2억 8,800만 달러)의 수출을 하고 있는 것으로 집계되었다(UNCTAD, 2024).

직접 비교는 불가능하지만, PwC 자료 기준으로, 한국의 방송 시장(내수 시장) 규모는 2023년 기준 세계 12위에 해당한다(PwC, 2024). 또한 2023년 기준, 한국의 인구수는 전 세계 17위, 1인당 GDP는 13위에 해당한다. 한국의 인구, 경제력, 그리고 내수 시장 규모를 감안할 때, 방송을 포함한 시청각/멀티미디어/사진 관련 시장의 수출 규모가 세계 4위라는 점은 글로벌 콘텐츠 시장, 특히 방송 부문에서 한국 콘텐츠가 수출 기반으로 거둔 성과가 상당하다는 점을 확인시켜 준다(한국콘텐츠진흥원, 2024b).

2010년대 이후 한국의 방송 콘텐츠 수출은 몇 번의 부침 속에서 꾸준히 증가해 왔다. 큰 폭의 변화를 보였던 몇몇 변곡점을 통해 한국 방송 콘텐츠의 수출 특성을 간략히 살펴보자. 전년 대비 32.32%의 성장률을 보였던 2013년은 〈별에서 온 그대〉와 〈상속자들〉과 같

그림 8 방송 산업 해외 수출액*

단위: 1,000달러

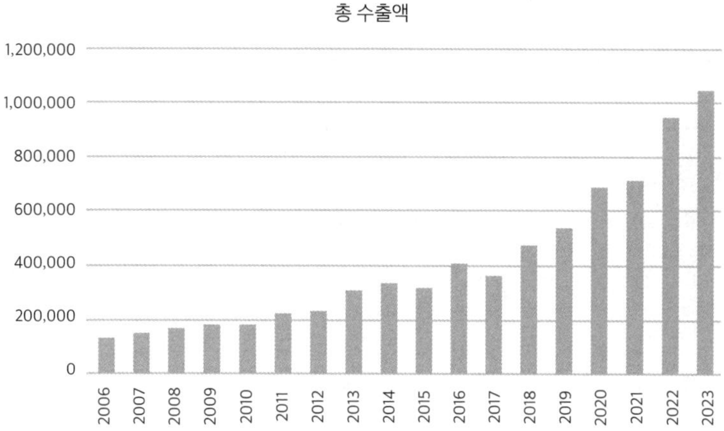

* 방송·영상 콘텐츠를 제작하여 방송사업자 혹은 OTT에 제공하는 독립제작사 수출액 포함.

출처: 문화체육관광부, 〈콘텐츠산업조사〉 2006~2023;
과학기술정보통신부/방송통신위원회, 〈방송산업실태조사〉, 2024 인용 포함.

은 드라마가 중국, 일본 등 아시아 시장에서 큰 인기를 모으며, 드라마 한류가 산업적 성과로 연결되는 기틀을 다진 해다. 〈태양의 후예〉, 〈도깨비〉가 방영되었던 2016년 역시 전년 대비 28.33% 수출액 증가세를 보였다. 독특한 스토리와 화려한 영상미의 한국 드라마가 K콘텐츠를 대표하며 글로벌 시장에서 존재감을 더해가기 시작했다. 특히 이 시기는 기존 TV 방송을 넘어 OTT 등 디지털 플랫폼으로 방송 드라마의 확장이 시작된 기점이기도 하다.

그런데 2017년 정치적 이슈로 중국 정부의 콘텐츠 규제가 강화되면서 촉발된 이른바 '한한령'은 한국 드라마의 주요 시장인 중국이 막히는 결과를 초래했다. 전년 대비 −11.87%로 수출액이 감소했고, 성장률도 급감했다. 산업 내 위기감이 고조됐다. 하지만 위기는 새로운 기회를 찾는 동력이 된다. 생존을 위해 중국 외 다른 시장을 적극적으로 모색할 수밖에 없었던 방송·영상 산업은 동남아, 미국, 유럽 등 다변화된 새로운 시장 개척으로 K콘텐츠의 확장의 기회를 넓혀 갔다. 그리고 그 무렵 영향력을 확대하기 시작한 새로운 플레이어, 글로벌 OTT 플랫폼을 통한 해외 진출의 가능성도 보다 적극적으로 탐색되기 시작했다. 〈미스터 션샤인〉, 〈킹덤〉 등의 대작이 해외에서 주목받으면서, 이러한 움직임은 곧 수출 성장률의 반등으로 연결되었다.

그 가운데 2020년에 불어닥친 코로나 팬데믹이 초반에는 제작 현장을 어렵게 하면서 위기감을 불러일으켰지만, 이어 촉발된 스트리밍 서비스의 급격한 성장을 통해 방송·영상 분야에 긍정적 영향을 미쳤다. 특히, 2022년은 주요한 기점이다. 전년 대비 32.04%의 큰 폭의 수출액 증가는 넷플릭스, 디즈니+, 애플TV+ 등 글로벌 OTT에서 이루어진 한국 오리지널 콘텐츠 제작이 견인차 역할을 했다. 〈오징어 게임〉이라는 기념비적 작품은 아시아를 넘어 미국, 유럽, 중동 등 전 세계 이용자가 즐기는 K드라마의 상징이 되었다. 동시에 글로벌 OTT를 통한 K드라마 제작과 유통 변화는 국내 방송 산업 생태계의 지속가능성에 대한 고민도 함께 안겨주었다.[28]

28 국내 이용자들의 글로벌 OTT 중심 이용이 확대되면서 전통적인 방송 서비스와 국내 OTT가 상대적으로 위축되고, 특히 국내 제작사와 글로벌 OTT 플랫폼과의 IP 권리 확보 문제, 제작비 상승 등의 난제가 부상하고 있다.

권역별 시장 변화

보다 구체적으로 한국 방송 콘텐츠를 소비하고 있는 해외 시장의 특성을 권역별, 국가별로 살펴보자. 먼저, 매년 방송통신위원회와 과학기술정보통신부가 방송 사업자를 대상으로 조사하는 〈방송산업실태조사〉와 문화체육관광부의 〈방송독립제작사 실태조사〉의 수출액 자료는 방송 수출 시장의 큰 흐름과 변화를 잘 보여 준다.

한국 방송·영상 콘텐츠 산업의 가장 크고 중요한 시장은 전통적으로 아시아 시장이다. 아시아 시장은 2016년까지 한국 방송·영상 콘텐츠의 수출이 집중된 지역이나, 2017년부터 그 비중이 약간 감소하거나 정체되는 국면을 보인다. 앞서 설명한 2017년 중국 정부의 규제 강화 영향으로, 중국 시장의 수출이 급감했기 때문이다. 하지만

그림 9 방송 산업 권역별 해외 수출액*

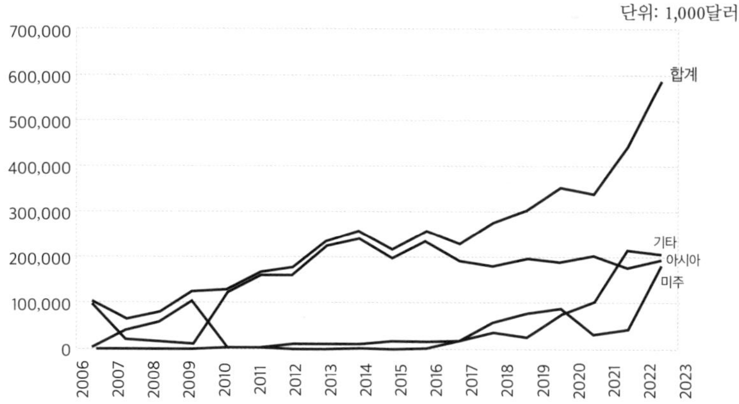

* 〈방송산업실태조사〉의 방송 사업자 수출액 기준으로, 방송·영상 독립제작사 수출액 제외.

출처: 과학기술정보통신부/방송통신위원회 방송산업실태조사, 2024.

위기만 있었던 것은 아니다. 중국을 대체해 동남아 지역으로 새로운 수출 활로를 찾았기 때문이다. 위기는 늘 기회와 맞닿아 있다.

미주 시장은 2010년대 중반까지 몇몇 콘텐츠의 단발적 성과 외에는 방송 콘텐츠 수출 지역으로 큰 의미를 가지지 못했다. 하지만 2019년 이후 급격한 성장을 보이며 최근에는 가장 핵심적인 시장 중 하나로 자리 잡았다. 이는 기존의 전통 방송 수출보다는 새롭게 등장한 글로벌 OTT의 한국 콘텐츠 수급이 수출로 반영된 결과라 할 수 있다. 그 외 지역으로는, 유럽, 오세아니아, 아프리카 진출이 현재까지 미미한 수준이라 할 수 있지만, 2018년 이후 이들 지역에서도 수출액이 소폭이나마 꾸준히 증가세를 보이고 있다.

주목할 것은 '기타'로 집계된 수출액이 급증하고 있다는 점이다. 이 조사는 여러 국가에 묶음 판매되어 수출국을 특정하기 어려운 경우 '기타'에 표기하도록 하고 있다. 글로벌 에이전시나 OTT 등을 통해 다양한 지역에 일괄적으로 콘텐츠 유통이 이루어지는 경우, 기타로 응답한 경우가 많았을 것으로 보인다. '기타' 항목의 수출액이 2022년 이후 아시아, 미주 수출액과 거의 같은 수준을 보이는 것으로 급성장했다는 것은 수출 방식 변화에 따른 수출 지역 다변화의 양상을 잘 보여 준다.

시기별로 주요 수출국 비중에서도 주요한 특징들이 발견된다. 방송 콘텐츠 수출의 초기 시장(2006~2010)은 작품의 성격에 따라 단발적으로 몇몇 국가에 집중된 경향이 강하다. 예를 들어 〈궁〉, 〈꽃보다 남자〉 등이 일본, 대만 등에서 큰 인기를 모았다.

이후 해외 시장 진출이 본격화된 2011년~2015년은 일본이 K드라마의 핵심 시장으로 자리 잡은 한편, 중국, 홍콩, 대만 등 중화권 시장에서의 K드라마 강세와 시장 확대에 힘입은 바 크다. 아울러

베트남, 태국, 말레이시아 등 동남아시아의 비중도 커지기 시작했다. 〈별에서 온 그대〉, 〈킬미 힐미〉 등이 아시아 시장에서 뜨거운 반응을 얻었다.

이러한 흐름은 2016~2020년을 거치며 수출 지역 다변화로 연결되었다. 글로벌 에이전시나 글로벌 OTT를 통한 다지역 묶음 판매가 확대되면서 다국가를 포괄하여 원스톱으로 진출하는 형식이 주요한 수출 형태로 등장했다. 그간 특정 지역에 쏠림이 강하던 수출 집중 비중이 완화되고, 다양한 국가로 골고루 분산되는 흐름을 보이기 시작했다는 점은 방송 수출의 지형에서 매우 의미가 큰 지점이다. 〈태양의 후예〉, 〈도깨비〉, 〈킹덤〉, 〈사랑의 불시착〉 등 많은 K드라마가 이러한 변화를 이끌었다.

이러한 변화는 2020년 이후 더욱 가속화되고 있다. 〈오징어 게임〉, 〈이상한 변호사 우영우〉, 〈더 글로리〉 등 한국의 방송·영상 콘텐츠는 이제 전 세계에 보다 더 많은 사람이 함께 즐기고 있다. 그것을 확대하려는 사업자들의 노력도 더욱 강화되고 있다.

현재 방송·영상 콘텐츠 수출 형태에서 가장 주목할 지점은 특정 국가에 국한된 것이 아니라, 다지역/국가 묶음 수출이 가장 큰 비중을 차지하고 있다는 점이다. 이는 콘텐츠 분야에서 글로벌 플랫폼이 주요한 유통 방식으로 자리 잡으면서, 국가별로 거래되는 '수출' 개념이 약화되고 있음을 의미하기도 한다. 이러한 유통 방식의 변화는 곧 시장의 확대와 직결되고 있다. 전통적인 핵심 시장인 일본과 중화권, 지속적으로 성장하면서 새로운 주요 시장으로 부상하고 있는 동남아시아, 세계 중심 시장으로서 전략적 중요성이 강한 미국, 유럽 시장 등 한국 콘텐츠의 해외 시장은 지속적으로 확대되고 있다.

해외 시청자의 K콘텐츠 이용

아시아 권역은 한국 콘텐츠가 시장성과 경쟁력 측면에서 강세를 보이는 시장이다. 일본과 중화권은 전통적인 핵심 시장, 동남아 권역은 새로운 주요 시장으로 부상한 신흥 시장, 인도 등은 현재까지는 미미하나 시장의 가능성 측면에서 폭발력을 가지고 있는 잠재시장으로 각각 분류할 수 있다. 각 시장이 가지는 특성은 K콘텐츠의 확산과 수용에도 직접적인 영향을 미친다.

한국리서치가 조사한 주요 아시아 국가의 OTT 이용 현황은 한

그림 10 국가별 K콘텐츠 이용 플랫폼

단위: %

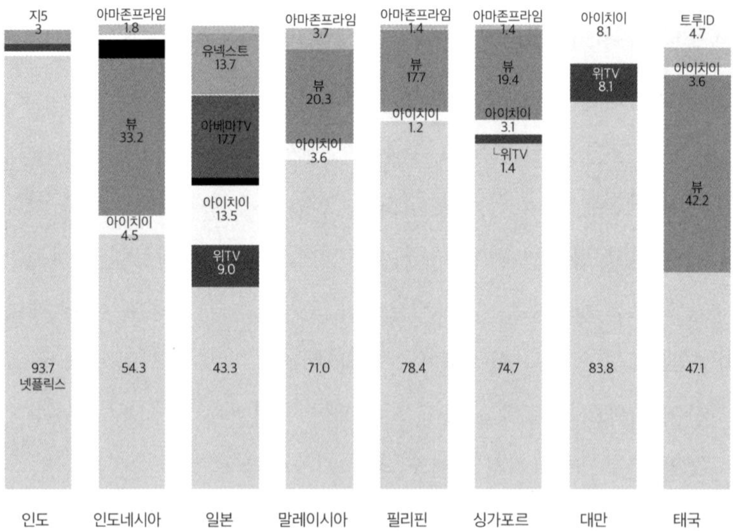

* AMPD OTT 시청률 조사 2024년 2분기(4~6월) 이용률 기준.

출처: 한국콘텐츠진흥원, 2024c.

국 콘텐츠의 시장 확장 관점에서 글로벌 OTT의 역할에 대해 시사하는 바가 크다. 이 자료에 따르면, 해당 국가들에서 한국 콘텐츠를 접하는 주요 플랫폼은 국가별로 차이가 있으나 전반적으로 넷플릭스가 가장 비중이 높다. 인도의 경우 94% 가량의 이용자가 넷플릭스를 통해 K콘텐츠를 접하는 반면, 일본은 43% 가량의 이용자만이 넷플릭스를 통해서 한국 콘텐츠를 이용한다. 동남아 권역에서도 넷플릭스를 통한 한국 콘텐츠 이용 비율이 전반적으로 매우 높지만, 상

그림 11　제작 국가별 콘텐츠 시청점유율

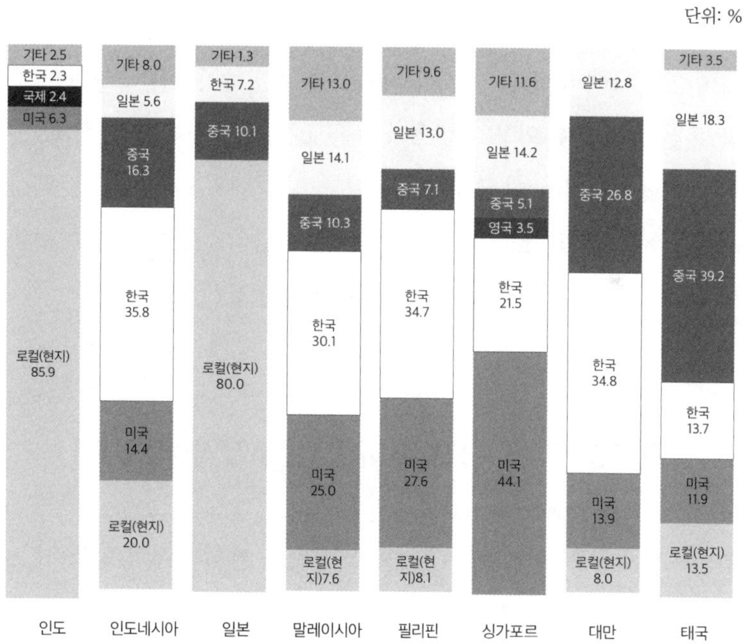

* AMPD OTT 시청률 조사 2024년 2분기(4~6월) 이용률 기준
* 각 국가별 상위 5개 미만 제작 국가는 '기타' 분류.

출처: 한국콘텐츠진흥원, 2024c.

대적으로 해당 권역 OTT인 뷰 등의 영향력이 크다. 말레이시아, 필리핀, 싱가포르 모두 70% 넘는 비율로 넷플릭스가 한국 콘텐츠를 만나는 통로가 되고 있지만, 뷰의 비중도 상당 부분을 차지한다. 태국은 뷰와 넷플릭스를 통한 K콘텐츠 이용 비율이 각각 42.2%, 47.1%로 비슷한 수치를 보인다. 인도네시아도 넷플릭스의 이용 비율이 54.3%, 뷰의 이용 비율이 33.2%를 보인다. 오랜 기간 전통 핵심 시장인 일본과 대만은 넷플릭스 외에도 아이치이, 위TV, 유넥스트, 아베마TV 등 해당 지역의 로컬 OTT를 통한 K콘텐츠 이용 비중이 상대적으로 크다.

K콘텐츠의 수용은 해당 국가에서 얼마나 다양한 콘텐츠에 열려 있는가와 밀접한 관련이 있다. 자국 콘텐츠에 대한 선호는 일본(7.2%)과 인도(2.3%)에서 매우 높게 나타났고, 반면 동남아시아 국가들은 자국 콘텐츠에 비해 외국 콘텐츠에 수용도가 월등히 높았다. 특히, 동남아시아 지역에서 한국 콘텐츠는 시청점유율이 30%를 넘는 핵심 콘텐츠라 할 수 있다. 그렇다면 해외 이용자들의 콘텐츠 이용 특성은 한국 콘텐츠와 한국에 대한 인식과 태도와 어떻게 연결될까?

글로벌 시장의 K드라마 이용자는 어떤 사람들인가

한국콘텐츠진흥원(2023)의 〈2023 K-콘텐츠 해외진출 현황조사〉는 최근 3년 이내 한국의 방송영상 콘텐츠를 시청한 경험이 있는 해외 9개국(미국, 프랑스, 중국, 일본, 인도네시아, 베트남, 태국, 러시아, UAE) 이용자 2,004명을 대상으로 콘텐츠 이용 실태와 이용자 특성을 분석하고 있다. 이하 내용은 한국콘텐츠진흥원(2023) 보고서의 주요 내용을 토대

그림 12　해외 이용자의 K방송·영상 콘텐츠 시청 비중

	전체	국가									성별		연령				
		미국	프랑스	중국	일본	인도네시아	베트남	태국	러시아	UAE	남성	여성	10대	20대	30대	40대	50대
표본 수	(2,004)	(205)	(192)	(168)	(241)	(262)	(257)	(243)(	(233)	(203)	(1044)	(960)	(127)	(420)	(601)	(504)	(352)
평균 비율	40.1	36.0	22.8	40.4	21.8	53.2	55.4	57.0	15.6	54.0	37.3	43.1	40.2	45.8	43.5	37.2	31.9

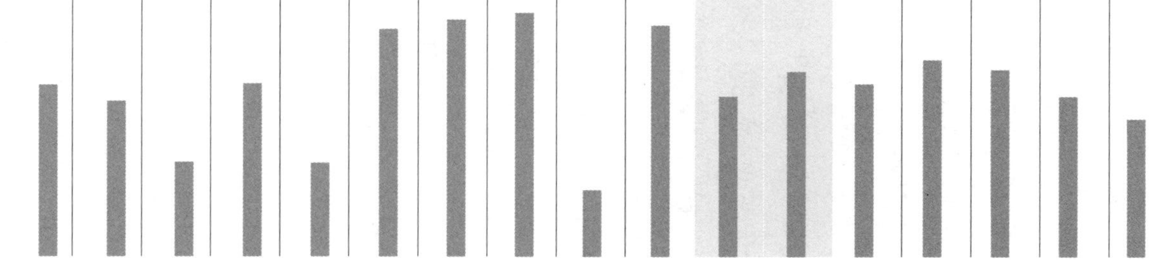

출처: 한국콘텐츠진흥원, 2023.

로 심화·분석하여 재구성하였다.

조사 결과를 토대로, 해외의 K드라마 콘텐츠 이용자들에 대한 그림을 그려 보자. 우선, 이들은 K방송·영상 콘텐츠에 대한 이용 빈도와 이용량이 대체로 높다. 조사 응답자들의 전체 방송 시청량 중 한국 콘텐츠 시청 비중은 평균 40% 정도로 나타났다. 연령별로는 20~30대에서, 성별로는 여성이, 국가별로는 태국, 베트남, 인도네시아, UAE의 K방송 콘텐츠 시청 비율이 상대적으로 높았다.

시청 비중이 높다는 것은 정기적인 콘텐츠 이용과 연결된다. 응답자 중 한국 드라마를 정기 시청하고 있다는 비중은 전체 74.4%를 차지할 만큼 높은 수치를 보였다. 특히, 인도네시아, 베트남, 태국 등 K콘텐츠의 이용률이 높은 동남아시아 국가에서 정기 시청을 하고 있다는 이용자 비중은 80~90%를 상회할 만큼 매우 높았다.

특히, 이들은 K방송·영상 콘텐츠를 이용하기 위해서 유료 계정을 이용하고 있는 것으로 나타났는데, 이는 OTT를 통해 K콘텐츠를 보는 것이 일반적임을 보여 준다. 전체 응답자 중 63.9%가 K방송·영상 콘텐츠를 유료로 시청하고 있다고 답했다.

그렇다면 외국 이용자들이 K방송·영상 콘텐츠를 선택하는 데 영향을 미치는 중요 요인은 무엇일까? 응답자들은 스토리/설정이 매력적이고, 장르가 자신의 취향에 맞으며, 등장인물/캐릭터의 매력이 크다는 점을 K방송·영상 콘텐츠 시청에 중요한 고려 요소로 대답했다. 응답자의 특성과 국가별로 다소 차이도 있었다. 중국 이용자, 여성, 10대는 매력적인 스토리/설정을 가장 중요하게 본다고 응답한 반면, 자신의 취향에 맞는 장르에 대한 선호는 40대에서, 캐릭터에 대한 매력은 일본 이용자들이 상대적으로 보다 중요하게 고려하는 것으로 나타났다.

그림 13　해외 이용자들의 K방송 콘텐츠 선택 시 중요 고려 요소

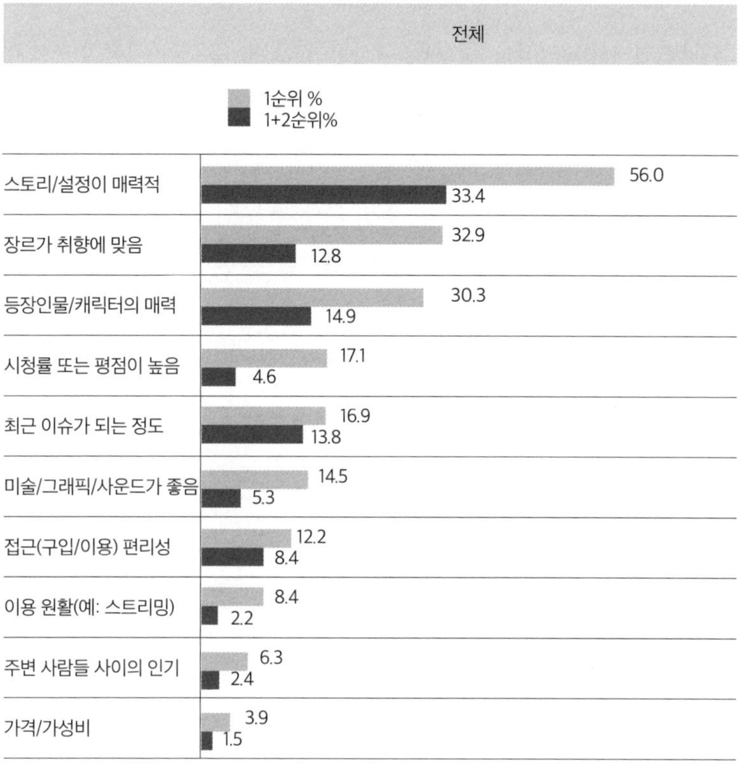

출처: 한국콘텐츠진흥원, 2023.

그런데 여기서 주목할 지점이 있다. 2021년 동일한 조사에서 외국 시청자들은 한국의 문화에 대한 관심이 콘텐츠를 선택하는 데 가장 큰 영향을 미친다고 답한 반면(36.1%), 2023년 조사에서는 그에 대한 중요도가 16.5%로 크게 하락하고, 대신 콘텐츠 자체의 스토리, 캐릭터, 영상, 사운드 등을 중요하게 고려한다는 응답의 비율이 대폭 증가했다(70.1%). 즉 단순히 한국이나 K콘텐츠에 대한 관심보다

는 콘텐츠의 내재적 품질 요인으로 K콘텐츠를 선택하고 있다는 의미다. 이러한 변화는 K콘텐츠가 한국적 고유성을 넘어 콘텐츠 자체의 보편적 매력을 더욱 강화해 나가고 있으며, 그것이 이용자들에게 소구하는 요소로 작용하고 있음을 암시한다. 또한, 콘텐츠를 접하는 기술적/경제적 접근성이 K콘텐츠 선택에 영향을 미친다는 응답도 2021년 대비 2023년에 2배 가까이 증가했다. 이는 가격, 언어, 접근 채널 등이 콘텐츠 소비를 결정짓는 중요한 변수가 될 수 있으며, 이를 콘텐츠의 글로벌 확산 전략에 주요하게 고려할 필요가 있다는 점을 시사한다.

그리고 외국 이용자들이 K영상 콘텐츠에 대한 정보를 얻는 데 가장 중요한 매체는 유튜브(42.4%, 중복 응답)와 틱톡, 인스타, 기타 SNS의 비중이 높았다. 특히 짧고 강렬한 숏폼 콘텐츠의 영향력이 커지면서, 유튜브 쇼츠와 틱톡 영상이 K드라마의 글로벌 확산을 견인하는 주요 채널로 부상하고 있다. 이는 영상 기반의 SNS가 K드라마에 대한 핵심 정보 채널이며, 인플루언서 기반의 바이럴이나 팬덤 커뮤니티가 K콘텐츠를 접하는 데 주요한 통로가 되고 있음을 시사한다.

무엇보다, K드라마 이용자들은 어떤 성향의 사람들일까? 앞서 K드라마를 정기적으로 시청하고 있다고 응답한 이용자들의 특성을 보다 구체적으로 살펴보았다. 우선, 성별로는 남성 72.3%, 여성 76.7%로 여성의 비율이 근소하게 높았다. 연령별로는 10대 74.8%, 20대 80.7%, 30대 79.2%, 40대 72.8%, 50대 60.8%로 나타나 20~30대의 비중이 상대적으로 높은 것으로 나타났다. 한국을 선호하는 응답자 중에서는 87.9%, 중립 응답자는 52.1%, 선호하지 않는다는 응답자 중에서는 66%가 한국 드라마를 정기 시청하고 있다고 응답했다.

이 연구에서는 콘텐츠 이용자 유형을 군집 분석이라는 통계 방법론을 통해 크게 6개의 집단으로 나누었다. (1) 팬덤 중심의 10대, (2) 내향적이고 무난한 취향, (3) 외향적이고 대중적 취향, (4) 내향적이면서 실험적인 콘텐츠 선호, (5) 외향적이면서 신선한 콘텐츠 선호, (6) 합리적인 선택을 중시하면서도 새로움을 찾는 층이 그것이다. 이용자 유형별로 K드라마 정기 이용 여부를 보면, (1) 10대 팬덤 74.8%, (2) 내향적 성향/무난한 취향 56.5%, (3) 외향적 성향/무난한 취향 51.3%, (4) 내향적 성향/모험적 취향 90.6%, (5) 외향적 성향/모험적 취향 88.1%, (6) 합리적 성향/모험적 취향 79.3%의 비율을 보였다. 즉 K드라마 이용자들은 주로 팬덤을 형성해서 콘텐츠를 즐기는 성향이 높고, 참신하고 새로운 형태의 콘텐츠를 선호하는 경향이 높다는 것이다. 또한 정치적 올바름에 대해 민감성을 가지고 있고, 콘텐츠 소비에 적극적이라는 점도 눈여겨볼 대목이다.

국가별 차이도 흥미롭다. 가령, 중국은 외향적인 성향의 대중성과 새로움 모두 중시하는 이용자들이 많아서, 참신하고 화제성 있는 K콘텐츠가 성공할 확률이 높다. 반면, 일본은 대중성을 중시하며, 주변인의 영향을 받기 쉬운 이용자들이 상대적으로 많다는 점에서, 시청률·입소문을 통해 인기작 중심 확산 전략이 성공할 가능성이 높다. 태국이나 베트남, UAE 등은 참신한 콘텐츠를 선호하는 비율이 가장 높다는 점에서 새로운 장르와 화려한 연출을 반영한 콘텐츠가 유리할 가능성이 높다. 이는 국가별로 K콘텐츠를 소비하는 이용자의 성향이 다르며, 이에 따라 콘텐츠 기획, 마케팅, 플랫폼 전략을 달리할 필요가 있다는 점을 의미한다.

K드라마의 산업적 파급력

산업적인 관점에서 영상 콘텐츠가 가지는 가능성과 힘은 콘텐츠 자체의 성과를 넘어 그 콘텐츠를 통해서 이루어지는 문화적·경제적 가치 확장에 기인한다. 한국의 국가 브랜드와 이미지에 긍정적인 영향을 미치는 가장 주요한 요인이 콘텐츠와 관련된 것이다. 앞서 소개한 조사에서도, 조사에 응한 외국인들은 'K콘텐츠를 접하고 나서 한국산 제품/서비스에 긍정적으로 인식하게 되었다'는 항목에 전체 74.8%가 동의했다(한국콘텐츠진흥원, 2023). 특히 태국, 베트남, 인도네시아 등 K콘텐츠에 대한 이용과 선호가 높은 나라에서 긍정적 인식 정도가 더욱 높다는 점을 감안하면, 콘텐츠가 가져오는 사회문화적 영향력을 실감할 수 있다.

그간 한류의 흐름 역시 이러한 맥락 속에서 이루어져 왔다. 핵심적인 콘텐츠를 기반으로 그 가치와 범위가 장르, 지역, 분야에서 넓어져 왔다. 그 특징을 몇 가지로 정리하면, 첫째, 음악, 드라마로 시작해서 웹툰, 게임 다양한 분야로 확장되어 왔다. 둘째, 중국, 동남아로 시작해서 아시아를 넘는 글로벌 지역과 팬덤이 확장되었다. 셋째, 무엇보다 중요한 것은 콘텐츠 자체에 대한 관심으로 시작해서 그 관심이 한국의 의식주, 즉 일상생활과 문화에 대한 관심으로 확대되었다. 이러한 주요한 특징은 한류라는 현상이 콘텐츠가 가지는 가치 확장의 메커니즘을 직접적으로 보여 주는 것임을 드러낸다.

이러한 흐름은 방송·영상 콘텐츠의 가치 확장과도 직결된다. 이때, 주목하는 개념이 '활용'과 '가치 확장'의 수단으로서의 콘텐츠 IP다. 콘텐츠를 만들거나 거래를 통해서 가지게 되는 법적 권리 그 자체뿐 아니라, 그 권리를 활용해서 수익 창출을 가능하도록 하는 '수단'으로서의 IP에 주목하고, 그것이 기능할 수 있는 제반 환경이 마련되어야 함을 의미한다.

그간 웹툰/웹소설과 영상 콘텐츠 사이의 IP 확장은 콘텐츠 분야에서 대표적인 IP 확장 사례로 자리 잡았다. 성과 측면에서도 긍정적이라 할 수 있다. 2021년부터 2023년까지 방영된 50편의 드라마를 분석한 한 연구 결과에 따르면(김정환, 2023), 웹툰 원작 드라마는 그렇지 않은 드라마보다 평균 시청률이 2%p, 최고 시청률은 3%p 더 높은 것으로 나타났다. 또, 이러한 영상화에 따라 원작 웹툰이나 웹소설 조회 수가 다시 증가하게 되는데, 가령, 드라마 〈무빙〉 공개 후에 원작 웹툰 매출이 35배나 증가하기도 했다(《한국경제》, 2023. 9. 11).

이러한 콘텐츠 IP의 힘은 글로벌 시장에서도 작동할 여지가 크다. 글로벌 팬덤을 보유한 웹툰을 원작으로 삼아 영상화하거나, 그 역의 경우로 IP를 확장하는 것도 가능하다. 이러한 방식은 글로벌 시장에서 K콘텐츠가 영향력을 확장하는 데 주요한 수단이 될 수 있다.

콘텐츠 장르의 확장을 넘어서, 콘텐츠와 관련된 경험을 다양한 제품이나 공간과 연결해서 확장시킨 사례들도 증가하고 있다. 극장 경험을 집으로 가져오는 넷플릭스 팝콘이나, 마블런과 같은 체험형 이벤트, 〈오징어 게임〉의 게임 스테이션, 그리고 최근 콘텐츠 프로모션에 빠지지 않는 각종 팝업 스토어들이 그 대표적인 사례라 할 수 있다. 콘텐츠와 관련된 굿즈, 화장품, 편의점, 패션 등등의 콘텐츠 IP 산업의 확장 범주는 제조업, 관광, 서비스업 등 무궁무진하다.

이미 여러 성공 사례도 만들어 내고 있다. 최근 라면의 수출이 10억 달러를 돌파하며 세계인의 일상 음식으로 자리 잡거나(《연합뉴스》, 2024. 11. 1), 대미 수출액 기준으로 한국 화장품이 프랑스를 제치고 1위를 차지했다는 뉴스(《아시아경제》, 2025. 4. 1)가 그것이다. 이는 K콘텐츠가 제조업이나 관광, 서비스 등 연관 산업의 수출을 이끄는 앵커 산업Anchor industry으로 성장하고 있음을 잘 보여 준다.

K드라마는 이제 단순한 문화 콘텐츠를 넘어, 글로벌 시장을 이끄는 산업의 중심으로 자리 잡고 있다. 기존의 틀을 깨는 다양한 콘텐츠 IP의 활용과 확장이 방송영상 콘텐츠를 중심으로 글로벌 무대에서 보다 확장됨으로써, 콘텐츠를 중심으로 한 산업적 성과가 다양한 차원으로 확대할 수 있길 기대한다.

9장

콘텐츠-플랫폼 진화와 정책 패러다임 재편

고흥석

고흥석

국립군산대학교 미디어문화학부 교수로, 방송과 뉴미디어 산업 및 정책, 미디어리터러시에 대해 연구하고 있다. 방송통신위원회 방송평가위원회 위원을 역임했으며, 공정거래위원회 소비자정책위원회 위원으로 활동하고 있다. 책으로는《플랫폼 자율규제 사례 및 실효성 제고 방안》(공저),《AI·메타버스 시대의 산업경제적 광고PR전략》(공저),《디지털 환경에서 협업 저널리즘 모델 연구》(공저) 등이 있다.

글로벌 콘텐츠 생태계의 기술 혁신과 패러다임 변화

글로벌 콘텐츠 생태계는 새로운 기술 혁신으로 새로운 패러다임 변화를 보이고 있다. 이러한 변화를 함축하는 키워드는 인공 지능(AI)과 실감형 콘텐츠, 그리고 자동화된 콘텐츠 생성 등이다. 우선 미디어와 정보 통신 기술 혁신에 따른 글로벌 콘텐츠 생태계 변화를 이끌고 있는 핵심 키워드에 대해 조망하고 이와 같은 변화와 함께 K드라마와 관련 정책에 대해 살펴본다.

AI 기반의 콘텐츠 생태계

글로벌 콘텐츠 생태계의 가장 큰 변화 요인 중 하나는 AI 기반의 미디어 기술 혁신이 콘텐츠 생태계에 깊숙이 들어오기 시작했다는 점이다. 미디어 생태계를 이루는 콘텐츠 생산과 유통, 소비의 관점에서 보면 AI 기반의 콘텐츠 생산 체계의 변화가 우선 눈에 띈다.

미디어 생태계에서 AI의 활용은 개인 맞춤형 추천 시스템에서부터 시작되었다. 사용자들의 시청 기록과 선호도를 기반으로 AI 알고리즘을 활용하여 개인 맞춤형 추천 콘텐츠를 제공하는 것이다. 이 시스템을 통해 사용자들이 좋아할 만한 영화를 찾아주고, 콘텐츠 소비 경험을 크게 향상시켜 왔다. 세계적인 OTT 기업인 넷플릭스가 대표적이다. 넷플릭스는 AI를 활용해 시청자 데이터를 분석, 맞춤형 추천 알고리즘을 개발함으로써 글로벌 시장에서 시청자 취향에 맞춘 콘텐츠를 선보이고 있다(Hsiao, 2024). 사용자의 시청 이력, 평가, 검색 기록 등을 분석하여 개인별로 최적화된 영상을 추천함으로써 시청 만족도를 높이는 것이다. 이와 함께 AI 알고리즘을 통해 개인별로 다르게 보이는 섬네일Thumbnail을 생성하고 제공하고 있다. 즉 같은 영화라도 사용자마다 선호하는 장면이나 배우가 강조된 섬네일을 제공함으로써 사용자 맞춤형 콘텐츠 추천 시스템 효과를 높이는 것이다.

넷플릭스는 방대한 시청 데이터를 분석하여 어떤 장르, 배우, 스토리라인이 인기를 끌 것인지 예측하면서 콘텐츠 기획 단계에서부터 빅데이터와 AI를 활용하고 있다. 우리에게도 친숙한 〈오징어 게임〉이 시청 데이터 분석을 통해 글로벌 흥행 가능성을 예측하고 적극 투자한 사례로 알려져 있다.

현재 글로벌 콘텐츠 생태계는 AI 기반으로 변모하고 있다. 방송·영상 콘텐츠 창작 영역 깊숙이 AI가 침투했으며, 자동화되는 콘텐츠 생태계에서 새로운 변화를 가져오고 있다. AI 휴먼이나 디에이징De-aging 기법, 페이스 에디팅Face Editing 등 AI를 활용한 콘텐츠 생산은 기존에 없었던 새로운 콘텐츠 생산 문법을 만들어 가고 있다. 뿐만 아니라 넷플릭스와 같은 글로벌 OTT 사업자는 AI 기술을 활용하여 콘텐츠 제작과 편집 과정을 효율화하고 있다. AI를 활용한 음성 합성 기술을 통해 배우의 목소리를 재현하거나, 영상 편집에 AI를 도입하여 제작 시간을 단축하는 것이다.

실감형 콘텐츠 생태계와 결합

실감형 콘텐츠Immersive Content는 사용자에게 현실과 같은 몰입감을 제공하는 디지털 미디어를 의미한다. 대표적으로 가상 현실(VR), 증강 현실(AR), 혼합 현실(MR), 그리고 확장 현실(XR) 등이 포함된다. 이러한 기술은 사용자의 시각, 청각, 촉각 등의 감각을 자극하여 더욱 현실감 있는 경험을 제공한다. 실감형 콘텐츠 기술은 엔터테인먼트, 교육, 의료, 광고, 관광 등 다양한 분야에서 활용되며, 특히 디지털 트윈, 메타버스, AI 기반 인터랙티브 콘텐츠 등의 발전과 함께 더욱 확산되고 있다.

실감형 콘텐츠의 발전은 미디어 소비 방식에 근본적인 변화를 가져오고 있다. 과거에는 2D 기반의 영상 콘텐츠가 주류를 이루었으나, 현재는 사용자 경험을 극대화할 수 있는 몰입형 콘텐츠가 주목받고 있다. 예를 들어, VR 기반 영화관에서는 관객이 특정 장면 속으로

그림 14 실감형 미디어

출처: Image FX를 통해 생성.

직접 들어가는 것과 같은 경험을 할 수 있으며, 메타버스 환경에서는 360도 영상과 인터랙티브 요소를 결합한 콘텐츠가 제공된다. 또한, 실시간 스트리밍 서비스에서 AI와 결합된 실감형 콘텐츠가 등장하면서 개인화된 미디어 경험이 강화되고 있다. 이러한 변화는 사용자와 콘텐츠 간의 상호 작용을 증가시키고 있으며, 더 나아가 광고, 브랜디드 콘텐츠, 게임형 미디어를 비롯하여 교육 목적의 콘텐츠 제작 등 새로운 미디어 형식을 만들어 내고 있다(Marougkaset al., 2023; Sakr & Abdullah, 2024). 이에 따라 전통적인 방송 및 영화 산업도 실감형 콘텐츠 기술을 도입하는 방향으로 변화하고 있다.

실감형 콘텐츠의 확산에 따른 산업 및 플랫폼 변화

실감형 콘텐츠가 확산됨에 따라 미디어 산업 및 플랫폼 역시 변화하고 있다. 글로벌 OTT 및 미디어 기업들은 실감형 콘텐츠 제작에 적극 투자하고 있으며, 새로운 형태의 플랫폼이 등장하고 있다. 넷플릭스는 인터랙티브 콘텐츠를 통해 사용자 경험을 증대시키는 시도를 했으며, 애플은 애플 비전 프로Apple Vision Pro를 통해 실감형 콘텐츠 생태계를 확장하고 있다. 디즈니+ 또한 VR과 AR을 활용한 콘텐츠 제작을 추진하며, 영화와 실감형 기술의 융합을 시도하고 있다. 한편, 로블록스, VRChat, 포트나이트와 같은 메타버스 플랫폼은 새로운 콘텐츠 유통 방식으로 자리 잡고 있으며, 사용자 생성 콘텐츠와 AI 기반의 자동 콘텐츠 제작이 활성화되고 있다. 기존의 방송 및 영화 산업도 이와 같은 변화를 수용하며, 실감형 콘텐츠와의 융합을 모색하고 있다.

실감형 콘텐츠와 관련하여 가장 주목 받은 곳은 메타META(구 페이스북)의 스파크 스튜디오Spark studio다. 메타스파크(https://spark.meta.

com/)는 증강 현실을 만들 수 있는 플랫폼으로, 주로 AR 필터와 효과를 제작할 수 있는 도구를 제공해 왔다. 사용자들은 이를 통해 페이스북이나 인스타그램 등 소셜 미디어 플랫폼에서 사용할 수 있는 AR 콘텐츠를 제작할 수 있다. 개발자나 디자이너도 메타 스파크 스튜디오 소프트웨어를 사용해 2D 및 3D 요소, 문자, 애니메이션 등을 결합해 사용자 경험을 향상시키는 AR 효과를 만들 수 있었다.

하지만 메타버스 사업 부문 '리얼리티 랩스'의 적자는 3년 연속 계속됐다. 2021 회계연도 1분기부터 2024 회계연도 3분기까지의 적자 총액은 120억 달러(약 16조 원)를 넘기고 있다(송영찬, 2024). 결국, 메타는 '라호야'라는 프로젝트명으로 진행되던 프리미엄 MR 헤드셋 개발도 중단했다. 스파크 스튜디오 또한 2025년 1월 14일 업데이트 서비스를 종료했다. 앞서 프리미엄급 MR 헤드셋 개발을 중단한 데 이어 메타버스 사업을 또 중단한 것이다.

실감형 콘텐츠의 확산이 가져오는 사회·문화적 변화

실감형 콘텐츠의 확산은 긍정적인 변화뿐만 아니라 새로운 사회·문화적 문제와 윤리적 이슈를 야기한다. 첫째, 뉴스 및 저널리즘 분야에서는 VR 다큐멘터리와 같은 실감형 보도가 등장하면서, 사실성과 감정적 몰입의 균형을 어떻게 유지할 것인가에 대한 논의가 필요해지고 있다. 가상 현실 속에서 경험하는 뉴스는 더욱 강한 공감을 불러일으킬 수 있지만, 과장된 연출이나 조작 가능성도 제기된다. 둘째, 가상 세계와 현실의 경계 문제도 중요한 쟁점이다. VR 및 메타버스 환경에서의 과몰입 문제, 가상 아이덴티티의 구축과 관련된 심리적 영향 등이 논의되고 있으며, 디지털 휴먼과 가상 인플루언서의 등장으로 인해 인간과 AI 간의 경계가 모호해지고 있다. 셋째, 프라이버

시와 데이터 보호 문제가 실감형 콘텐츠에서도 중요한 이슈로 떠오르고 있다. 실감형 콘텐츠는 사용자 동작, 시선 추적, 생체 데이터 등을 활용하기 때문에 개인 정보 보호와 데이터 활용 윤리에 대한 규제가 필요하다. 또한, AI 기반 콘텐츠 제작 과정에서 저작권 문제와 가짜 콘텐츠(딥페이크) 생성 문제도 함께 해결해야 할 과제다.

글로벌 콘텐츠-플랫폼 생태계 규제

K콘텐츠의 저작권은 어떻게 보호받는가?

K콘텐츠의 인기가 높아지면서 해외에서의 불법 유통 사례가 급증하고 있다. K드라마의 글로벌 차원에서의 저작권 이슈는 불법적인 콘텐츠 유통으로 인해 산업에 미치는 부정적 영향과 경제적 피해로 이어진다. 저작권 침해는 콘텐츠 제작자의 권리 침해이자 동시에 콘텐츠 산업 전반에 걸쳐 지속적인 성장을 위협하는 요소로 작용한다. 한국저작권보호원에 따르면, 해외에서의 불법 유통 건수는 2019년 19만 3,013건에서 2024년 8월 기준 55만 6,590건으로 약 3배 증가한 것으로 나타났다(한국저작권보호원, 2025).

우리는 유튜브 플랫폼을 통해 영화나 TV 시리즈의 줄거리를 소개하는 영상을 쉽게 접할 수 있다. 개봉 영화나 새롭게 시작한 TV 드라마에 대해 주요 정보를 제공하면서 관심을 불러일으키는 효과를 가져오면서 이러한 유튜브 채널들이 우후죽순처럼 등장했다. 이른바 패스트 무비Fast Movie라는 형태로 자리 잡고 있는데, 저작권 침해 문제도 제기되고 있다.

패스트 무비

패스트 무비는 일반적으로 2시간 분량의 영화를 약 30분으로 요약하거나, 여러 회차로 구성된 장편 드라마를 2시간 내외로 압축한 리뷰 영상 콘텐츠를 의미한다. 이러한 영상은 주로 줄거리, 주요 등장인물, 핵심 요소 등을 간략하게 소개하여 작품의 전반적인 개요를 제공하는데, 스포일러를 피하면서도 시청자들에게 작품에 대한 간략한 이해를 돕는 것이 특징이다(김찬솔, 2023). 패스트 무비는 주로 유튜브 플랫폼에서 유통되며, 방송사나 영화 제작·배급사의 허락 없이 원본 콘텐츠를 편집·요약하여 업로드하는 경우가 많다. 이러한 행위는 저작권법에서 규정한 복제권, 전송권, 2차적 저작물 작성권 등을 침해할 소지가 있다. 패스트 무비 제작자와 유튜브는 구독자 수와 조회 수를 기반으로 광고 수익을 나누며, 제작자는 조회 수 1회당 약 3원에서 8원의 수익을 얻는 것으로 알려져 있다(권혜미, 2024).

패스트 무비의 저작권 침해 쟁점

패스트 무비는 저작재산권 중 복제권, 2차적 저작물 작성권, 공중송신권, 그리고 저작인격권 중 동일성 유지권을 침해할 가능성이 있다. 제작자는 영화나 드라마의 영상을 녹화하거나 다운로드하여 복제권을 침해하게 된다. 또한, 원저작물을 기반으로 새로운 저작물을 작성하여 2차적 저작물 작성권을 침해할 수 있다. 이후 제작된 패스트 무비를 유튜브에 업로드함으로써 공중송신권을 침해하게 된다. 더불어, 원저작물의 내용과 다른 형태로 편집·요약함으로써 저작자의 동일성 유지권을 침해할 수 있다(이지윤, 2024).

국내에서는 지상파 방송사가 자사의 드라마 시리즈를 무단으로 요약·편집한 패스트 무비를 제작·배포한 유튜브 채널 6곳을 고

그림 15 K콘텐츠 불법 유통 대응 체계

구분	모니터링 및 차단 요청	접속 차단 심의 · 의결	접속 차단
시행 주체	한국저작권보호원, 방송통신심의위원회	방송통신심의위원회	인터넷 서비스 사업자
지도 감독 / 지원	문화체육관광부 방송통신위원회	방송통신위원회	방송통신위원회, 과학기술정보통신부

출처: 문화체육관광부 보도자료, 2023. 7. 31.

소한 사례가 있다. 이는 국내에서 패스트 무비의 저작권 침해에 대한 첫 고소 사례로 주목받고 있다(권혜미, 2024). 해외에서는 일본 도쿄 지방재판소가 패스트 무비를 무단으로 제작·공개한 유튜버에게 약 5억 엔(한화 약 46억 원)의 손해 배상을 명령한 사례가 있다. 또한 센다이 지방재판소는 패스트 무비 제작자 3명에게 징역형을 선고하기도 했다(윤진호, 2024).

이와 같이 패스트 무비는 저작권 침해에 대한 법적 이슈를 안고 있다. 다만, 유튜브에 게재되어 있는 영상 콘텐츠 가운데 편집 없이 재생되는 전체 영상과 요약된 형태로 편집된 영상(패스트 무비)이 혼재된 상황이며, 패스트 무비의 경우, 권리자 허락 후 게시되는 영상물도 존재하기도 해서 패스트 무비 자체를 저작권 침해 행위로 단정하기는 어려운 상황이다. 특히, 유명 유튜브 채널의 경우 권리자가 홍보를 제작비를 지원하여 제작된 패스트 무비 영상도 다수 존재하기 때문에 일률적으로 단정 짓기 어려운 점이 있다.

누누TV

2021년 6월 개설된 누누TV는 온라인 불법 동영상 사이트로 한국 드라마와 영화 등을 불법으로 스트리밍하며 불법 도박 사이트 광고를 통해 수익을 창출하는 것으로 알려져 있다. 국내 OTT 및 콘텐츠에 대한 피해가 월간 순 이용자(MAU)가 업계 1~2위 수준까지 커졌으며, 이에 정부에서는 적극적으로 누누TV 관련 URL을 차단해 왔다. 또한 2023년 8월에는 방송, 영화, OTT 사업자로 구성된 영상저작권 보호협의체가 출범하면서 누누TV에 대해 형사 고발하자 국내 OTT 사업자의 자체 콘텐츠를 자진 삭제하기도 하였다. 그러나 누누TV는 전용 앱을 배포하고 텔레그램을 통해 새로운 대체 사이트 주소를 배포하는 등 접속 차단을 우회하는 불법적인 스트리밍 서비스를 지속해 왔다.

정부의 강력한 제재로 인해 2023년 4월 누누TV는 홈페이지에 서비스 종료를 공지하고 서비스를 중단했지만 이후에도 누누TV2와 같은 새로운 불법 스트리밍 사이트가 등장하기도 했다. 누누TV와 같이 해외에 서버를 둔 대규모 콘텐츠 불법 사이트가 성행하면서 국내 콘텐츠 산업의 성장 생태계를 교란하고 막대한 피해를 입히고 있다(이혁기, 2025).

이와 같이 K콘텐츠의 저작권 침해 사례가 확산하자 정부는 범정부 차원의 K콘텐츠 저작권 보호 대응을 위한 'K콘텐츠 불법 유통 근절 협의체'를 출범하고 종합 대책으로 K콘텐츠 불법 유통 근절 대책을 마련하여 발표했다(문화체육관광부, 2023). K콘텐츠 불법 유통 근절 대책에서 과학기술정보통신부, 문화체육관광부, 방송통신위원회 등과 협력하여 불법 사이트를 신속하게 차단하고, AI를 활용한 불법 사이트 자동 탐지 기술 개발을 추진하고 있다. 이에 따라 한국저작권보호원과 방송통신심의위원회의 모니터링과 차단 요청이 있을 경우, 방송통신심의위원회의 접속 차단 심의, 의결에 따라 불법적인 저작권 침해가 있는 인터넷 서비스 사업자가 즉시 차단할 수 있도록 하고 있다.

저작권 침해가 일정 기간 노출될 경우 감당하기 어려운 피해가 발생한다. 신속한 절차에 따라 저작권 침해 방지 시스템이 필요한 이유이며, K콘텐츠의 저작권 보호를 위해 향후 지속적인 관리 감독과 신속한 대응이 필요하다.

글로벌 규제 이슈와 디지털 서비스 정책

규제의 세계화 현상: 브뤼셀 효과

규제 정책과 관련하여 자주 언급되는 브뤼셀 효과Brussels Effect는 유럽연합(EU)의 규제가 EU 경계를 넘어 전 세계에 확산되는 현상을 말한다. EU 의회가 위치한 브뤼셀에서 이루어진 의사 결정이 EU의 규제가 유럽 단일 시장의 교역 규율로 자리 잡아 세계 시장으로 이식되고, 전 세계 시민의 일상생활에 영향을 미치는 것을 의미한다(Bradford, 2020). EU는 자국 규제를 역내 기업뿐만 아니라 EU 시장 진출을 희망하는 글로벌 기업에도 적용하며, 이를 국제 표준으로 확산시킨다. 이로 인해 EU의 규제는 단순히 역내에서 끝나는 것이 아니라 글로벌 시장 전반에 걸쳐 막대한 재무적·비재무적 영향을 미치는 결과를 낳는다.

브뤼셀 효과는 ICT 산업에서도 두드러지게 나타났다. 2018년부터 시행된 일반정보보호규정General Data Protection Regulation(GDPR)은 개인 정보 보호 기준을 강화했으며, 이를 준수하기 위해 글로벌 기술 기업들이 유럽 시장뿐만 아니라 전 세계적으로 해당 기준을 적용하면서 개인 정보 보호 규제가 글로벌 표준이 되었다. 이후에도 EU는 디지털서비스법Digital Services Act(DSA), 디지털시장법Digital Markets Act(DMA), AI법Artificial Intelligence Act(AIA) 등을 잇달아 발표하며 디지털 서비스 제공자와 AI 시스템 기업에 개인 정보 보호 강화, 공정 경쟁, 소비자 보호, 투명성 및 책임성 강화를 요구하고 있다. 결과적으로 브뤼셀 효과는 EU의 규제가 글로벌 기업에 직접적인 영향을 미치며, 특히 환경 및 디지털 분야에서 국제 규범의 표준화로 자리 잡게 된다는 것을 의미한다.

EU 시청각 미디어 서비스 지침과 동영상 공유 플랫폼 서비스(VSPS)[29]

유럽연합(EU)은 방송 콘텐츠 규제와 관련하여 1989년 '국경 없는 TV 지침Television Without Frontiers Directive'을 통해 TV 방송을 대상으로 하는 통합 규제 정책을 도입한 바 있다. 이는 EU 회원국 내 방송 서비스에 동일한 규제 기준을 적용하여 방송의 자유로운 이동을 촉진하기 위한 것이다. 이후 미디어 융합이 가속화되고 VOD와 실시간 스트리밍 서비스 등 새로운 방송·영상 서비스가 등장하면서 2007년 개정된 지침을 통해 TV 방송 프로그램과 주문형 시청각 미디어 서비스를 포함하는 '시청각 미디어 서비스' 개념을 도입했다. 이와 함

29 시청각 미디어 서비스 지침과 VSPs에 관한 주요 내용은 EU 법률 서비스 사이트를 참조하라. https://eur-lex.europa.eu/legal-content/EN/TXT/?uri=LEGISSUM:am0005#:~:text=The%20EU%E2%80%99s%20Audiovisual%20Media%20Services%20Directive%20%28AVMSD%29%20governs,traditional%20TV%20broadcasts%20and%20on-demand%20audiovisual%20media%20%2A

께 모든 미디어 서비스를 전송 계층과 콘텐츠 계층으로 구분하여 동일 서비스에 대한 동일 규제 원칙을 적용하는 수평적 규제 체계를 마련하였다. 이때 마련된 시청각 미디어 서비스 지침Audiovisual Media Services Directive(AVMSD)은 신규 미디어 서비스를 규제 틀 안으로 포섭하는 동시에 규제 형평성을 달성하고 EU 개별 국가의 정책적 일관성을 확보하기 위해 마련된 것이다(김광재, 2020). 나아가 AVMSD는 전체 방송 시간의 50% 이상 유럽 제작물을 편성하도록 규정하고 VOD 사업자에게 30% 이상 유럽 저작물을 제공하도록 하는 등의 의무 규정을 강화해 온 측면이 있다.

EU는 2016년과 2018년 AVMSD을 개정하면서 '동영상 공유 플랫폼 서비스Video Sharing Platform Service(VSPS)' 개념을 새롭게 도입했다. 이를 통해 기존 방송 서비스에 국한되었던 규제 범위가 유튜브와 같은 동영상 공유 플랫폼으로 확장되었다. 이 개정은 플랫폼 내에서 발생할 수 있는 유해 콘텐츠 문제를 해결하고, 플랫폼 운영자에게 콘텐츠 관리와 규제 의무를 부과하는 제도적 근거를 마련했다. 이에 따라 EU 회원국의 미디어 규제 기관들은 이러한 플랫폼을 감독·규제할 권한을 확보하여, 온라인 콘텐츠 소비 환경에서 이용자 보호를 더욱 강화하고 있다. 이와 같은 규제 확장은 미디어의 디지털 전환과 모바일 중심 온라인화로 인해 전통적인 방송 서비스의 시장 지위가 약화되고 있다는 현실을 반영한 것이다. 또한 디지털 환경에서 이용자 피해가 증가함에 따라 이를 해결하기 위한 규제의 필요성이 더욱 커지고 있으며, 미디어 사업자 간 공정한 경쟁을 보장하기 위한 정책적 역할의 중요성도 증대하고 있다.

과거에는 동일한 서비스 제공에도 불구하고 사업자별로 상이한 규제 기준이 적용되며 형평성 문제가 제기되었으나, 개정된 지침은 모든 사업자에 동일한 규제 기준을 적용함으로써 공정 경쟁 환경을 조성하고, '동일 서비스 동일 규제' 원칙을 명확히 보여 준다. 다만, EU의 시청각 미디어 서비스 지침은 여전히 실시간과 비실시간 서비스를 구분하여 이원적 규제 체계를 유지하고 있다. 그럼에도 원산지 원칙Country of Origin Principle, 혐오 표현 및 폭력·차별 금지, 미성년자 보호 같은 최소한의 규제 기준은 모든 서비스에 동일하게 적용된다.

디지털서비스법(DSA)의 도입 배경과 주요 내용

2023년 8월 25일 본격 시행된 디지털서비스법(DSA)[30]은 디지털 시대의 빠르게 변화하는 온라인 환경에서 안전성, 투명성, 그리고 책임성을 강화하기 위해 도입된 법률이다. DSA는 온라인 중개자 및 플랫폼 사업자를 규제하는 새로운 체계로, 주요 대상은 마켓플레이스, 소셜 네트워크, 콘텐츠 공유 플랫폼, 앱 스토어, 온라인 여행 및 숙박 플랫폼 등이다. 이러한 사업자들에 대한 책임과 의무를 명확히 하여 유럽 시민의 권리 보호와 공정하고 투명한 디지털 환경 조성을 목표로 한다.

DSA는 시민의 권리 보호와 민주주의 가치 실현에 중점을 두고 있으며, 경쟁 정책을 다루는 디지털시장법(DMA)과 차별화된다. DMA가 플랫폼 간 공정 경쟁에 초점을 맞추는 반면, DSA는 온라인 환경에서 발생할 수 있는 유해 콘텐츠 문제와 이용자 권리 보호에 초점을 두고 있다. 이를 통해 유럽은 안전한 디지털 생태계를 조성하는

30 디지털 서비스법에 대한 주요 내용은 유럽위원회(EC)의 홈페이지를 참조하라. https://commission.europa.eu/strategy-and-policy/priorities-2019-2024/europe-fit-digital-age/digital-services-act_en

것을 목표로 한다.

DSA의 규제 대상과 적용 범위

DSA는 플랫폼의 역할, 규모, 영향력에 따라 각기 다른 규제를 적용한다. 특히, 대형 온라인 플랫폼Very Large Online Platform(VLOP) 및 대형 온라인 검색 엔진Very Large Online Search Engine(VLOSE)은 보다 엄격한 규제 대상이 된다. 이들 사업자는 유럽 전체 인구의 10%에 해당하는 4,500만 명 이상의 사용자에게 도달하는 경우 대형 플랫폼으로 분류되며, 이에 따라 강화된 규제 의무를 부담한다. 규제 대상은 단순히 대형 플랫폼뿐만 아니라, 클라우드 및 웹 호스팅 서비스, 인터넷 액세스 공급자, 도메인 이름 등록 기관 등 인터넷 인프라 서비스 제공자도 포함된다. DSA는 EU 내 모든 온라인 중개업체에 적용되며, 사업자가 EU 외부에 설립되었더라도 유럽 내 서비스를 제공하는 경우 준수해야 한다. 다만, 소규모 기업의 경우 사업 규모와 역량에 비례하여 규제 의무가 부과된다. 이들은 12개월의 과도기적 유예 기간을 통해 점진적으로 규제에 적응할 수 있도록 배려하고 있다.

DSA는 다양한 규제 의무를 구체적으로 명시하고 있으며, 그중에서도 불법 콘텐츠 대응 의무, 정보 제공 의무, 투명성 보고 의무 등이 핵심이다.

- 불법 콘텐츠 조치 의무: 플랫폼은 각국 법에 따라 불법으로 규정된 콘텐츠를 신속하게 제거하거나 차단할 책임이 있다.
- 정보 제공 의무: 플랫폼은 유관 당국의 요청에 따라 서비스와 관련된 필요한 정보를 제공해야 한다.
- 투명성 보고 의무: 모든 플랫폼은 정기적인 투명성 보고서를 작성해

콘텐츠 관리 및 운영 현황을 공개해야 한다.

이와 함께 대형 온라인 플랫폼(VLOP)에는 추가적인 규제가 적용된다. 특히 아동 및 청소년 보호와 관련해 표적 광고targeted advertising에 대한 규제가 강화되었다. 스냅챗, 구글, 유튜브, 메타(인스타그램, 페이스북) 등 대형 플랫폼은 미성년자 대상 표적 광고를 전면 금지하며, 틱톡과 유튜브는 16세 미만 사용자 계정을 기본적으로 비공개 설정으로 전환했다.

대형 온라인 플랫폼(VLOP)의 추가 의무

- 리스크 평가: 콘텐츠 확산의 위험성을 평가하고, 주요 리스크를 식별·관리해야 한다.
- 알고리즘 투명성: 추천 알고리즘이 작동하는 방식을 공개해야 하며, 사용자가 알고리즘을 선택적으로 조정할 수 있도록 해야 한다.
- 위기 대응 메커니즘: 심각한 사회적 위기 상황 발생 시 신속 대응 계획을 수립하고 이를 이행해야 한다.
- 광고 투명성: 광고의 출처와 타겟팅 방법, 데이터 활용 방식 등을 명확하게 공개해야 한다.
- 민감한 데이터 사용 금지: 인종, 정치적 견해, 성적 지향 등 민감한 정보를 이용한 프로파일링 광고는 금지된다.

DSA가 제기하는 쟁점

DSA는 향후 국제 디지털 서비스 규제의 모델이 될 가능성이 크지만, 몇 가지 쟁점도 존재한다. 첫째, 불법 콘텐츠에 대한 정의가 불명확하다는 점이다. DSA는 불법 콘텐츠에 대해 각국 법에 따라 규제할 것을 규정하고 있지만, 국가별 법적 기준 차이로 인해 일관성 확보가 어려울 수 있다. 예컨대, 일부 동유럽 국가에서는 성소수자 발언이나 공산주의 지지 표현이 불법으로 간주될 수 있으며, 이는 표현의 자유와 충돌할 가능성이 있다. 둘째, 투명성 의무의 모호성이다. DSA는 플랫폼에 광범위한 투명성 의무를 부과하고 있지만, 투명성의 실제 수준이나 구체적 기준이 명확하지 않다. 이는 각 플랫폼이 자율적으로 해석할 여지를 남기며, 규제의 효과를 저해할 수 있다. 셋째, 표현의 자유 제한과의 긴장 관계다. 불법 콘텐츠 규제 강화로 인해 플랫폼이 과도한 검열을 시행할 경우, 이용자의 표현의 자유가 침해될 우려가 있다. 또한 DSA 준수를 위해 자동화된 필터링 시스템이 도입될 경우 의도하지 않은 검열 사례가 발생할 가능성도 있다.

DSA는 미디어 사업자의 자율 규제와 상호 협력의 필요성을 강조하고 있다. 플랫폼 간 자율 규제 기구와 기술 공유를 통해 상호 협력이 이루어져야 DSA의 궁극적인 목표가 달성될 수 있기 때문이다. 결국, 플랫폼 사업자, 규제 기관, 시민 사회가 함께 참여해야 규제 목적을 충분히 달성할 수 있다.

DSA는 유럽 단일 디지털 시장의 규제 체계를 한 단계 진화시킨 법으로 평가된다. 특히, 대형 플랫폼의 투명성과 책임성 강화를 통해 이용자 권리 보호와 민주적 디지털 환경 조성을 지향한다는 점에서 국제적으로 주목받고 있다. 향후 DSA가 글로벌 표준으로 자리 잡을 가능성이 높으며, 이에 따라 다른 국가와 지역에서도 유사한 법률이 도입될 것으로 예상된다. 그러나 표현의 자유, 국가별 규제 차이, 투명성 확보와 같은 문제는 지속적인 논의가 필요한 쟁점이다. DSA의 성공적인 정착을 위해서는 정책적 세부 기준 명확화와 다양한 이해관계자 간 협력 강화가 필수적이다.

디지털시장법

디지털시장법Digital Markets Act(DMA)[31]은 EU 내 디지털 시장에서 공정하고 경쟁적인 환경을 조성하기 위해 제정된 법률이다. 이는 디지털 분야의 소수 거대 플랫폼 사업자가 독과점적 지위를 남용하는 것을 방지하고, 새로운 사업자의 시장 진입을 촉진하는 데 목적을 두고 있다. 또한 비즈니스 사용자와 최종 사용자가 플랫폼 사업의 혜택을 공정하게 누릴 수 있도록 보장하는 통합 규칙regulation을 제공한다.

게이트키퍼Gatekeeper[32] DMA는 게이트키퍼로 정의된 주요 플랫폼 사업자들에게 명확한 의무와 금지 규정을 부과하며, 이를 통해 EU 디지털 시장의 기능을 개선하고 소비자와 비즈니스 사용자의 권익을 보호한다. 게이트키퍼의 본사 위치와 관계없이 EU 내 비즈니스 사용자 및 최종 사용자에게 핵심 플랫폼 서비스Core Platform Service(CPS)를 제공하는 모든 사업자가 이 법의 적용 대상이 된다.

DMA의 핵심은 게이트키퍼 개념을 도입해 특정 사업자를 규제 대상으로 명확히 정의한 것이다. 핵심 플랫폼 서비스는 게이트키퍼가 제공하는 주요 디지털 서비스로, (1) 온라인 중개 서비스, (2) 온라인 검색 엔진, (3) 온라인 소셜 네트워킹 서비스, (4) 비디오 공유 플랫폼 서비스, (5) 번호 독립 대인 통신 서비스number-independent interpersonal communication services, (6) 운영 체제 및 웹 브라우저, (7) 가상 비서virtual assistants, (8) 클라우드 컴퓨팅 서비스, (9) 온라인 광고 서비스(광고 네트워크, 광고 교환 및 광고 중개 서비스)와 같은 서비스가 포함된다.

31 디지털 시장법에 대한 주요 내용은 유럽위원회(EC)의 홈페이지를 참조하라. https://digital-markets-act.ec.europa.eu/index_en

32 https://digital-markets-act.ec.europa.eu/gatekeepers_en

게이트키퍼로 지정되기 위해서는 다음 세 가지 조건을 충족해야 한다.

(1) 내부 시장에 상당한 영향을 미치는 사업자
- 지난 3개 회계 연도마다 연간 75억 유로 이상의 연방 매출을 달성하거나, 평균 시가 총액 또는 이에 상응하는 공정 시장 가치가 지난 회계연도에 최소 750억 유로에 달하며, 최소 3개 회원국에서 동일한 핵심 플랫폼 서비스를 제공하는 경우

(2) 핵심 플랫폼 서비스 제공
- 지난 회계 연도에 최소 4,500만 명을 초과하는 EU 월간 활성 최종 사용자이며, 연간 활성 비즈니스 사용자가 최소 10,000명 이상인 핵심 플랫폼 서비스를 제공하는 경우

(3) 서비스 운영에서 확고하고 지속적인 시장 지위를 보유

그림 16 EU 게이트키퍼 지정

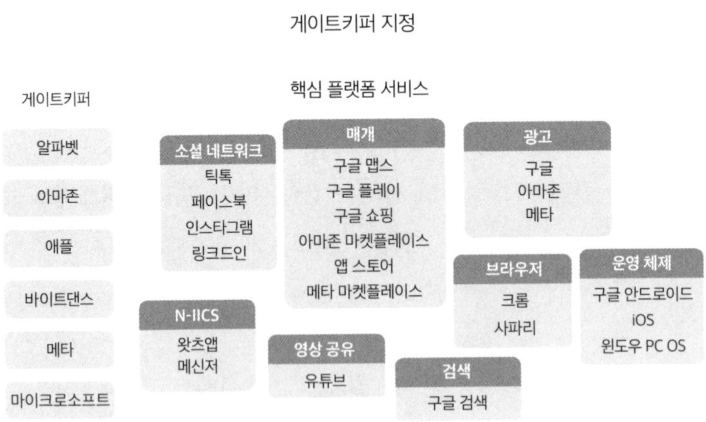

출처: https://digital-markets-act.ec.europa.eu/gatekeepers_en

- 현재 확고한 시장 지위를 가지고 있거나, 가까운 미래에 이를 확보할 것으로 예상될 경우

EU 집행위원회의 DMA 연례보고서에 따르면, 현재 EU 집행위원회는 알파벳Alphabet, 아마존, 애플, 바이트댄스ByteDance, 메타, 마이크로소프트를 포함한 6개 기업의 22개 핵심 플랫폼 서비스를 게이트키퍼로 지정하고 있다.

DMA는 게이트키퍼의 불공정 및 경합 제한 행위를 규제하며, 게이트키퍼의 구체적인 의무 사항을 명시하고 있다. DMA 제5조는 자기집행적self-executing 의무로, 게이트키퍼가 EU 집행위원회와 협의 없이 즉시 준수해야 하는 의무 사항을 규정한다. 반면 제6조는 비자기집행적non-self-executing 의무로, EU 집행위원회와 협의를 통해 구체적 조건을 정하고 이행하는 의무다.

자기집행적 의무(제5조): 즉각 준수해야 하는 7가지 의무

- 개인 정보 결합 금지: 다른 서비스에서 수집된 개인 정보와 결합 금지.
- 판매 자율권 보장: 사업자는 다른 플랫폼에서 상품을 자유롭게 판매할 수 있음.
- 홍보·거래 자율권 허용: 플랫폼 외부에서 소비자와 계약하거나 홍보할 권리를 허용.
- 규제 당국 신고권 보장: 사업자의 규제 당국 신고를 제한하지 않음.
- 본인 확인 서비스 강요 금지: 특정 식별 서비스 사용을 강요하지 않음.
- 조건부 접근 제한 금지: 플랫폼 접근 조건으로 다른 서비스 가입을 요구하지 않음.
- 광고 서비스 투명성 보장: 광고 비용과 보수 정보를 요청 시 제공해야 함.

비자기집행적 의무(제6조): EU 집행위원회와 협의해 이행하는 11가지 주요 의무

- 데이터 남용 금지: 사업 이용자의 데이터를 경쟁 목적으로 사용 금지.
- 사전 설치 앱 삭제 허용: 사용자가 사전 설치된 앱을 삭제할 수 있도록 보장.
- 외부 소프트웨어 사용 허용: 제3자 소프트웨어 및 앱스토어 설치·사용 허용.
- 서비스 우대 금지: 자사 서비스나 상품을 검색 순위에서 우대하지 않음.
- 소프트웨어 간 이동 제한 금지: 사용자의 앱 전환 및 동시 사용을 제한하지 않음.
- 운영 시스템·하드웨어 상호 운용 허용: 보조 서비스 제공자가 시스템에 접근할 수 있도록 허용.
- 광고 성과 측정 지원: 광고 효과 검증을 위한 도구와 정보를 제공.
- 데이터 이동성 보장: 사업자와 소비자가 데이터를 쉽게 이동할 수 있도록 지원.
- 실시간 데이터 접근 허용: 승인된 제3자가 데이터를 실시간으로 무료로 사용할 수 있도록 보장.
- 검색 데이터 접근 허용: 온라인 검색 엔진 사업자에게 검색 데이터 접근을 FRAND(Fair, Reasonable and Non-Discriminatory) 조건으로 허용.
- 앱스토어 접근 보장: 사업자가 앱스토어에 공정하고 비차별적인 조건으로 접근할 수 있도록 허용.

DMA는 게이트키퍼의 시장 지배력 남용을 방지하고, 경쟁 환경을 조성하기 위한 세부 규정이다. 대규모 디지털 플랫폼 기업의 게이트키퍼 권한을 포괄적으로 규제하는 최초의 규제 도구 중 하나라는 점에서 의미가 있으며, 동시에 EU가 규정하는 디지털 시장에서의 경쟁 규칙을 보완하는 기능을 갖고 있다. 또한 DMA는 EU 디지털 시장의 공정성과 투명성 강화에 기여하며, 사업 이용자와 소비자 권익을 보호하는 중요한 장치로 평가된다.

DMA는 대규모 디지털 플랫폼 기업의 독점적 지위를 규제하기 위한 최초의 포괄적 규제 도구 중 하나다. 이를 통해 EU는 공정하고 투명한 디지털 시장 환경을 조성하고, 소비자와 비즈니스 사용자의 권리를 보호하며, 경쟁 규칙을 보완하는 역할을 수행한다. 하지만 표현의 자유, 데이터 보호, 기술 혁신과의 조화라는 측면에서 여러 쟁점도 존재한다. DMA가 디지털 시장의 공정 경쟁과 사용자 권리 보호를 위해 필수적인 법이라는 점은 분명하지만, 성공적인 정착을 위해서는 세부 규정의 명확화와 이해관계자 간 협력이 중요하다. DMA의 시행은 EU를 넘어 글로벌 디지털 시장의 규제 모델로 확산될 가능성이 크며, 이에 따라 다른 국가에서도 유사한 규제 법안을 도입할 것으로 예상된다.

글로벌 콘텐츠-플랫폼의 다변화와 미디어 정책

급격한 글로벌 미디어 생태계 변화와 규제 체계의 변화 속에서 K콘텐츠가 지속적으로 경쟁력을 유지하기 위해서는 정부의 정책적, 제도적 지원이 필수적으로 요구된다. 정부의 미디어 정책은 일반적으로 두 가지 주된 측면에서 추진되고 있다. 그중 하나는 규제 체계에 관한 것이며, 다른 하나는 진흥의 측면이다. 여기서는 글로벌 콘텐츠-플랫폼 생태계에서 글로벌 경쟁력을 강화하기 위한 OTT 정책과 디지털 미디어 콘텐츠 산업 활성화를 위한 정책을 중심으로 K드라마 생존을 위한 정부의 미디어 정책에 대해 살펴보고자 한다.

K콘텐츠와 국내 OTT 플랫폼의 글로벌 경쟁력 강화 정책

디지털 미디어 콘텐츠 산업 활성화를 위한 가장 두드러진 정책 K콘텐츠 제작을 활성화하고 우수한 콘텐츠에 대한 해외 진출을 지원하는 정책이다. 한류의 영향력을 지속적으로 확대하기 위한 해외 진출을 강화하는 것은 정부의 주요 국정 과제이기도 하다. 정부의 K콘텐츠 진흥 정책은 창의적이고 경쟁력 있는 콘텐츠에 대한 제작 지원과 이들 콘텐츠의 해외 진출을 지원하는 정책이 대표적이다. 특히 문화체육관광부는 한류 및 K콘텐츠 활성화를 위해 다양한 핵심 정책을 추진하고 있다. 이 정책들은 K콘텐츠 메가 프로젝트를 중심으로 복합문화단지 조성, 글로벌 영상 도시 육성, 영상 산업 및 OTT 지원, 한류 산업 진흥을 통한 국내 콘텐츠 산업의 지속적인 성장을 목표로 하고 있다.

K콘텐츠 메가 프로젝트 추진

K콘텐츠 재도약을 위한 핵심 사업으로 K콘텐츠 복합 문화 단지 조성 계획이 마련되었다. 이 복합 문화 단지는 2025년부터 2035년까지 10년에 걸쳐 조성될 예정이며, 콘텐츠의 제작·생산·소비 허브 역할을 수행할 것으로 기대된다. 구체적으로 콘텐츠 교육과 체험을 제공하는 콘텐츠 아카데미와 체험학교, 창작자와 스타트업을 지원하는 창작·창업센터 및 영상 제작 타운, 첨단 기술을 접목한 콘텐츠 개발과 IP 공동 활용하는 신기술 인프라와 IP 쉐어 지구, K콘텐츠 박물관 및 페스티벌 공간, 콘텐츠 산업과 문화가 융합된 K콘텐츠 도시가 구축될 것으로 보인다.

문화체육관광부는 K콘텐츠 메가 프로젝트와 별개로 영상 및 OTT 지원을 위해 영화 제작 지원 사업을 신설하여 2025년에만 100억 원을 투입할 예정이다. 또한 '뉴미디어영상산업콘텐츠진흥법'[33]제정을 통해 유튜브와 같은 온라인 동영상 플랫폼 및 가상 인간·AI 콘텐츠 등 문화 기술 융합 콘텐츠를 법적으로 지원하고 육성할 계획이다. OTT 콘텐츠 분야에서는 국내외 OTT 플랫폼의 공동 투자 기반 제작 지원과 K-OTT와 콘텐츠의 해외 동반 진출을 지원하는 정책을 마련하고 있다(문화체육관광부, 2025).

OTT 플랫폼과 방송 콘텐츠의 글로벌 경쟁력 강화 및 동반 성장

과학기술정보통신부는 국내 OTT 플랫폼과 방송 콘텐츠의 글로벌 경쟁력 강화 및 동반 성장을 목표로 다양한 지원 정책을 추진하고 있다. OTT 기업의 해외 진출을 지원하기 위해 해외 거점 선정과 현지 IT 센터를 적극 활용해 해외 시장·동향 조사, 현지 기업과의 네트워킹, 콘텐츠 마켓 참가 등을 지원했다. 미국을 주요 거점으로 삼아 OTT 관련 현지 정보 DB 구축, 시장 및 파트너 분석 컨설팅 보고서 제공 등을 통해 국내 OTT 기업의 해외 진출에 필요한 정보를 제공했다.

OTT 민·관 공동 협의체도 운영해 티빙, 웨이브, 쿠팡, 왓챠, 카카오 등 국내 주요 OTT 사업자들의 해외 진출 지원 방안을 모색했다. 국제 OTT 페스티벌에서는 국내외 OTT 플랫폼과 콘텐츠 제작

33 '뉴미디어 영상콘텐츠 산업 진흥에 관한 법률안'으로 2025년 3월 11일 발의되었으며, 정부가 뉴미디어영상콘텐츠산업의 진흥에 필요한 종합적인 시책을 수립·시행하고 이에 필요한 재원확보 방안을 마련해야한다는 점을 강조하고 있다.

사 250여 개 기업이 참여해 큰 관심을 받았으며, 17개 부문 24개 상을 시상해 K-OTT 콘텐츠의 국제적 위상을 확인할 수 있었다(권혜미, 2023). 또한 과학기술정보통신부는 방송·OTT 콘텐츠 기획 개발과 제작 지원에 중점을 두고 기획개발비를 지원했으며, 이를 국제 OTT 축제 투자설명회와 연계해 해외 투자자들에게 소개하는 정책을 추진해 왔다.

고품질 콘텐츠 제작 지원으로는 15편의 드라마에 총 72.5억 원을 투입해 제작을 지원했으며, 이 중 드라마 〈유괴의 날〉은 포브스가 선정한 2023년 최고의 한국 드라마 20편에 포함되어 영국판 리메이크 공동 제작이 확정되는 성과를 거두기도 했다(전혜인, 2024). 해외 진출 가능성이 높은 콘텐츠도 선정해 현지화 지원비를 지원하는 정책을 펼쳤다. 이와 같은 과학기술정보통신부의 방송·OTT 지원 정책은 국내 콘텐츠 산업의 글로벌화와 동반 성장에 중요한 역할을 하고 있으며, 해외 진출과 투자 유치를 위한 맞춤형 지원을 지속적으로 확대하고 있다.

미디어 기술 기반의 혁신 정책

과학기술정보통신부는 국내 미디어·콘텐츠 산업의 AI·디지털 기반 혁신과 경쟁력 강화를 목표로 ICT 신기술을 활용한 융합 콘텐츠 제작과 제작 환경 개선을 추진해 오고 있다. 2023년 이후 본격적으로 가상 융합 기술, AI 기술을 활용한 융복합 콘텐츠 제작을 지원했으며 상용화된 민간 기술과 미디어 R&D 성과를 적용한 실증 과제도 수행하였다.

주요 사례로는 세계 최초 능동형 AI 기술을 적용해 AI PD가 캐스팅과 디렉팅을 수행한 예능 프로그램 〈PD가 사라졌다〉다. AI를 기반으로 만들어진 'M파고' 프로듀서가 예능 PD가 되어 직접 프로그램을 연출한다는 콘셉트다(오명언, 2024).

이러한 지원을 통해 신기술 융합 콘텐츠 제작 성과를 창출하고 신기술의 확산 효과를 높인 것으로 평가받고 있다. 특히 2023년 11월부터 2024년 3월까지 KBS2에서 방송된 대하사극 드라마 〈고려거란전쟁〉은 컴퓨터 그래픽(CG), 시각 특수 효과(VFX), 광대역 레이저 3D 스캔 기술과 XR, 디지털 군중, In-Camera VFX 등을 활용해 기획 단계부터 기술 기업이 참여하며 작품의 완성도를 높였다. 버추얼 스튜디오에서 실시간 시각 효과를 적용해 대규모 전쟁 장면을 몰입감 있게 구현했으며, AI 디지털 기술로 제작비 절감에도 기여했다(이현동, 2024). 총 제작비 270억 원 규모로 제작된 〈고려거란전쟁〉은 현장과 같은 실감 촬영 및 시간·환경 변화 시뮬레이션이 가능해 기존 제작 방식을 혁신한 사례로 평가받았다.

방송과 OTT 분야의 미디어·콘텐츠 워크플로

정부의 방송 및 OTT 분야에 대한 정책 지원은 세 단계로 구분해서 이해할 수 있다. 즉 방송 미디어 산업의 워크플로('기획-제작[후반 제작]-마케팅·유통') 각 단계별로 AI를 접목시키고 디지털 전환을 하기 위해 기술·서비스 개발 및 활용 등을 촉진시키는 전략이다.

먼저 기획 단계에서 AI·디지털 기술을 적용한 콘텐츠 기획과 생성형 AI를 활용한 창작·연출 시도와 같은 서비스 모델을 발굴하고 관련 응용 기술 개발을 지원한다. 미디어 콘텐츠 사업자와 AI 기업이 협력하여 서비스 모델 발굴을 진행하는 것인데, 미디어 콘텐츠 사업자가 기획 수요와 실증 데이터(방송·OTT의 콘텐츠 시나리오, 촬영 및 편집본 등)를 AI 사업자에게 제공하면, 해당 AI 기업이 수요에 맞추어 서비스 모델을 개발하고 고도화하는 작업을 수행하는 것이다. 또한 정부는 생성형 AI를 활용하는 응용 기술(텍스트를 이미지, 동영상 등으로 자동 생성하는 기술 등)을 개발하도록 관련 기관들을 지원하는 방식이다.

두 번째 제작(후반 제작) 단계에서는 국내 기업들이 AI 기반 디지털 전환 기술을 통해 제작 과정에서 콘텐츠 품질을 향상시키고 비용을 절감할 수 있도록 지원하는 것이다. 예를 들면, 버추얼 프로덕션 활성화, 디지털 휴먼 기술, AI 활용 제작·편집 기술, 번역·자막·더빙 AI 기술 고도화가 등이 여기에 해당한다. 특히 영상 콘텐츠 제작비의 증가로 인해 어려움을 겪고 있는 중소 미디어 기업들이 버추얼 프로덕션을 통해서 비용과 촬영 시간을 줄일 수 있으며, 정부는 국내 영상 촬영 인프라(실내 스튜디오, 야외 오픈세트장 등) 등과 연계하여 중대형 규모의 버추얼 스튜디오를 구축하여 지원하는 것이다. 버추얼 프로덕션 관련 인프라는 LED월wall, 미디어 서버, VP 운영·제어 솔루션, 실시간 렌더링 노드 등 핵심 기술 시스템을 지원하고 4K급 이상의 카메라, 조명 및 그립 장비, 자동카메라 트래커 등 주요 촬영 장비

그림 17 방송과 OTT 분야의 미디어·콘텐츠 워크플로

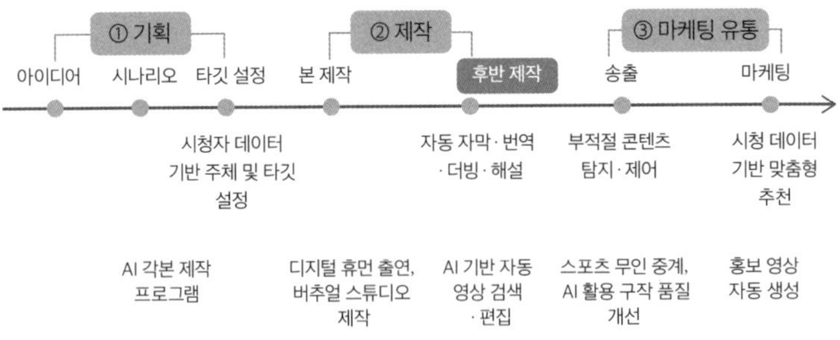

출처: 과학기술정보통신부, 2024.

에 대한 지원 체계가 포함되어 있다. 다음으로 방송·영상 분야뿐 아니라 뉴스, 광고, 영화 등에서 활용될 수 있는 디지털 휴먼을 고도화시키기 위한 정책을 지원하며 국제 공동 연구도 추진하고 있다. 또한 수요 창출과 해외 진출을 위하여 AI 기반 현지화 전문 기업이 진행하는 콘텐츠의 번역·자막·더빙을 지원하고, 미디어 플랫폼과 연동되고 클라우드에서 작업하는 현지어 자막 제작·편집, 한국어 음성을 맥락과 음색에 맞게 변형하여 현지어로 자동 더빙해 주는 기술 등 관련 기술 개발을 지원하고 있다.

마지막으로 마케팅·유통 단계에서는 이용자 데이터를 확보하여 데이터 자가 증식 기술과 시청 데이터, 통계 데이터 등을 결합하는 기술을 개발시키는 정책을 추진하고 있다. 또한 불법 사이트에 대하여 신속하게 대응하기 위해 AI 기술을 활용한 저작권 침해 의심 사이트를 자동으로 검색하고 대응하는 자동 탐지·채증(증거 수집) 기술 개발도 추진하고 있다.

K콘텐츠의 진화는 현재 진행형

현재 글로벌 OTT 시장은 콘텐츠 독점을 위한 치열한 경쟁 구도 속에 있지만, 미래에는 이러한 경쟁이 통합과 협력으로 이어질 가능성이 크다. 중소 플랫폼들은 큰 플랫폼들과의 합병을 통해 생존을 도모할 가능성이 높으며, 이는 구독자 피로감을 줄이기 위한 해결책으로 작용한다. 이러한 환경에서 K드라마의 지속 가능한 성정을 위한 통합 전략이 필요하다.

OTT 플랫폼의 수익 모델 또한 변화의 중심에 있다. 현재는 구독 기반 모델이 주를 이루고 있지만, 광고 기반 무료 또는 저렴한 요금제가 새로운 대안으로 제시되고 있다. FAST(Free Ad-supported Streaming

TV) 환경에서 과거의 K드라마를 활용한 수익 구조 개선 가능성을 검토하고 전략적인 대응이 필요한 시점이다. 미래의 콘텐츠 소비 방식은 단순히 영상을 시청하는 것을 넘어선 경험을 제공할 전망이다. 앞서 살펴봤듯이 메타버스, VR/AR/MR/XR과 같은 기술의 발전으로 인해 몰입형 콘텐츠가 새로운 경쟁 체제를 마련한 것으로 전망한다. 이에 따라 K드라마의 새로운 비전과 비즈니스 모델을 제시할 수 있어야 하고 정부의 정책적 지원 전략도 함께 마련될 필요가 있다. 글로벌 시장에서 콘텐츠 플랫폼들은 다양한 문화와 취향을 반영하는 '현지화 전략'을 통해 경쟁력을 강화할 것으로 전망된다. 글로벌 콘텐츠 시장에서 플랫폼들은 기술 혁신과 현지화 전략을 결합해 다양한 방식으로 성장 기회를 모색할 것이며, 콘텐츠 플랫폼의 미래는 다변화된 전략을 통해 더욱 복잡하고 다채로운 모습으로 진화할 것이다. 우리는 이러한 환경 변화 속에서 K드라마의 생존 전략을 모색해야 하는 숙제를 안고 있다.

'한류산업진흥기본법'이 2025년 4월에 제정·시행됨에 따라 한류 거버넌스 체계가 강화된다. 이 법은 한류, 한류 산업, 한류 연관 산업 등의 법적 정의를 명시해 한류 관련 정책 대상과 목표를 명확히 하고 한류의 확산과 수출 연관성이 높은 상품에 대한 폭넓은 지원을 규정하고 있어 한류와 관련된 경제적 부가 가치를 극대화하는 데 기여할 것으로 기대된다. 또한 2015년부터 방송통신발전기본법, 방송법, 정보통신융합법에 근거해 방송 통신 분야의 K콘텐츠 전문 인력 양성 사업이 추진되어 왔다. ICT 신기술과 방송·미디어의 융합이 가속화되면서 기술과 현장 경험을 겸비한 인력에 대한 수요가 급증함에 따라 수요 맞춤형 심화 교육과 성장 단계별 예비 인력 양성을 지원하는 정책이 지속적으로 유지·개선될 필요가 있다. 연장선상에서

2024년부터는 AI·디지털 기반 미디어 기술 전문 인력 양성 과정을 신설하여 운영하고 있으며, 향후 융합형 미디어 인재 양성을 목표로 현장 중심의 첨단 기술 교육을 강화해 미래 방송·미디어 시장의 수요를 충족한다는 정책을 추진할 계획이다. 정부는 모태 펀드(디지털미디어콘텐츠펀드)를 통해 방송 산업과 K콘텐츠에 대한 광범위한 투자 계획을 수립하고 있다. 급변하는 글로벌 콘텐츠-플랫폼 생태계 속에서 K콘텐츠 진화는 여전히 현재 진행형이다.

좌담

'그냥 좋아하는 것'에서 '깊이 이해하는 것'으로

이미나 저자들이 함께 K드라마에 대해 이야기하고 이를 결론으로 삼고자 합니다. 먼저 가벼운 질문부터 해 보겠습니다. 독자들에게 K드라마를 추천한다면 어떤 작품을 추천하시겠습니까?

심두보 박해영 작가의 드라마, 특히 〈나의 아저씨〉와 〈나의 해방일지〉를 추천하고 싶습니다. 박해영 작가는 인물 중심의 서사로 잘 알려져 있으며, 줄거리보다는 인물의 감정과 내면에 집중해 극을 전개합니다. 두 번째 특징은 절제된 대사와 비언어적 표현입니다. 대사보다는 캐릭터의 침묵, 표정, 숨소리 등을 통해 감정을 전달하며, 이를 통해 배우들의 연기가 더욱 빛납니다. 마지막으로, 그녀의 드라마는 '위로'의 기능을 강조합니다. 일상 속 외로움과 고단함을 사실적으로 그려 내며, 시청자에게 깊은 공감과 위안을 선사합니다. 아직 박해영 작가의 작품을 접하지 않으신 분들께 꼭 추천합니다.

홍종윤 이 책을 볼 사람들, 학생들, 해외 독자들, K드라마의 입문자들에게 드라마를 추천하면 〈내 이름은 김삼순〉을 추천하고 싶습니다. 〈내 이름은 김삼순〉은 2005년 MBC에서 방송된 드라마로 팬덤 시청의 시작을 만든 프로그램입니다. 방송 돌려보기, 녹화 등 팬덤 활동이 〈내 이름은 김삼순〉에서 시작됐고 이후 K드라마에서 답습하고 비틀기도 하는 드라마 판타지가 〈내 이름은 김삼순〉에 담겨 있습니다. 2018년의 〈미스터 션샤인〉은 넷플릭스를 통해 해외에 선보인 작품으로 제작 방식의 신기원을 기록한 작품입니다. SBS에서 편성에 실패한 이후 tvN이 해외 자본을 투입해 제작비를 충당했습니다. 이 작품은 웰메이드 시대극으로 크게 성공한 사례입니다. 국내외 모든 분에게 추천하고 싶습니다.

고흥석 최근 10여 년간의 리스트를 뽑아 봤는데요. 저도 〈나의 아저씨〉를 추천하고 싶습니다. 인간에 대한 애정과 우리 사회 평범한 일상의 삶을 잘 풀어내고 있는 작품입니다. 과하지 않는 약간의 긴장감과 평범함에 대한 공감과 유머가 돋보입니다.

전승 개인적으로는 수사 추리물, 스릴러나 멀티플롯 드라마를 선호하고 오래 간직해 놓고 보는 드라마가 있습니다. 그러나 제가 쓴 장에서 K로맨스의 기원을 언급했는데, 로맨스 드라마에 관한 그 장을 그렇게 끝내선 안 된다는 강한 의무감이 들어 소개합니다. 저 같은 건조한 이도 웃길 수 있는 로맨틱 코미디로, 2016년 SBS에서 방영한 〈질투의 화신〉이라는 드라마입니다. 4장의 말미에 나온 〈별들에게 물어봐〉의 서숙향 작가가 집필했고, 주인공이었던 공효진이 출연했습니다. 이들은 원래 '로코 맛집 운영자'로, 10년 전 작품임에도 촌스럽지 않습니다. 또 OTT 플랫폼 게시 목적으로 만들어진 드라마는 아니지만, 지금 넷플릭스를 통해 전 세계에서 시청할 수 있습니다. 이 작품은 그동안 한국 드라마가 차용해 온 모든 비기를 조금씩 활용하고 그 약점을 적절히 풍자하고 있습니다. 나쁜 남자이지만 여주인공에게만 집착하는 남자, 착한 '서브 남주,' 씩씩한 캔디, 질투와 밀당, 질병과 갈등, 극복, '세같살(세 명 같이 살기)'과 겹사돈(이상 임성한 작가의 덕입니다), 우리 아들만 찾아대는 귀부인, 전문직, 비정규직, 금수저, 결혼과 육아, 그리고 끝에 가서는 발리우드 군무를 연상케 하는 뮤지컬 장면까지 나옵니다. 도대체 무슨 드라마인가 싶지만, 모든 것이 낭만과 낄낄거림, 약간의 페이소스를 섞어 교묘하게 엮여 있어요. K드라마 입문에 앞서 '한국식' 클리셰나 코드가 무엇인지 조금씩 맛보고 싶다면, 이 드라마가 바로 그 종합 선물 세트가 될 수 있습니다.

이헌율 〈무빙〉을 추천합니다. 무엇보다 재미있는 작품입니다. 원작자 강풀의 작품 세계관이 확산되고 전파되는 방식이 흥미롭습니다. 히어로물이지만 할리우드 애니메이션에 등장하는 히어로물과 다르게 좀 상처가 있는 '엔타이' 히어로물로서의 슈퍼 히어로가 등장하는, 한국적인 것들이 등장합니다. 또한 MBC에서 편성되어 방송됐는데요. OTT에서 방송사로 프로그램이 재방송되는 특이한 사례입니다. 새로운 비즈니스 방식에 대한 시사점이 있다고 생각됩니다.

박소정 〈미스터 션샤인〉을 추천합니다. 일단 재밌습니다. 이 드라마로 한국의 역사를 이해하게 되는 해외 시청자도 많다고 들었어요. 독립운동 서사에 로맨스가 더해지면서 개인의 이야기, 사회의 이야기, 역사의 이야기가 공명하는 구조가 흥미롭고요. 개인적으로, 유튜브에서 드라마 영상 편집본이나 쇼츠가 떴을 때 홀린 듯 보게 됩니다.

K드라마가 소셜 미디어 플랫폼으로 유통되면서 드라마 작법이 숏폼 영상에 적합한 형태로 변화한다고 하는데, 〈미스터 션샤인〉도 숏폼에 부합하는 속성이 있는 듯합니다. 작가의 '티키타카'식 대화의 재미와 긴장감 같은 것이 숏폼화되기에 좋은 단위인 것 같습니다.

송진 요즘 고민하는 부분은 콘텐츠 '산업적' 성장의 맥락에서 'K'가 갖는 의미입니다. K팝에서 로제의 "아파트"가 성공을 거둔 맥락이 방송에는 어떻게 적용되어야 할 것인가와 연결되어 있는데, 한국적 고유성과 글로벌 보편성이라는 상반된 개념을 어떻게 절충할 수 있을까, 혹은 어떻게 절충해야 할 것인가에 대한 고민이지요. 개인적인 취향과 함께 그런 관점을 생각해 볼 수 있는 드라마라는 차원에서 '추천'이라기보다 '제안'을 하고 싶어요. 〈폭싹 속았수다〉와 〈선재 업고 튀어〉를 비교하는 것인데요. 두 드라마는 다음과 같이 비교할 수 있을 겁니다.

	폭싹 속았수다	선재 업고 튀어
주 유통 채널	넷플릭스 오리지널 (전 세계 동시 공개)	tvN 방영 + 티빙 독점, 아마존 프라임 일부 지역
글로벌 확산 구조	넷플릭스의 전방위적 자막·더빙·추천 알고리즘 활용	SNS 기반 자생적 확산 (유튜브 숏츠, 틱톡 중심 팬덤 전파)
성공 경로	플랫폼 파워 → 글로벌 동시 도달	감정 공감 → 밈 생성 → 팬덤 유통
콘텐츠 배급의 특성	글로벌 설계된 콘텐츠	국내 감성 기반 콘텐츠의 글로벌 확산형

지극히 한국적인 정서를 가진 〈폭싹 속았수다〉는 넷플릭스 오리지널로 전방위적인 글로벌 확산 구조를 가지고 있는 콘텐츠입니다.

지난해 〈선재 업고 튀어〉는 자생적 팬덤에 의한 확산으로, 로컬 중심의 넷플릭스 비의존형 K드라마의 성공 사례라는 점에서 대비적으로 살펴볼 수 있을 것 같아요. 넷플릭스 없는 K드라마의 글로벌 확산이라는 것이 어떻게 하면 지속 가능할 것인가의 관점에서 고민해 보면 흥미로운 비교가 될 것 같습니다.

이미나 이쯤에서 K드라마에 대한 정의가 필요한 것 같습니다.

전승 '한국 드라마'와 'K드라마'에 상호 간 차이가 분명 내재한다고 보지만, 정의로 명확히 구분하기란 쉽지 않습니다. 다만 여러 한국 드라마에서 'K'라는 수식어를 활용해 굳이 드라마 일군을 분절하는 이유는, 주요 소비층이나 서사 전개 등의 전략적 면에서 차이를 내포하기 때문이 아닌가 합니다.

K드라마의 명명은 '한류' 시기 때와 유사합니다. 즉 '우리(한국인)'끼리만 즐기는 콘텐츠가 더 이상 아니게 되었음을 공표하는 일종의 분기점 역할을 알리는 단어라고 여겨집니다. 그래서 K드라마 소비자 중 한국 국적의 정주민이 아닌 수용자 시각에서 보는 K드라마란 한국적인 이야기 전개 요소 또는 '한국 드라마'를 연상하게 하는 문화적 요소를 지닌 드라마로 정의할 수 있지 않을까 생각합니다. 한편 산업의 입장에서 K드라마를 정의한다면, 시청층을 전 세계로 확대한다는 점을 상정하면서 국내 산업 및 제작 인력이 기획, 제작, 홍보하고자 하는 드라마로도 볼 수 있지 않을까 합니다.

박소정 우선 K드라마와 한국 드라마가 동의어가 아니라는 점을 지적할 필요가 있습니다. K팝과 한국 대중음악이 동의어가 아니기 때문에 K팝의 정의나 범주를 어떻게 설정해야 하는가에 대한 논의가 있듯이 K드라마도 마찬가지일 것 같습니다. K라는 것은 기본적으로 해외에서 수용되는 콘텐츠에 붙는 접두어인 만큼, '해외 유통과 수용의 맥락을 드러내는' 용어로서 K드라마를 사용해야 한다고 생각합니다. 그렇다고 어떤 드라마는 '한국 드라마,' 어떤 드라마는 'K드라마'라고 분류가 된다는 것이 아니라 호명의 효과가 있다는 것이지요. 3장의 도입부에서 이러한 내용을 서술했습니다.

원래 3장의 본문에 '한국 드라마'와 'K드라마'를 함께 사용하면서, 도입부 각주에 "이 글에서는 한국에서 생산되는 드라마를 지칭하기 위해 '한국 드라마'라는 용어를 기본으로 사용하되, 한류 효과를 고려할 때만 'K드라마'라고 지칭한다"라는 각주를 달았다가 삭제했습니다. 실제로 서술상에서 구분이 어려웠기 때문입니다. 가령 'K드라마가 보여 주는 순애보와 가족주의는~'이라는 표현에서 이걸 '한국 드라마'라고 지칭하는 것이 더 적절한가, 'K드라마'라고 지칭하는 것이 더 적절한가 고민이 들었습니다. 결국 3장에서 다루는 내용이 기본적으로 한국 드라마의 글로벌 담론을 다루기 때문에 'K드라마'라는 용어로 통일해도 무리가 없다는 판단이 들어서 각주를 삭제하고 K드라마로 통일해서 썼습니다. 그러나 독자가 보기에 특정 서술에서 '어? 이걸 K드라마라고 이야기하는 게 맞나?'라는 생각이 든다면, 그게 곧 K드라마의 정의에 대한 사유의 시작점이 될 것 같습니다. 모든 개념이 그렇듯 닫힌 의미로 두지 않을 때 더 풍성한 논의로 이어질 수 있으니 K드라마에 대한 정의 또한 결론을 내리기보다는 지속적 토론 상태로 두는 게 좋겠다는 생각도 듭니다.

고흥석 미디어 생태계 관점에서 K드라마를 정의해 볼 수 있다고 보는데, 드라마의 생산-유통-소비의 맥락에서 결국 생산의 영역에서 한국이라는 로컬의 물적 요소가 핵심적으로 투입되어 재현된 드라마라 할 수 있겠습니다. 기존에 논의되어 왔던 한국 드라마와 K드라마를 구분한다면, 소비의 영역에서 국내 로컬에 한정되는 한국 드라마와 글로벌 차원으로 확장되는 K드라마로 구별될 것 같습니다.

이헌율 한국 드라마에서 K드라마로 다르게 불리는 과정은 우리나라에서 생산하는 드라마가 변이하는 과정이 있음에 주목할 필요가 있습니다. 한국 시청자가 글로벌 시청자로 바뀌면서 K드라마로 불리는데요. 그런데 K드라마로 인해 한국 드라마를 소외시키는 현상도 만들어지는 것 같아요. 글로벌 수용에 맞춘 K드라마가 국내에 역수입되면서 국내 드라마, 한국 드라마를 위축시키는 현상이 만들어지는 것은 아닐까 합니다. K드라마라는 용어에는 한국인들을 주 시청 그룹으로 하는 드라마라는 점이 가정되어 있는데, 글로벌 시청자를 위한 K드라마가 만들어지면서 오히려 기존의 한국 드라마적인 재미가 없어졌다고 할까요, 이런 생각이 들기도 해요. 마치 해외 나가서 냉동 만두를 먹으면 국내에서 먹던 동일한 제품의 맛과는 다른 맛인 것 같거든요. 글로벌 시장에 맞춘 맛으로 만든 수출용 만두가 다시 국내에 역수입되어 우리가 먹고 있는 것은 아닐까 하는 생각이요. 그래서 K드라마를 정의하는 게 중요해진 것 같습니다.

송진 정의 내리기가 어려운 면이 있습니다. 한국 드라마와 K드라마의 구분이 이루어져야 하는 단계로 발전하는 것 아닌가 싶습니다. 한국 사람들이, 한국적 정서를 기반으로, 한국에서 만들어서 해외에 수출한 것이 기존의 K드라마였다면, 그것은 이제 한국 드라마이고,

K드라마는 그간의 축적된 고유한 기획, 제작, 유통 스타일과 팬덤의 체계를 가지고 있는 콘텐츠로 범주가 만들어져 가는 단계로 접어들었다고 봅니다. 이 책이 바로 그 지점에서 의미를 가지는 것 같습니다. 아직 단순하게 정의 내리기는 어렵지만, 이 책에서 다양한 저자들이 다양한 관점으로 분석해 주신 것 같습니다. 제가 쓴 부분은 산업적 관점에서 플라이휠의 역할을 수행하는 콘텐츠의 개념을 추가했다고 보면 좋을 것 같습니다.

홍종윤 여러 선생님들 말씀처럼 K드라마는, 글로벌 인기를 토대로 그 시스템에 맞춰서 한국이 만들어 팔고 있는, 그런 면이 강하게 부각되는 것은 사실인 것 같습니다. 그렇다고 해서 과거의 한국 드라마를 다 배제하는 건 아닌 것 같습니다. 최근에 K드라마에 입문해서 과거의 K드라마, 곧 한국 드라마라고 할 수 있는 드라마를 찾아가는 경향도 있고요. 어쨌든 지금의 K드라마는 글로벌 인기 차원에서 정의할 수 있습니다. 인기의 여러 근원이 있지만 내용과 형식 측면에서 어떻게 보면 가장 한국적인 사건 정서 이런 것들이 분명히 있고요. 또 세계적으로 공감하는 포인트들이 있어서 인기를 끌고 있는 드라마들 그것이 특정한 팬덤으로 이어지고 있습니다.

이미나 그렇다면 K드라마 소비의 주요 특징은 무엇일까요?

심두보 세 가지 키워드로 정리해 볼 수 있습니다. 첫째는 '팬덤'입니다. K드라마 소비는 단순한 시청을 넘어, 팬덤을 통한 참여적이고 창의적인 문화 실천으로 확장되고 있습니다. 팬들은 온라인 커뮤니티, SNS, 팬픽, 밈 등을 활용해 콘텐츠의 공동 생산자로서 역할을 하며,

글로벌 디지털 팬덤을 형성합니다.

둘째는 '플랫폼'입니다. 넷플릭스, 유튜브, 비키 등 글로벌 OTT 플랫폼을 중심으로 K드라마의 접근성과 유통이 획기적으로 확대되었습니다. 이들 플랫폼은 단순한 유통 경로를 넘어, 문화 소비의 구조를 재편하는 핵심 매개체로 기능합니다.

마지막은 '문화적 번역Cultural Translation'입니다. K드라마는 한국 고유의 문화적 코드(예절, 가족, 언어 등)를 담고 있으면서도, 해외 수용자의 감성과 접속할 수 있는 보편성을 지닙니다. 이는 '문화적 번역' 과정을 통해 구현되며, 하이브리드 감성의 형성과 다양한 수용 방식을 가능하게 합니다.

송진 해외에서 K콘텐츠 이용자로 분류되는 사람들은 어쩌다 시청한다고 하기보다는 74.4%가 정기적으로 시청합니다. 그리고 모험적이고 새로운 취향을 가진 사람이 많습니다. K콘텐츠 소비 군집이 '개인화된 취향'과 '팬덤 중심'의 양축으로 구성되는 것 같습니다. 또 K콘텐츠를 보는 이유로, 최근 외국 이용자들은 '한국'이라는 브랜드를 중시했던 초기 움직임에서, 이제 스토리, 캐릭터, 영상미를 중요시하는 쪽으로 변화하고 있습니다. 즉 단순히 한국이나 K콘텐츠에 대한 관심보다는 콘텐츠의 내재적 품질 요인으로 K콘텐츠를 선택하고 있다는 의미이지요. 이러한 변화는 K콘텐츠가 한국적 고유성을 넘어 콘텐츠 자체의 보편적 매력을 더욱 강화해 나가고 있으며, 그것이 이용자들에게 소구하는 요소로 작용하고 있음을 암시합니다.

그리고 콘텐츠를 접하는 기술적/경제적 접근성이 K콘텐츠 선택에 영향을 미친다는 응답도 2021년 대비 2023년에 2배 가까이 증가했습니다. 이는 가격, 언어, 접근 채널 등이 콘텐츠 소비를 결정짓는 중요한 변수가 될 수 있으며, 이를 콘텐츠의 글로벌 확산 전략에 주요하게 고려할 필요가 있다는 점을 시사합니다. 그리고 SNS 기반의 확산이 주효합니다. 유튜브 숏츠, 틱톡 등 숏폼 중심으로 확산되는데, 이것은 K콘텐츠를 단순 '시청'보다는 '소통'과 '참여'가 핵심이라는 점을 나타내는 것이라고 생각합니다.

박소정 K드라마 수용의 맥락에서 볼 때 크게 두 경향성이 보이는 것 같습니다. 하나는 K드라마를 글로벌 콘텐츠 중 하나로서 수용하는 것인데요. 우리가 넷플릭스에서 지금 유행하는 〈소년의 시간 *Adolescence*〉을 봤다고 영국 드라마에 대한 특수한 애정을 지니고 있는 사람이라거나 '영류'라는 용어로 그 경험을 설명하지 않듯이, 한국 드라마도 국가성에 구애받지 않고 글로벌 콘텐츠으로서 수용되는 양상이 존재한다고 봅니다. 글로벌 OTT 때문에 생겨나고 강화된 흐름일 것입니다. 두 번째는 전통적인 한류 드라마의 수용 측면입니다. 유치한 티키타카가 나오는 로맨틱 코미디, 신파적인 가족 드라마와 멜로드라마, 이런 속성이 초기 드라마 한류를 형성한 속성이었다고 보는데요. 이것은 K드라마에 대한 스테레오타입이기도 하지만, 바꾸어 말하면 그게 진짜 글로벌하게 각인되는 K마크이기도 합니다. 〈오징어 게임〉을 더 훌륭한 완성도로 대체할 수 있는 유사 장르 드라마는 영미권을 비롯해 많이 있을 것입니다. 그런데 그런 글로벌 콘텐츠가 아니라 'K드라마를 찾는 이유를 이해하기 위해서는 섣불리 글로벌 OTT 생산 대작들로 넘어가기보다는 여전히, 꾸준히 수용되는 장르와 서사를 주목할 필요가 있을 것 같습니다.

전승 기존의 소비 데이터를 기반으로 보면 국내 및 해외 소비층 모두 서사 그 자체의 힘, 완성도를 요구하고 중요시합니다. K드라마 소비 형태에서 특이한 점이라면, 먼저 시청에 대한 큰 부담 없이 작품 한 편을 몰아볼 수 있다는 점입니다. 일반적인 지상파 미니시리즈 길이가 16부작 정도였다면, 최근엔 OTT 게시에 유리하게 6~12부작 정도 공개하면서 드라마 서사 길이가 상당히 짧아졌고, 또 길이가 짧은 만큼 전개와 감정 표현의 밀도도 상당히 높은 편입니다. 그래서 드라마를 좇아가며 시청해야 한다는 부담이 적고, 성취감도 있고요. 두 번째는, 제 오랜 '드덕' 경험에 근거해 당사자성이 농후한 추론인데요. 한국발 드라마 콘텐츠가 글로벌 플랫폼(과 불법 사이트에) 상당 분량 축적되고 있는데, 향후 해외 수용자의 드라마 소비 실천 층위가 구분되리라 봅니다. 예컨대 〈오징어 게임〉이나 〈킹덤〉 같은 메가셀러를 중심으로 소비하는 경이용자도 있지만, 한국 드라마를 집중적으로 오랜 기간 소비해 온 중이용자도 있지요. 제 경험상 익숙하지 않은 문화권의 생산물을 반복해서 탐색하는 행위는 다분히 의도적입니다. 이때는 특정 국가의 드라마라 반드시 선택한다기보다 내 취향의 이야기/캐릭터 원형을 찾아가는 과정을 즐기는 경우가 더 많습니다. 처음엔 마치 사금을 채굴한 듯한 기쁨을 얻고, 열심히 키를 흔들어 봅니다. 그러다 차츰 모래인지 금일지 모를 만큼 수많은 드라마를 보다 지치는 순간이 오고, 결국 나의 '보편적' 취향에 맞는 보석만 수렵하게 됩니다. 아마 한국 드라마의 오랜 고객은 이제 수많은 한국 드라마 데이터 중에서 '합리적 선택'이 필요한 소비 단계, 또는 자연스러운 이탈을 겪을 단계가 아닌가 합니다. 잠재 수용자를 유입하고, 또 그들이 자기 취향에 맞는 드라마를 계속 지속하여 발견할 수 있으려면 다양한 서사 발굴과 창작 인력 지원이 필요할 것입니다.

이미나 계속 언급되는 키워드가 '글로벌 미디어'입니다. 글로벌 미디어는 어떤 키워드입니까? 글로벌 미디어는 어떤 작용을 하고 있는지요?

이희주 미디어라는 개념이 '각국'에 국한되는 시절은 이제 끝난 것 같습니다. OTT는 국경 없는 인터넷을 기반으로 하고 있기 때문에 OTT 이후의 '미디어'라는 개념은 곧 '글로벌 미디어'라는 의미를 내포하고 있다고 인식해야 합니다. 글로벌 미디어 생태계를 바라볼 때 중요한 키워드는 'OTT, 인터넷, 미국발 거대 자본 기업' 등이며 이들이 만들어 내는 효과에 주목해야 합니다.

송진 전략적 글로컬라이제이션 혹은 트랜스내셔널라이제이션(초국적화 전략)이라고 생각합니다. 기본적으로 글로벌 기업은 전 세계를 단일 시장으로 간주하고 규모의 경제를 달성하고 비용을 최소화하는 것이 우선적 전략이 됩니다. 그런데 콘텐츠 분야는 마블과 같은 콘텐츠가 아니라면, 현지 문화에 대한 대응이 필요한, 통합 전략이 한계를 갖는 분야입니다. 그 지점에서 선택은 아예 특정 이용자와 지역만 집중하거나(넷플릭스 외의 미국의 주요 OTT들이 갖는 전략) 넷플릭스처럼 글로벌 표준화와 현지화를 적절히 절충하는(즉 현지 제작+글로벌 배급, 로컬 감성+글로벌 유통의 고도화된 전략 체계) 전략을 보여 줍니다.

고흥석 글로벌 미디어 생태계의 핵심 키워드는 '상호의존성interdependency'이라고 할 수 있습니다. 통상의 생물학biology 혹은 생태학ecology 분야에서 말하는 생태계ecosystem 개념을 미디어 영역에 접목시켜 이해하는 것이 미디어 생태계 개념이라고 볼 수 있는데, 생태계의 주요 속성들 가운데 미디어 생태계를 이해하는 데 도움이 되는 주요 함의가 바로 경쟁과 협력, 순환과 흐름, 기능적 관점 등이라고 생각합니다. 그리고 이들 함의를 관통하는 키워드가 바로 상호의존성이라고 생각합니다.

미디어 생태계에서 말하는 상호의존성은, 결국 생산과 유통 소비의 영역에 있는 다양한 유닛(개체, 플레이어)들이 긴밀하게 연결되어 있고 이들이 상호의존적인 관계를 맺고 있다는 점입니다. 예컨대 지금의 글로벌 OTT가 등장하면서 로컬의 미디어 산업이 구조적 변화를 보이는데, 자세히 들여다보면 단순히 경쟁 관계에 머물지 않고 긴밀히 협력하는 관계가 나타나고 있다는 점입니다. 결국 글로벌 미디어 생태계를 이해하는 핵심 키워드는 각각의 영역에 있는, 소비자를 포함하여, 다양한 플레이어들이 긴밀하게 상호의존적인 관계를 맺고 있다는 점이라고 할 수 있습니다.

이헌율 '유통의 독점을 통한 글로벌 밸류체인 확산'이라는 점을 강조하고 싶습니다. 우리가 넷플릭스에 의존도가 높고 전 세계적으로 어느 나라에서든 넷플릭스가 제공되고 있고 한국이 넷플릭스뿐만 아니라 다른 나라에 있어서도 그런 제작 체계에 통합이 되고 있는 과정이라는 것입니다. 이 과정에 대해 걱정이 크고요. 넷플릭스, 그러니까 할리우드가 자본주의적으로 논리적인 생산 체계를 가지고 있다고 하지만 아시다시피 할리우드는 가장 비평준화된 생산 구조를 가지고 있습니다. 과연 우리가 해당 글로벌 밸류체인 안에 들어가는 것이 맞는 것인가 아니면 그 안에서 우리가 독자적인 브랜드를 독자적인 구성 요소들을 만들 수 있는 것인가라는 것이 제가 볼 때 우리가 앞으로 중요하게 생각해야 할 문제입니다.

박소정 '다양성'도 하나의 키워드라고 생각합니다. 3장에서 K드라마 또한 글로벌 미디어가 추구하는 다양성의 흐름 속에서 논의했는데요. 다양성이 재현의 층위에서 얼마나 질적으로 성장했는가와는 별개로 '다양성' 자체가 글로벌 미디어 산업에서 부상하는 가치라고 생각합니다. 그런데 최근 트럼프 정부의 행보 등을 볼 때 이러한 가치가 지속적으로 지지될 수 있을지에 대해서는 우려가 됩니다.

이미나 K드라마를 즐기는 독자들을 위해 제안하고 싶은 것이 있다면 어떤 것들이 있습니까?

심두보 K드라마를 단순한 오락으로 소비하기보다는, 반복되는 장르나 서사 구조가 어떤 방식으로 사회적 정서를 반영하거나 변형하는지를 비판적으로 관찰해 보길 권합니다. 특히 젠더, 계급, 지역, 학벌, 인종/민족 등 드라마 속에 담긴 사회적 맥락에 주목한다면, K드라마를 보다 입체적이고 깊이 있게 읽을 수 있을 것입니다.

고흥석 K드라마와 K드라마가 재현하는 대한민국의 문화에 대한 이해를 높이는 데 이 책이 큰 도움이 될 것이라 믿습니다. 동시에 이 책을 통해 K드라마를 통해 나타나고 있는 다양한 미디어 산업과 정책적 변화에 대해서도 함께 고민하는 기회가 되길 바랍니다. ICT 기술 발달에 따른 미디어 환경의 변화와 그에 따른 K드라마의 생산과 유통, 소비의 행태 변화를 탐색하는 데 도움이 되길 바라며, 특히 방송 미디어 정책의 변화에 대해서도 새로운 시각에서 바라보는 기회가 될 것으로 봅니다. 특히, EU를 중심으로 진행되는 여러 미디어 커뮤니케이션 정책이 이른바 '브뤼셀 효과'라고 하는 '규제의 세계화 현상'이 가속화되고 있다는 점에 주목할 필요가 있습니다. 글로벌 차원에서 규제 체계의 획일화가 갖는 정책적 효율성과 그 위험성에 대해서도 다시 한번 생각해 보길 바라며, 미디어 산업의 구조적 변화와 함께 그에 대한 정책적 변화에 대해서도 비판적으로 생각해 보는 기회가 되길 바랍니다.

홍종윤 제가 학생들한테 하는 이야기인데요. K드라마에 입문하게 된다면 가장 중요하게는 현실적으로 시간이 모자랍니다. 전공하는 학생들에게 K드라마를 보지 않고 K드라마에 대해 알 수 없다고 이야기하지만 실제로는 너무 바빠서 볼 시간이 없습니다. 정기적인 시청 계획을 세워야 합니다. 주말이나 주 중 등 시청 시간을 계획해서 의무적으로라도 봤으면 합니다.

송진 홍종윤 선생님 말씀처럼 시간이 없다는 게 한계이긴 하지만, 저는 '여러 번 보기,' '다시 보기'를 권하고 싶습니다. 좋은 작품을 여러 번 보면서 즐기는 경험을 했으면 합니다. 〈나의 아저씨〉 촬영지였던 용산의 철길과 인천의 '정희네' 건물을 우연히 들르게 되었는데, 드라마가 끝난 지 오래되었지만, 그 드라마의 기억과 현실이 교차하면서 느낌이 묘했습니다. 단순히 그런 방문뿐만 아니라 드라마를 보고 비평을 해 볼 수도 있고 스스로 웹툰 같은 2차 창작을 해 볼 수도 있고요. 단순히 드라마를 보는 것뿐만 아니라 그 드라마와 관련된 다양한 경험을 만들어 보는 것이 드라마를 풍부하게 접하는 방법이 되지 않을까라는 생각이 들었습니다.

이헌율 저는 학생들한테 항상 크레딧을 끝까지 보라고 합니다. 텔레비전이든 유튜브든 간에 누가 제작했는지 어디서 제작했는지 제작사가 어딘지 이런 것을 보기 위해서는 끝까지 크레딧은 꼭 봐야 된다라고 이야기하거든요. 수업 시간 몇 번 보여 주면서 이 사람들은 누구고 누구고 이렇게 설명을 해 준 적이 있는데, 저는 크레딧을 꼭 봐야 전반적인 제작 트렌드 등을 알 수 있다고 생각합니다. 추천합니다.

박소정 ‘시차를 두고 다시 보기’가 흥미로운 경험이 될 수 있습니다. 드라마는 사회를 비추는 거울이고, 우리 사회의 ‘정서의 구조structure of feeling’를 읽어 내는 주요한 자료입니다. 그런 의미에서 우리 사회의 변화하는 문화적 감수성이 드라마를 통해 나타나기도 합니다. 10년 전 드라마를 다시 보면 깜짝 놀라는 부분이 있어요. 그때는 로맨스였던 것이 지금 보면 데이트 폭력이고, 그때는 농담이었던 것이 지금 보면 마이크로어그레션일 수 있습니다. 그때는 맞고 지금은 틀린 건데요. 이런 다시 보기를 통해서 우리 사회의 변화를 느끼기도 하고, 또 건강한 담론을 생산하기 위한 드라마의 재현을 고민해 볼 수도 있을 겁니다.

이희주 이 책을 읽는 독자가 전국의 미디어학부 학생들이라고 가정한다면 글로벌 미디어 전쟁의 시대에 참전하는 그들에게 (1) 전시 상황에서 판을 읽는 힘을 기를 것, (2) ‘나는 국제인이다’라는 자세를 갖출 것, (3) 과거 프레임을 과감히 부술 것, (4) 스토리텔링에 주목할 것, (5) IT 트렌드에 관심을 가질 것 등을 조언하고 싶습니다.

이미나 2025년 이후의 K드라마에 대해 어떻게 전망하십니까?

전승 미시적인 시각에서 K드라마의 제작과 수용 방침을 고민해 보았습니다. K드라마는 서사 구조와 결론이 상당히 명확한 편이고, 시즌제 형태가 아니었습니다. 그런데 최근 들어 웹 콘텐츠 또는 드라마 원작 IP를 기반으로 시즌제 공개 형태로 이행하는 경향을 보입니다. 16부작을 8부작으로 나눠 공개하거나 열린 결말을 내어 다음 시즌을 의도적으로 기약하는 방식이지요. 플랫폼 공개 방침을 따르는 것일 수도 있지만, 최근에는 OTT뿐만 아니라 지상파 편성된 드라마도 시즌제로 공개되는 경우가 많아지고 있습니다. 사실 시즌제는 한 번 흥행한 작품으로 부가 수익도 창출하고 위기 대응을 할 수 있어 장점이기도 합니다. 다만 매력적인 캐릭터나 스토리 월드를 기반으로 해야 충분히 좋은 시도라고 할 수 있고, IP의 활용에 있어 MCU(마블 시네마틱 유니버스) 팬 같이 명확한 팬층, 타깃 소비층이 기반이 되지 않는 경우 상당히 무모한 시도가 될 수도 있습니다. 기존 소비층의 반감을 조성할 수도 있고, 결말까지의 완결성이 탄탄하지 못해서 외려 원작을 훼손할 우려도 있기 때문입니다. 서사 완결성을 담보한 시즌 구성을 고민해야 하는 지점이라고 보입니다.

고흥석 K드라마를 포함하여 전반적인 방송·영상 미디어 생태계의 변화는 빅데이터와 AI 기반으로 재편될 것으로 예상합니다. 미디어 산업적 측면에서 볼 때, 빅데이터와 알고리즘을 활용한 비즈니스 전략이 새롭게 등장할 것으로 보이고, 콘텐츠 생산의 측면에서도 AI 기반의 콘텐츠 제작, 인터랙티브 콘텐츠 시장의 성장 가능성이 크다고 봅니다. 단순히 K드라마에 국한되지 않고 게임이나 웹툰과의 융복합 생태계로 방송·영상 미디어의 외연이 확장될 것으로 보입니다. 동시에 드라마 생산의 메커니즘 변화와 노동 시장의 변화도 불가피

할 것으로 보이고, 규제의 세계화가 진행되고 이에 따라 규제 체계 간 갈등이 발생할 가능성이 높아질 것으로 예상합니다.

홍종윤 여러 측면에서 생각해 볼 수 있겠지만, 핵심은 인기가 지속될 것인가? 혹은 위상이 지속될 것인가? 최근의 글로벌 OTT 트렌드와 작품을 보면 한국이 어느 정도 글로벌 사회에서 지분을 가지고 있다고 생각합니다. 예를 들어서 넷플릭스의 경우, 글로벌 톱 100에서 한국 드라마와 예능이 순위 안에 15% 정도는 차지하고 있습니다. 이런 추이를 보면 당분간은 지속될 수 있다는 생각이 듭니다. 신규 오리지널 콘텐츠 이외에도 콘텐츠 라이브러리들이 많이 남아 있기도 하고요. SBS 드라마들이 글로벌 OTT에서 다시 올라오는 것처럼요. 그리고 웹툰이나 웹소설 같은 원천 작품들이 있어서 한국 시장이 건재한다고 생각합니다.

그런데 앞으로 한국 드라마 콘텐츠 제작과 관련된 이 생태계가 외부적인 요인인 글로벌 생태계 차원에서 공생 관계를 형성할 수 있을지에 대해서는 예측이 어려워 그런 점은 주의할 필요가 있을 것 같습니다.

이헌율 한국에서 외수용으로 만드는 드라마를 중심으로 본다면 저는 사실은 그게 그렇게 밝지 않을 거다라고 생각하는 편입니다. 왜냐하면 최근의 경향을 보면 넷플릭스가 실시간 콘텐츠를 굉장히 강화하고 있거든요. 예능이라든가 스포츠 등의 실시간 콘텐츠가 강화되면서 드라마는 다소 홀대받는 것 같고요. 두 번째는 우리나라 제작비가 일본이나 비슷한 나라보다 제작비가 더 비싸지고 있어서 한국 드라마를 넷플릭스가 오리지널로 제작하는 비중이 적어질 것 같습니다.

그 외에도 우리나라 국내 제작 드라마 편수가 계속 줄어들고 있기 때문에 그것 역시 문제가 될 수 있습니다. 어떤 면에서는 조정기가 올 수 있을 것이라고 생각합니다. 가령, 넷플릭스가 제작을 덜하게 되면서 제작사라든가 연기자 작가들의 임금 재조정이 어느 정도 발생하게 되고 그러면 그전에 있었던 재판매 시장이 좀 활성화되기도 할 것 같고요. 다른 콘텐츠 유통 채널이 활성화될 수도 있습니다. 제작 편수는 줄어들겠지만 판로는 조금 더 다양해지지 않을까, 그래서 제작사들이 제작하는 여건은 조금 더 나아지지 않을까라고 생각합니다.

미국의 트럼프 정부와 경제 상황도 영향이 클 것이라고 생각합니다. 사실 전반적으로 경제가 떨어지면 넷플릭스 구독자들이 떨어지고 콘텐츠 투자가 줄어들게 될 텐데요. 유럽에 서비스하는 넷플릭스 콘텐츠는 유지되겠지만 동남아시아 지역의 경우는 한국 외에도 일본 콘텐츠도 있어서요. 상황을 긍정적으로 전망하기는 어렵습니다.

이희주 K플랫폼의 힘이 점차 쇠약해질 것으로 생각합니다. 이에 따라 콘텐츠 수요 감소가 이어질 것이고 넷플릭스 등 글로벌 OTT 플랫폼을 중심으로 규모 상위 1%의 몇몇 대형 제작사가 만든 드라마의 하청화 현상은 점차 증가할 것으로 생각됩니다.

송진 팬데믹 동안 급성장했던 게임, OTT의 성장세 감소 등 2023년, 2024년 이후 콘텐츠 산업 성장세가 완만해지는 수치로 이제 조금씩 반영되어 나타나고 있습니다. 산업 현장에서는 어려움을 이야기해 왔는데요. 가입자 수 감소, 국내 OTT의 투자 여력 상실, 대형 텐트폴 작품 제작 증가로 자본력이 경쟁력과 직결되면서, 흥행 실패의 부담이 크므로, 국내 제작사는 제작비 조달 위해 IP 매절 계약을 합니다. 대량 제작된 콘텐츠 유통 창구가 줄어들면서, 제작 시장도 어려워진 상황입니다.

전문가 대상으로 콘텐츠 산업 수출 전망에서 방송 분야가 가장 낮은 수치로 어려움을 전망합니다. 다만, 2025년 그리고 향후 3년간 현재보다는 낮아질 것으로 전망됩니다. 하지만 위기는 늘 대안을 낳아 왔습니다. 이번에도 그럴 힘과 저력이 있다고 생각합니다. 숏폼이나 저비용 콘텐츠 중심으로 새로운 탈출구가 생기고, 해외 진출도 공동 제작 같은 형태로 새로운 모델이 생기지 않을까요? 이러한 시도들을 통해서 이후 대안을 만들어 갈 수 있을 것이라 생각합니다.

이미나 마지막 질문입니다. 이 책의 사용법을 제안해 주십시오. 독자들이 이 책을 어떻게 읽으면 좋을까요?

심두보 이 책은 드라마를 자주 보는 당신에게 "괜찮아, 그건 문화 연구야"라고 말해 주는 '도라에몽' 같은 존재입니다. 좋아하는 드라마를 더 깊이 이해하고 싶을 때, 또는 친구와 드라마에 대해 이야기하면서 살짝 있어 보이고 싶을 때 펼쳐 보면 좋습니다. 책장을 넘기다 보면 드라마를 바라보는 시선이 달라지고, '그냥 좋아하는 것'에서 '깊이 이해하는 것'으로 나아가는 경험을 하게 될 것입니다.

홍종윤 이 책은 처음부터 끝까지 볼 필요 없습니다. 가볍게 읽으라고 말씀드리고 싶어요. 이 책은 처음부터 읽을 필요 없이 일단 관심 있는 부분부터 찾아서 읽으면 됩니다. 드라마 한 편 보듯이 한 챕터

읽기, 좋아하는 분위기에서 좋은 드라마에 대해 이야기하는 글을 읽고 또 읽고 나서 다시 드라마를 한 편 보러 가면 더 좋겠다, 이런 상상을 해 봤습니다. K드라마와 함께하는 책이라고 말씀드리고 싶습니다.

박소정 각 챕터와 연결되는 드라마를 찾아 시청하면서 읽는 방법을 추천하고 싶습니다. 드라마 볼 시간 없는 '바쁘다 바빠 현대 사회'에서 공부를 핑계로 드라마 볼 기회를 만드는 것이지요. 물론 진짜 공부가 되기도 합니다. 책 속에 여러 드라마가 사례로 언급되는데, 사례로 제시되었다는 것은 어떤 의미에서건 유의미하다는 것이기 때문에 시청의 가치를 지닌다고 봅니다. 또는 사례로 언급되지 않았더라도 어떤 드라마가 책이 설명하는 현상이나 이론을 잘 대변하는지를 찾아보는 과정 자체가 재미있는 공부가 될 것입니다.

송진 이 책으로 K드라마에 대한 이해를 넓힌 후에 K팝, K게임 다른 콘텐츠와 비교해 가면 좋겠습니다.

참고 문헌

1장

변인호 (2025. 2. 4). 넷플릭스 CCO "한국 콘텐츠, 명실상부 글로벌 문화 중심," 〈IT조선〉, https://it.chosun.com/news/articleView.html?idxno=2023092133436.

이미나·오원환 (2013). 북한 및 제3세계에서의 한류 수용 경험과 한국 문화 적응, 〈방송통신연구〉, 2013년 봄호, 75~101.

전영선 (2007. 3. 24). 〔주말 포커스〕 '국민 드라마' 사라지나, 〈문화일보〉, https://m.entertain.naver. com/article/021/0000186424.

〈조선일보〉 (1997. 12. 14). '사랑이 뭐길래' 중국서도 인기, https://www.chosun.com/site/data/html_dir/1997/12/14/1997121470201.html

한국콘텐츠진흥원 (2022). 〈한류의 발전 과정과 향후 전망〉, 한국콘텐츠진흥원.

한종호 (2005. 5. 11). 우즈벡도 한류 열풍…'겨울연가' 시청률 60%, 〈문화일보〉 https://www.munhwa.com/news/view.html?no=2005051101030223019002.

홍찬식 (2012. 1. 2). [횡성수설/홍찬식] 대만의 한류 逆風 〈동아일보〉, https://www.donga.com/news/Opinion/article/all/20120101/43010775/1.

Ang, I. (1985). *Watching Dallas: Soap opera and the melodramatic imagination*. Routledge: London.

Bartsch, A., Vorderer, P., Mangold, R., & Viehoff, R. (2008). Appraisal of emotion in media use: toward a process model of meta-emotion and emotion regulation, *Media Psychology*, 11(1), 7~27.

du Gay, P., Hall, S., Madsen, A. K., & Negus, K. (2013). *Doing cultural studies: The story of the Sony Walkman*. New York: Sage.

Jin, D. Y. (2024). *Understanding the Korean Wave: Transnational Korean Pop culture and Digital Technologies*. New York: Routledge.

Oliver, M. B., & Bartsch, A. (2010). Appreciation as audience response: Exploring entertainment gratifications beyond hedonism, *Human Communication Research*, 36(1), 53~81.

Raney, A. A. (2002). Moral judgment as a predictor of enjoyment of crime drama, *Media Psychology*, 4, 305~322.

Straubhaar, J. D. (1991). Beyond media imperialism: Assymetrical interdependence and cultural proximity. *Critical Studies in Mass Communication*, 8, 39~59.

Straubhaar, J. D. (2003). Choosing national TV: Cultural capital, language, and cultural proximity in Brazil. In M. G. Elasmar (Ed.), *The impact of international television: A paradigm shift* (pp.77~110). Mahwah, NJ: Lawrence Erlbaum Associates.

Tamborini, R. (2011). Moral intuition and media entertainment. *Journal of Media Psychology: Theories, Methods, and Applications*, 23, 39~45.

Wirth, W., Hofer, M., & Schramm, H. (2012). Beyond pleasure: Exploring the eudaimonic entertainemtn experience. *Human Communication Research*, 38, 406~428.

Zwaan, R. A., Langston, M. C., & Graesser, A. C. (1995), The construction of situation models in narrative comprehension: An event-indexing model, *Psychological Science*, 6(5), 292~297.

2장

강경석 (2023. 9. 27). "세계가 주목하는 건 '한류'일 뿐 한국이 아니다," 〈동아일보〉.

국립민속박물관 (2024). 《한류문화사전》. 국립민속박물관.

김공숙 (2023). "드라마 〈나의 아저씨〉 서사에 나타난 연민의 감정: 마사 누스바움의 연민 이론의 관점에서," 〈다문화콘텐츠연구〉. 45: 131~164.

김윤지 (2023). 《한류외전》. 어크로스.

김정은 (2020). "〈꽃보다 남자〉를 통해 본 동아시아 대중문화의 허와 실," 〈중국어문논역총간〉, 47: 131~161.

김하나 (2013). 〈한국 TV드라마에 나타난 남장 여성 연구: 드라마 〈커피프린스 1호점〉, 〈바람의 화원〉, 〈성균관 스캔들〉을 중심으로〉. 인하대학교 대학원 석사 학위 논문.

박수현 (2019). "넷플릭스, CJENM 지분 4.99% 맞교환…… 한류 콘텐츠 제작 강화 손짓,"

〈글로벌 이코노믹〉. https://www.g-enews.com/article/ICT/2019/11/201911221005419789bf45d5d5ea_1
박용필 (2025. 2. 3). “로제의 ‘APT.’ 유튜브 10억회 돌파…… K팝 최단기간,” 〈경향신문〉.
박은해 (2022). ““아이돌 팬덤 부럽지 않네”…… ‘드덕’을 아시나요?” 〈뉴시스〉. https://v.daum.net/v/20220514070707803
박재복 (2001). 〈글로벌시대 한국 TV프로그램의 국제경쟁력 제고방안 연구: MBC프로그램의 해외수출 사례분석을 중심으로〉. 연세대학교 언론홍보대학원 석사 학위 논문.
박해영 (2022). 《나의 아저씨》. 세계사.
심두보 (2017). “근대성과 혼종성: 방송 포맷산업의 세계화,” 〈인문사회 21〉, 8(4): 1193～1211. DOI:10.22143/HSS21.8.4.61
심두보 (2024). 《한류가 뭐길래》. 어나더북스.
이와부치 고이치 (2004). 《아시아를 잇는 대중문화》. 히라타 유키에 · 전오경 옮김. 또하나의 문화.
이은숙 (2002). “중국에서의 ‘한류’ 열풍 고찰,” 〈문학과 영상〉, 3(2): 31～59.
이지안 (2024). “한국어과 입학 3300 대 1…… 인구 14억 ‘코끼리 대륙’에 거센 한류 열풍 [세계는 지금],” 〈세계일보〉. https://www.segye.com/newsView/20240612521367?OutUrl=naver
이호재 (2020). “‘연금술사’ 코엘류가 푹 빠진 한국 드라마는?” 〈동아일보〉. https://www.donga.com/news/article/all/20201020/103522337/1
정수영 (2017). “‘신한류’ 드라마 〈미남이시네요〉의 수용 및 소비 방식은 한류 드라마와 어떻게 다른가? 일본의 인터넷 게시판 분석 및 FGI를 중심으로,” 〈한국언론정보학보〉, 85: 61～100.
정영효 (2020). “日 대표 일간지 “‘사랑의 불시착’으로 일본서 ‘4차 한류’ 조짐,” 〈한국경제〉. https://n.news.naver.com/article/015/0004396148?sid=104
정혜인 (2021). “10년 전 홀대받던 이야기…… 해외서 더 뜨거운 ‘오징어 게임’ 비결,” 〈머니투데이〉. https://news.mt.co.kr/mtview.php?no=2021100309310364031
조용준 (2022). “우영우 인사법&김밥, 아시아권 넘어 글로벌 유행 조짐,” 〈뉴스핌〉. https://m.newspim.com/news/view/20220830000004
조은아 (2023. 9. 19). “‘K드라마 자막없이 보자’ 불에 한국어 열풍,” 〈동아일보〉.
지영호 (2016). “드라마 〈태양의 후예〉의 열풍에 주목한 프랑스 언론,” 통신원 리포트. 한국국제문화교류진흥원. https://www.kofice.or.kr/c30correspondent/c30_correspondent_02_view.asp?seq=12418
한국국제문화교류진흥원(KOFICE) (2024). 〈2023 해외한류실태조사〉. 한국국제문화교류진흥원.
Duolingo (2024). "2024 duolingo language report." https://blog.duolingo.com/2024-duolingo-language-report
Jung, Sun (2011). Korean Masculinities and Transcultural Consumption: Yonsama, Rain, Oldboy, K-Pop Idols. Hong Kong: Hong Kong University Press.
Shim, Doobo (2013). "The Korean Wave in Southeast Asia: The Case of Singapore." 〈동남아시아연구〉, 23(1): 277~311.
Wall, Barbara. 2022년 8월 15일 개인 인터뷰.

3장

강혜원 · 이성민 (2022). "넷플릭스의 초국적 콘텐츠 소구 전략: 〈오징어 게임〉에 나타난 장르적 보편성과 문화적 특수성의 이중적 상품화 구조 분석," 〈언론과 사회〉, 30권 3호, pp.5~41.
고선희 (2018). "웹드라마 클리셰에 대한 문화론적 탐구: 글로벌 웹드라마 〈드라마 월드〉를 중심으로," 〈코기토〉, 84호, pp.401~429.
김수정 · 양은경 (2005). "동아시아 문화교류와 정체성의 정치학," 〈한국언론학회 연구보고서: 아시아의 재발견: 동아시아 국가간 TV 프로그램 교류의 의미〉, pp.69~91.
박소정 · 장인희 · 홍석경 (2021). "일본 내 글로벌 SVOD 서비스를 통한 한국 드라마 수용," 〈한국언론학보〉, 65권 3호, pp.122~162.
박소정 (2022). "확장하고 경합하는 K: 국내 언론 보도를 통해 본 K 담론에 대한 분석," 〈한국언론학보〉, 66권 4호, pp.144~186.
박소정 (2023). "넷플릭스가 매개하는 태국의 드라마 한류," 〈방송과 커뮤니케이션〉, 24권 4호, pp.5~43.
백원담 (2002). "동아시아 문화연대의 가능성," 〈뉴 래디컬 리뷰〉, 11호, pp.277~291.
양성희 (2016). "뉴 케드의 약진," 홍석경 엮음. 《드라마의 모든 것》(pp.49~71). 컬처룩.
이성민 (2022). "〈오징어 게임〉은 한국 드라마를 어떻게 바꿀까?" 정길화 외. 《오징어 게임과 콘텐츠 혁명》(pp.179~206). 인물과사상사.
임종수 (2022). "콘텐츠산업 빅뱅, OTT 한류를 위한 서사극과 콘텐츠 현지화 전략," 박승일 외. 《한류 – 테크놀로지 – 문화》(pp.168~197). 한국국제문화교류진흥원.
한국국제문화교류진흥원 (2020). 〈2020 해외한류실태조사〉.
홍석경 (2008). "프랑스에서 대장금 보기," 〈에피스테메〉, 1권, 258~271.

Han, B. M. (2022). "Melodramatizing racialized Korea: The impasse of Black representation in Iaewon Class," *Journal of Japanese and Korean Cinema*, 14(2), pp.148~163.

Hayashi, K. (2005, February). "Assessing the popularity of 'Winter Sonata': How do women's emotions affect the public sphere in Japan?" Paper presented at the Korean Association for Broadcasting & Telecommunication.

Iwabuchi, K. (1998). "Marketing 'Japan': Japanese cultural presence under a global gaze," *Japanese Studies*, 18(2), pp.165~180.

Jenner, M (2018). *Netflix and the re-invention of television*. London: Palgrave Macmillan.

Jenner, M. (2024). "The quantification of diversity: Netflix, visibility politics and the grammar of transnationalism," *Convergence: The international Journal of Research into New Media Technologies*, 30(4), pp.1471~1489.

Jin, D. Y. (2022). "Transnational proximity and universality in Korean culture: Analysis of Squid Game and BTS," *Seoul Journal of Korean Studies*, 35(1), pp.5~28.

Jin, D. Y., Yoon, K., & Han, B. (2023). "Platformization of the Korean Wave: A critical perspective," *Communication Research and Practice*, 9(4), pp.408~427.

Ma, D. (2005). "A new Northeast Asian community?: The experience of 〈Winter Sonata〉 in Japan," *Asian Communication Research*, 2(2), pp.43~64.

Morceri, F. (2019). "Beyond universality: rethinking transculturality and transcultural self," *Journal of Multicultural Discourses*, 14(1), pp.78~91.

Mori, Y. (2008). "Winter Sonata and cultural practices of active fans in Japan: Considering middle-aged women as cultural agents," In B. H. Chua and K. Iwabuchi (eds.) *East Asian pop culture: Analysing the Korean Wave*. pp. Hong Kong: Hong Kong University Press.

Park, J. H., Kim, K. A., & Lee, Y. (2023). "Netflix and platform imperialism: How Netflix alters the ecology of the Korean TV drama industry," *International Journal of Communication*, 17, pp.72~91.

Park, S., & Hong, S-K. (2023). "Reshaping Hallyu: Global reception of South Korean content on Netflix," *International Journal of Communication*, 17, pp.6952~6971.

Yoon, S. (2023). "The memefication of Squid Game and mimicry of Asian images," *International Journal of Cultural Studies*, 26(5), pp.497~517.

Yuan, Y. (2023). "Third-space K-drama: Netflix, Hallyu, and the melodramatic mundane," *International Journal of Communication*, 17, pp.6990~7014.

4장

강현두 · 원용진 · 전규찬 (1997). “초기 미국영화의 실험과 정착: 1920~30년대 헐리우드,” 〈언론정보연구〉, 34권, pp.79~117.

권호영 (2015). 《드라마 제작과 유통》. 커뮤니케이션북스.

권호영 · 김영수 (2009). 〈한류 확산을 위한 전략과 정책: 방송영상물을 중심으로〉. KOCCA 연구보고서 09-01. 한국콘텐츠진흥원.

김승수 (2013). “스타권력의 정치경제학적 분석,” 〈한국언론정보학보〉, 62권 2호, pp.119~139.

김영덕 · 윤재식 (2009). 〈방송영상콘텐츠산업 실태조사 Ⅱ: 드라마 · 다큐멘터리 제작 및 유통실태〉. KOCCA 연구보고서 09-48. 한국콘텐츠진흥원.

김윤지 (2016). 《박스오피스 경제학》. 어크로스.

김정섭 (2023). 《셀럽시대》. 한울아카데미.

김호석 (1998). “문화산업과 스타 시스템,” 〈한국사회와 언론〉, 10호, pp.111~128.

노동렬 (2015a). “방송 드라마제작 산업의 가동원리: 인센티브 버블,” 〈국정관리연구〉, 27권 1호, pp.103~137.

노동렬 (2015b). “방송 드라마 제작 산업의 인센티브 딜레마 구조,” 〈방송과 커뮤니케이션〉, 16권 1호, pp.35~79.

노동렬 (2016). “드라마 제작 산업의 가격 결정 메커니즘,” 〈한국콘텐츠학회논문지〉, 16권 2호, pp.618~632.

노동렬 (2023). “드라마 시장의 〈오징어 게임〉: 글로벌 OTT 생태계로 인한 인센티브 발생 체계의 변화를 중심으로,” 〈한국방송학보〉, 37권 5호, pp.5~51.

손병우 · 양은경 (2003). “한국 대중문화의 현주소와 글로벌화 방안,” 〈사회과학연구〉, 14권, pp.147~171.

양은경 (2006). “동아시아 문화정체성의 형성과 텔레비전의 소비: 배용준의 일본 팬 커뮤니티 가족 담론을 중심으로,” 〈한국방송학보〉, 20권 3호, pp.198~238.

윤호진 (2005). 《디지털 시대 TV드라마의 위상과 전망 — 한류에서 HD까지》. 커뮤니케이션북스.

이동후 (2004). “한일 합작드라마의 초국적 상상력(transnational imaginations): 그 가능성과 한계,” 〈한국방송학보〉, 18권 4호, pp.358~397.

이문행 (2005). “국내 지상파 드라마의 특성에 따른 해외 판매 성과 분석,” 〈언론과학연구〉, 5권 1호, pp.292~330.

이문행 (2007). “아시아 8개국에 수출된 한국 드라마 특성에 대한 연구– 2002년부터 2005년까지의 수출 실적을 중심으로,” 〈한국콘텐츠학회논문지〉, 7권 9호, pp.34~43.

이상길 (2018). "대중문화산업의 상징경제: 국내 연예 산업의 사례를 중심으로," 한국방송학회 엮음, 《문화연구의 렌즈로 대중문화를 읽다》. 컬처룩.

이성민 (2022). "〈오징어 게임〉은 한국 드라마를 어떻게 바꿀까?" 정길화 외 지음, 《오징어 게임과 콘텐츠 혁명: 세계를 열광시킨 K- 콘텐츠의 비밀》. 인물과 사상사.

이용석 · 박지훈 · Wang Yue · 배하영 · 윤소라 (2021). "2000년대 이후 방송 산업의 변화: 드라마 규모와 기획 출처의 시기적 변화를 중심으로," 〈방송통신연구〉, 117호, pp.105~142.

이정연 (2014. 7. 22). "이민호 · 김수현 · 장근석 · 박해진, 중국 한류 4인방의 인기 비결은?," 〈스포츠동아〉. https://www.donga.com/news/Entertainment/article/all/20140722/65356410/4

장규수 (2013). 《스타시스템》. 커뮤니케이션북스.

장용호 (1993). "탈렌트 노동시장 연구," 〈한국언론학보〉, 30권, pp.203~242.

조재원 (2004. 5. 14). "'욘사마가 이럴 수가' 日극장가 눈물바다. 〈서울신문〉. https://en.seoul.co.kr/news/entertainment/2004/05/24/20040524600002

조진희 · 전승 (2013). "로맨스, 여행, 그리고 음악: 한일 공동제작 영화의 내러티브 구조에 관한 분석," 〈언론학연구〉, 17권 1호, pp.247~276.

진달용 (2022). 《한류 신화에 관한 10가지 논쟁》. 한울아카데미.

하윤금 · 김영덕 (2003). 《방송과 연예매니지먼트 산업》. 커뮤니케이션북스.

히라타 유키에 (2005). 《한국을 소비하는 일본 – 한류, 여성, 드라마》. 책세상.

〈TV리포트〉 (2016. 3. 31). "[리폿@이슈] 안재욱부터 송중기까지…… 20년 한류★ 계보," 〈TVREPORT〉. https://tvreport.co.kr/star/article/651336/

iMBC(2002). 〈소나기 비 갠 오후〉 프로그램 정보. https://program.imbc.com/Concept/passingrain

iMBC (2006. 3. 17). "신인연기자를 기용했을 때의 이점," 〈iMBC〉. https://www.imbc.com/broad/tv/drama/netizenfun/newstalk/1498977_14215.html

KISDI (2002). 〈방송산업실태조사〉. 정보통신정책연구원.

KISDI (2003). 〈방송산업실태조사〉. 정보통신정책연구원.

KISDI (2004). 〈방송산업실태조사〉. 정보통신정책연구원.

Bordwell, D. (1995). *Film History*. McGraw Hill Inc.

Breton, A. (1982). "Introduction to an Economics of culture: A liberal approach," *Cultural Industries*. Unesco.

Dyer, R. & McDonald, P. (1998). *Stars* (2nd ed.). London: BFI.

Dyer, R. (1979). *Stars*. London: BFI.

Gledhill, C. (1991). *Stardom: Industry of Desire*. [조혜정/박현미 옮김. 《스타덤: 욕망의 산업 I》, 곽현자 옮김. 《스타덤: 욕망의 산업 II》. 시각과 언어. 1998].

Hayashi, K. (2005). "Assessing the popularity of "Winter Sonata": How do women's emotions affect the public sphere in Japan?," 한국방송학회 세미나 및 보고서. *Culture Industry and Cultural Capital*. pp.40~58.

Jung, S. (2011). *Korean masculinities and transcultural consumption*. Hong Kong University Press, HKU.

McDonald, P. (2001). *The star system: Hollywood's production of popular identities*. London: Wallflower Press.

5장

김윤지 (2021). OTT 산업과 K콘텐츠 수출: K드라마 · K무비를 중심으로. 〈K 뉴딜산업 인사이트 보고서〉. 한국수출입은행 해외경제연구소.

김윤지 (2024). 콘텐츠 IP 확보 논의의 배경과 현실적 대안. 〈방송영상 트렌드〉, vol.40. 한국콘텐츠진흥원.

백경선 (2023). OTT 시대 드라마 변화 양상: TV드라마와 OTT드라마를 중심으로. 〈한국극예술연구〉, 제78집.

오경수 (2019). 지상파 드라마 제작 설립: 기대와 우려. 〈미디어 이슈 & 트렌드〉, vol.23. 한국방송통신전파진흥원.

오형일 · 정영주 · 홍종윤 (2019). 한국 외주 제작 정책과 현장의 간극에 대한 심층적 탐색: KBS 2TV 〈생방송 아침이 좋다〉 외주 제작 노동현장을 중심으로. 〈언론정보연구〉, 56권 4호. 서울대 언론정보연구소.

유진희 (2024). 제작비 폭등에 따른 국내 드라마 시장의 변화와 개선방안. 〈미디어 이슈 & 트렌드〉, vol.63. 한국방송통신전파진흥원.

유진희 (2025). 제작비 상승에 따른 국내 드라마 제작 및 유통 시장의 구조적 변화 : 전문가 심층 인터뷰를 중심으로. 〈한국방송학보〉, 39(3), 39~78.

이성민 (2022). OTT로 인한 콘텐츠 제작/유통 시스템의 변화: 스튜디오 시스템을 중심으로. 〈미디어 이슈 & 트렌드〉, vol.51, 한국방송통신전파진흥원.

이성민 (2024). 방송사의 돌파구일까? 제작 스튜디오 설립과 IP 비즈니스. 〈방송영상 트렌드〉, vol.40. 한국콘텐츠진흥원.

한국콘텐츠진흥원 (2023). OTT를 통한 K-콘텐츠의 성공과 과제, 〈글로벌 OTT 동향분석〉, vol.2.

6장

이희주 (2023). "영상 OTT 글로벌미디어 전쟁의 시대 I K 콘텐츠 사업의 기회와 위기" 유튜브. https://www.youtube.com/watch?app=desktop&v=cSg-CRilevY

한국콘텐츠진흥원 (2024. 12). '2024 온라인동영상서비스 이용행태 조사' 보고서 https://trend-m.com/idea_contents/?idx=132915896&bmode=view

7장

로츠, 아만다 D. (2022). 《다시 읽는 OTT 플랫폼: 인터넷 텔레비전의 이론적 접근》. 이헌율 옮김. 나남.

신현보 (2022. 9. 13). "300억 들여 1조 수익"…… '오징어 게임'이 남긴 8가지 기록." 〈한국경제〉. https://www.hankyung.com/article/2022091365657

임석봉 (2025. 2. 18). 멈추지 않는 드라코 인기, 인도네시아 속 한류 열풍과 K 콘텐츠 성장. DirectMediaLab. https://directmedialab.com/jemogeobseum-148/

장지민 (2019. 12. 9). "현빈 · 손예진 "사랑의 불시착" 넷플릭스로 전세계서 본다," 〈한국경제〉. https://www.hankyung.com/article/201912091668H

최은수 (2024. 10. 31). "토종 OTT 웨이브, 미주 찍고 유럽 K– 콘텐츠 확장 나선 비결은," 〈뉴시스〉. https://www.newsis.com/view/NISX20241031_0002942053

Appadurai, A. (1996). *Modernity at large: Cultural dimensions of globalization*. University of Minnesota Press.

Cai, Q., Chen, S., White, S. J., & Scott, S. K. (2019). Modulation of humor ratings of bad jokes by other people's laughter. *Current Biology*, 29(14), R677–R678. https://doi.org/10.1016/j.cub.2019.05.073

Dayan, D., & Katz, E. (1992). *Media events: The live broadcasting of history*. Harvard University Press.

Ellis, J. (2000). *Seeing things: Television in the age of uncertainty* (Vol. 1st). I. B. Tauris.

Jenkins, H., Green, J., & Ford, S. (2013). *Spreadable Media: Creating Value and Meaning in a Networked Culture*. NYU Press.

Pye, L. W. (Ed.) (1963). *Communications and Political Development* (Vol. 3rd). Arnold.

Lobato, R. (2019). *Netflix nations: The geography of digital distribution*. NYU Press.

The Economist (2024. 4. 18). The third-largest exporter of television is not who you might expect. *The Economist*. https://www.economist.com/culture/2024/02/15/the-third-largest-exporter-of-television-is-not-who-you-might-expect

Thussu, D. K. (Ed.) (2007). *Media on the move: Global flow and contra-flow*. Routledge.

Tunstall, J. (2008). *The media were American*. Oxford Univ. Press.

8장

PwC (2024). Entertainment&Media Outlook 2024–2028.

UNCTAD (2024). Creative Economy Outlook.

김정환 (2023). 웹툰IP 전성시대. 글로벌 OTT 동향분석 2003년 4호. 한국콘텐츠진흥원.

방송통신위원회 · 과학기술정보통신부 (2024). 〈방송산업실태조사〉.

문화체육관광부 (2024). 〈콘텐츠산업조사〉.

한국콘텐츠진흥원 (2023). 2023 K–콘텐츠 해외진출 현황조사.

한국콘텐츠진흥원 (2024a). 〈2024 해외 콘텐츠시장 분석〉.

한국콘텐츠진흥원 (2024b). 〈방송영상산업백서〉.

한국콘텐츠진흥원 (2024c). 〈2024 KOCCA TREND: 방송영상 · OTT 트렌드〉(통합본).

〈아시아경제〉(2025. 4. 1). "한국산이 더 좋네" 2조 5000억원 팔렸다…… 프랑스 제치고 1위한 K뷰티.

〈연합뉴스〉(2024. 11. 1). 라면 수출 10억 달러 첫 돌파…… "세계인의 일상에 자리잡아."

〈한국경제〉(2023. 9. 11). 무빙 흥행에 다시 뜨는 '강풀 유니버스.'

〈한국경제〉(2024. 12. 5). 니덤 '로쿠, 내년 높은 프리미엄에 피인수 가능성 높아.'

9장

과학기술정보통신부 (2023). 올해부터 온라인동영상서비스(OTT) 해외진출을 본격적으로 지원한다!. 보도자료 (2023. 2. 27).

과학기술정보통신부 (2024). 〈2023 방송진흥백서〉, 과학기술정보통신부.

권혜미 (2023). 국제 OTT 페스티벌 성료…… 250개사 참여 · 360억원 투자유치 기대. 〈전자신문〉(2023. 10. 9). Retrieved from https://www.etnews.com/20231009000064

권혜미 (2024). 지상파 '패스트 무비' 첫 고소…… "유튜브 저작권 침해 심각". 〈전자신문〉(2024. 9. 25). Retrieved from https://www.etnews.com/20240925000267

김광재 (2020). EU 2018 시청각미디어서비스 지침 개정의 의미와 주요 내용. 〈미디어 이슈 & 트렌드〉, 28호, 84~95.

김명지 (2024). 日법원, 패스트 무비 유튜버에 46억 배상 명령. 〈조선일보〉(2024. 9. 4). Retrieved from https://www.chosun.com/economy/tech_it/2024/09/04/KDKN

OSLKXZGIDHEA3KXIE65B2U/
김찬솔 (2023). 유튜브 패스트 무비 채널 현황 및 저작권 침해. 〈저작권 침해 이슈 리포트〉, 한국저작권보호원.

문화체육관광부 (2023). K-콘텐츠 성장 좀먹는 글로벌 불법유통, 국제 · 범부처 · 민간 역량 모아 근절. 보도자료 (2023. 7. 31)

문화체육관광부 (2025). 2025년 주요정책 추진 계획. Retrieved from https://mcst.go.kr/kor/s_policy/plan2025/plan2025.jsp

송영찬 (2024). 'AI 올인' 메타, '라호야' 개발 중단 이어 AR 콘텐츠 스튜디오 폐쇄. 〈한국경제〉(2024. 8. 28). Retrieved from https://www.hankyung.com/article/20240828056 9i

오명언 (2024). AI 아나운서 · 아이돌 이어 이제 PD까지…… AI에 빠진 방송가. 〈연합뉴스〉(2024. 3. 24). Retrieved from https://www.yna.co.kr/view/AKR20240323038600005

이지윤 (2024). '패스트 무비'의 저작권 문제. 〈디지털데일리〉(2024. 10. 11). Retrieved from https://www.ddaily.co.kr/page/view/2024101115080968547

이혁기 (2025). 맞춤형 자막에 구독 서비스까지 너, 불법 OTT 맞아?: 넷플 못 보는 중국인 오겜2 평점 매기는 까닭. 〈더스쿠프〉 제632호, 48~51.

이현동 (2024). 고려거란전쟁 귀주대첩 VFX 제작기. 〈Broadcasting & Technology〉(2024. 5). 98~109. Retrieved from http://tech.kobeta.com/wp-content/uploads/2024/05/34111.pdf

전혜인 (2024). 콘진원, 프랑스 '밉티비 2024' 한국공동관 운영…… K-드라마 쇼케이스 개최. 〈디지털타임스〉(2024. 4. 15). Retrieved from https://www.dt.co.kr/contents.html?article_no=2024041502109931078004

한국저작권보호원 (2025). 〈2024 해외 한류콘텐츠 침해 실태조사: 영화 · 방송 · 웹툰 분야 불법유통 사이트 중심〉. 한국저작권보호원.

Bradford, A. (2020). *The Brussels Effect: How the European Union Rules the World*. NY: Oxford University Press.

Hsiao, Y.-H. (2024). The business strategy analysis of Netflix. *Transactions on Social Science, Education and Humanities Research*, 11. https://doi.org/10.62051/tjhh1617

Marougkas, A., Troussas, C., Krouska, A., & Sgouropoulou, C. (2023). How personalized and efective is immersive virtual reality in education? A systematic literature review for the last decade. *Multimedia Tools and Applications*, 1~49. https://doi.org/10.1007/s11042-023-15986-7

Sakr, A., & Abdullah, T. (2024). Virtual, augmented reality and learning analytics impact on learners, and educators: A systematic review. *Education and Information Technologies*, 29, 1~50.

법제처 국가법령정보센터 https://www.law.go.kr/main.html
EU 주요 법령 https://eur-lex.europa.eu/

찾아보기

게이트키퍼　261~264
〈겨울연가〉　22, 37, 44~45, 61, 73, 116, 119~123, 127
〈귀멸의 칼날鬼滅の刃〉　181
근대화와 미디어　199
글로벌 미디어 전선　171, 173
글로벌 미디어 전쟁　159, 163~164, 171, 174, 185, 290
글로벌 OTT　97, 135~138, 140~143, 146, 148~150~155, 159~161, 166~167, 170~174, 177~180, 183~184, 186, 206, 211, 220, 224, 228, 230~231, 233, 246, 248, 271, 283~284, 287, 292~293
〈기묘한 이야기*Stranger Things*〉　177, 182
〈기생충〉　61, 77~78
기울어진 운동장　166~167
김은숙　55
김은희　55
〈꽃보다 남자〉　46~47, 73, 115, 230

〈나의 아저씨〉　53, 275, 289
〈낙원의 밤〉　177
내셔널지오그래픽　170
누누TV　253

다원주의적 시각　199, 203, 205
〈대장금〉　22, 37, 49, 72, 113, 194, 206~207
〈더 글로리〉　78, 139, 141, 231
WTO(World Trade Oganization)　41
〈더 에이트 쇼〉　78, 181
독립제작사　144~147, 149, 155, 226~227, 229
동아시아 공동체　72
디스커버리　164
디에이징 기법　246
디즈니/디즈니+　135, 139, 150, 160~161, 163~165, 168~171, 174, 194, 201, 205, 208, 210~211, 214~216, 220, 228, 248
디지털서비스법　255, 257
디지털시장법　255, 257, 261

로컬 OTT　234
로케이션 인센티브　176~177

마블　170, 215, 286, 291
〈맛있는 녀석들〉　166
맥브라이드 보고서Macbride Report　202
맥스(구 HBO 맥스)　161, 171, 194
메타 스파크　248~249
멜로드라마적 일상성　88
몰아보기　52, 141, 194
몰입　28, 38, 247, 249, 269, 272
문화산업　24, 26~27, 29, 43, 50, 61, 71, 103, 105, 116
문화 상품　26~27, 102, 104~105, 110, 117,

126, 153, 201
문화연구 32~33, 202~203, 205
문화적 근접성 27~28, 44, 72
문화적 무취 77
문화(적) 할인 27~28, 38, 72, 117, 196
문화주의적 접근 30, 38
미국 배우조합상 178
미디어 이벤트 207
미디어 전경 203
미디어 제국주의 161, 173, 200~204, 219~220
〈미스터 션샤인〉 51~52, 136, 139, 151, 228, 276~278
〈미스터트롯〉 166

박지은 55
반한류 48
배용준 111~113, 115, 120~123
〈별에서 온 그대〉 48~49, 62, 80, 209, 226, 231
〈보건교사 안은영〉 176~177
보편성 69~71, 76~77, 87, 90, 95~97, 124, 126~127, 278, 283
〈봄베이 우먼*Bombay Begums*〉 181
부드러운 남성성 45, 61, 122, 125~126
브뤼셀 효과 254~255, 289
BL(Boy's Love) 46
BTS 61

〈사냥의 시간〉 166, 177, 181
〈사랑의 불시착〉 52, 211, 213, 231,
〈사랑이 뭐길래〉 21~23, 37, 42~44, 60, 63, 110
〈사무라이의 시대: 일본의 전쟁 2, 군주들*Age of Samurai: Battle for Japan*〉 180
사전 제작 시스템 142
서랜도스, 테드 Sarandos, Ted 172
세계 정보 커뮤니케이션 신질서New World Information & Communication Order(NWICO) 202
선판매 112, 114~115, 120, 127, 207, 209
〈스위트홈〉 55, 74, 136, 139~140, 166
스타 비히클 106, 114
스타 시스템 106~107, 111, 126
〈스타워즈*Star Wars*〉 170, 215
스튜디오 시스템 136, 143, 146~150
스튜디오드래곤 52, 136, 146, 151, 168, 177, 216
〈승리호〉 166, 177
CJ ENM 52, 136, 146, 165, 168~169, 171, 216
시청각 미디어 서비스 지침 255~257
시청자 20, 22~25, 27, 32~35, 35, 37, 43~45, 47, 50, 52, 56, 58, 61, 64, 68~70, 72~73, 76, 78~80, 84~88, 91, 94, 96, 102, 109, 124, 126, 141~142, 154~155, 178~179, 181, 183~184, 190, 192~193, 195, 197, 201, 207, 217, 220, 232, 237, 246, 251, 270, 275, 277, 281
신구 미디어 전선 171, 173
실감형 콘텐츠 245, 247~250
싱가포르 54, 61, 116, 215, 232~234

아마존 59, 159~160, 163~164, 169, 171, 220, 232, 262~263, 278
아이치이 50, 161, 171, 220, 232~234
IP 비즈니스 149
애플/애플TV+ 135, 139, 159~163, 171, 213, 220, 228, 248, 262, 263
알고리즘 61, 246, 259, 278, 291
어드레서블 광고 225
〈어벤저스*Avengers*〉 177
〈엄브렐러 아카데미*The Umbrella Academy*〉 181
에미상 58, 178
〈SNL 코리아〉 169
AT&T 163~164
엔터테인먼트 이론 30, 33~34
MAU(Monthly Active Users) 169, 253
MGM 106, 164, 215
역류contra-flow 203
연예기획사 105, 107~109
〈오징어 게임〉 1, 2, 3 193, 207, 210, 212~213, 218, 228, 231, 241, 246, 285
OTT 서비스 로컬라이제이션 211
OTT 서비스 수급 방식 구분 213~216
OTT 서비스 유통 범위 기반 구분 217~219
OTT 서비스 텐트폴 전략 148, 210, 294
OTT 서비스와 방송 205~207
OTT 정의 205
OTT 초국가성 205
〈옥자〉 51, 177
왓챠 159, 168~169, 171, 173, 215, 167

외주 정책 108
외주 제작 108~109, 112, 116, 135~136, 143~146, 151, 154
웨이브 139, 150, 165, 167~171, 181, 213~214, 216, 219, 267
웹툰 21, 55~56, 74, 91, 149~150, 240~241, 289, 291~292
〈유성화원流星花園〉 47
유튜브 19, 42, 57, 59~60, 159, 161, 164, 166, 170~171, 173~174, 182~183, 185, 213~214, 219~220, 225, 238, 250~252, 256, 259, 262, 267, 277~278, 283~284, 290
이벤트 인덱스 모델 36
〈이상한 변호사 우영우〉 54, 62, 78, 139, 151, 231
〈이시조선李屍朝鮮〉 180
이용자 24~25, 51, 76, 163, 172, 225, 228, 233~239, 253, 256~257, 260, 264~265, 271, 283, 285~286
〈이태원 클라쓰〉 52, 55, 91, 94
〈인간수업〉 78, 139, 166, 175
일본 한류 119~121, 126

전속제 107, 109
전지현 49, 111
젱킨스, 헨리 Jenkins, Henri 190

〈차인표〉 177
창의 산업 226
초국가적 근접성 77, 93
초국가주의 문법 93
추천 시스템 52, 76, 245~246
출연료 102~103, 107~109, 112~113, 116, 120~121, 123, 126~127, 178

〈커피프린스 1호점〉 45~46, 113
컴캐스트 160, 163
'K' 67, 79, 95, 128~129, 278~279
K-OTT 플랫폼 159, 166~167, 169~170, 172~174, 179, 181, 186, 267~268
콘텐츠 IP 146, 240~241
콘텐츠 유통 조건 191
콘텐츠 현지화 150, 193, 195, 206, 268, 271~272, 286
콘텐츠의 특성 225
쿠팡플레이 139, 168~170, 214~215, 267
〈킹덤〉 1, 2 23, 74, 76, 80, 86, 139~141, 166, 174~175, 178~180, 228, 231, 285

타임워너 164
〈태양의 후예〉 50, 209, 227
〈택시운전사〉 181
턴스톨, 제러미Tunstall, Jeremy 192, 196, 217
텐센트비디오 161, 171, 220
특수성 69~71, 79~84, 86~87, 90, 93~95, 97, 190
티빙 139, 150, 159, 167~171, 173, 206, 213~214, 216, 218~219, 267, 278
틱톡 59~60, 185, 238, 262, 278, 284

파라마운트 106, 163, 220
FAST(Free Ad-supported Streaming TV) 214, 225, 271
패스트 무비 250~252
팬덤 21, 41~48, 53, 56, 59~61, 64, 70, 79, 238~241, 276, 278~279, 282~283
페이스 에디팅 246
포맷 64, 150, 194~195
폭스 106, 164, 216
플랫폼 제국주의 97
픽사 170, 215

〈하백의 신부〉 181
〈하트시그널〉 166
한국어 42~43, 62~63, 182, 281
한국콘텐츠진흥원 21, 57, 138, 170, 178, 224, 226, 232~235, 237, 240
한국형 스튜디오 시스템 143, 147~149, 154
한류 스타 47, 49, 53, 68, 111~114, 117~120, 123~124, 127
한류의 역사 42
한류 위기론 48~49
한한령 50~51, 166, 175, 227
헤이스팅스, 리드Hastings, Reed 174
혐한류 48
확장성 190